中国助残志愿者协会无障碍环境促进委员会（无障碍智库）／指导单位
杭州 2022 年第 19 届亚运会组委会场馆建设部／单位
浙江大学建筑设计研究院有限公司／位

文明的潮涌

杭州亚运和亚残运会无障碍建设

陆　激　李沈飞　冯余萍　周　欣　等 著

辽宁人民出版社

图书在版编目（CIP）数据

文明的潮涌：杭州亚运和亚残运会无障碍建设 / 陆
激等著 . —沈阳：辽宁人民出版社，2024.3
ISBN 978-7-205-11051-2

Ⅰ . ①文… Ⅱ . ①陆… Ⅲ . ①亚洲运动会—城市公用
设施—建设—研究—杭州②残疾人体育—亚洲运动会—城
市公用设施—建设—研究—杭州 Ⅳ . ① G811.23 ② TU984.14

中国国家版本馆 CIP 数据核字（2024）第 021308 号

出版发行：辽宁人民出版社
　　　　　地址：沈阳市和平区十一纬路 25 号　邮编：110003
　　　　　电话：024-23284325（邮　购）　024-23284300（发行部）
　　　　　http://www.lnpph.com.cn
印　　刷：辽宁新华印务有限公司
幅面尺寸：170mm×240mm
印　　张：18.75
字　　数：346 千字
出版时间：2024 年 3 月第 1 版
印刷时间：2024 年 3 月第 1 次印刷
责任编辑：郭　健　张婷婷
封面设计：留白文化
版式设计：胡小蝶
责任校对：吴艳杰
书　　号：ISBN 978-7-205-11051-2

定　　价：108.00 元

本书编委会

指导单位

中国助残志愿者协会无障碍环境促进委员会（无障碍智库）

杭州 2022 年第 19 届亚运会组委会场馆建设部

浙江大学建筑设计研究院有限公司

撰写组织

主　任：邱佩璜　董丹申

副主任：吕淼华

委　员：严晓鹰　杨　毅

作者

陆　激　李沈飞　冯余萍

周　欣　张　茜　朱珈莹

目　录

第一章

文明的潮涌：杭州亚运会和亚残运会

人类文明可简略总括为人类活动与人类造物。在古典时期对人类活动的历史记录中，每当兴与亡被设定为主线，战争话题就会显得如此重要，使和平看起来不过是两场战争间的暂歇。

现代体育运动和体育精神，可以而且应当被视作是人类消灭战争的努力中至关重要的一部分。抛开体育运动本身的贡献不提，以现代奥林匹克运动会为代表，竞技体育使国家与国家间多了一种竞争方式。尽管体育运动的游戏性质，使其有很大的局限性，然而交往是融合的开始。竞争性的交往不再以杀戮为手段，这起码提供了一种可能性。与此同时，体育运动在现代生活方式中的角色也日愈重要，并惠及每个社会成员，当然也包括残障者。残障体育运动和残障运动会的展开，填补上了人类文明一块重要拼图。

新中国成立以来，党和政府一贯重视体育运动在提高国民素质与展示国际形象内外两个方面的作用。2008年北京奥运会和2022年北京冬奥会，分别代表了两个不同发展时期中国人不同的精神面貌与追求。2022年杭州亚运会（因故延后一年）也应当从这个角度来认识。

杭州亚残运会以"中国新时代·杭州新亚运"为定位，以"中国特色、浙江风采、杭州韵味、精彩纷呈"为目标，秉持"阳光、和谐、自强、共享"的办会理念，坚持"以杭州为主，全省共享"的办赛原则，对杭州乃至浙江的发展产生了重大影响，其中也包括无障碍办会以及无障碍环境建设。

作为文明办会理念的抓手，无障碍成为杭州亚残运会的重要文化符号，记录并总结其历程，意义深远。

第一节　残障者的体育与观念

体育运动始终与健康联系在一起，而过去，残障者[①]则往往被排除在外。

---

① 日本、韩国和中国台湾地区等汉字文化圈均已废止了"残废""残疾"等可能引发歧视的称谓。近年，中国大陆地区也在逐渐减少使用"残疾人"这一称谓。本书中，引用国内外资料，为尊重原作者，同时使用"残疾人""残障者"，其余部分使用"残障者"。

进入现代社会以来，从歧视、隔离到接纳、尊重，人们对待残障者的态度和方式发生了巨大的改变和进步。残障者参与体育运动，不再只是作为一种康复手段；他们自强不息，与健全者一样能够在运动场上找到自己的位置，并以拼搏精神为人们树立榜样。

这种变化有一个渐进的过程。20世纪50年代，在第二次世界大战结束后，伤残军人和残障者开始主动投身体育比赛，人们对残障者的认识开始发生变化。越来越多残障者在体育比赛中有了出色表现，逐渐改变了人们的刻板印象。他们在体育运动中展示的风采，也助力其走向社会，发出更加响亮的声音。体育运动展示了残障者健康而非残疾的一面，他们所蕴含的能量得以凸显，促使他们的无障碍需求被社会更多地认识和认可，也让他们更加有能力去推动无障碍环境建设。

一、古典时期的残障体育观念

1. 丑陋与不祥：残障者被隔离在体育之外

东西方文化传统对待残障者的态度有微妙差异。中国古代对残障者的基本态度是"抱有怜悯"。西汉的儒家典籍《礼记·礼运》中提出的大同理想，"鳏寡孤独废疾者皆有所养"，把对残障者抚养纳入"天下为公"的社会责任中，被视为现代残障理念中"社会模式"的萌芽。古医术中，也有运用吐纳、五禽戏、八段锦等身体运动手段，尝试治疗瘫痪、肢残带来的肌肉萎缩等疾病，是残障体育运动的先河。尽管如此，现代意义上的残障体育还是源于西方。

西方古典时期的文化传统，对待残障者的方式相对东方文化更功利。古希腊斯巴达城邦的相关法律规定，有专门程序召集长者聚议，决定刚出生残障新生儿的命运。并且，残障者做苦役或被流放，也曾被古希腊哲学家苏格拉底和柏拉图解释为"为了公众的健康利益"①。

欧洲中世纪，残障者被社会歧视甚至隔离。人们像躲瘟疫一样避开残障者，甚至用链子把他们囚禁在家中；在忌日或某些节日，还会举行仪式，鞭

---

① 谢青，裴东光.残疾人体育起源、残奥会与奥运会的关系[J].首都体育学院学报，2014，26（3）：206-208，222.

挞或用石头砸死残障者①。类似这样的歧视一直延续到20世纪中叶。工业革命所推动的现代化进程，在最初不是改善而是恶化了残障者的处境。工业化大生产需要标准化、训练有素的产业工人，相比传统的手工作业，残障者更难适应工业化大生产的要求。

另一方面，宗教所起的作用也不都是正面的。教会收容残障者，但同时宗教的教义又将先天畸形或残疾视为性格、道德缺陷的衍生，而非偶然的、与内在无关的生理现象。身体残缺非但有违审美标准，更是社会瑕疵和道德邪恶的象征。

在这样的文化下，残障者被理所当然地隔离在体育活动之外，为西方古典体育精英化和贵族化的观念所排斥。残障者与体育运动不多的联系，更多的是负面的。古罗马皇帝曾把残障者放入角斗场，作为角斗中场休息的娱乐项目。在佛拉乌斯·多米提安努斯皇帝（Flavius Domotoanus，51—96AD）统治罗马时期，角斗场中曾设有一个固定娱乐节目，让女角斗士投标刺矮子，直到将其刺死为止。直至今天，个别马戏团表演中还有类似拿侏儒取笑的被称为"小人国"的节目。

2.体育疗法：需要被治愈的个人

迟至19世纪中叶，开始有一些关于残障体育疗法的学术著作和论文发表。如沃纳（Werner）的学术著作《体操疗法》（Medical Gymnastics，1845年）、科林（Klein）"盲人体操"（1847年）"采用体育疗法预防和治疗畸形的研究"等，引起了社会的注意。1852年，世界第一个伤残人体育协会成立。1888年，柏林成立了聋哑人体育俱乐部。随后，各类残障体育俱乐部在德国相继出现。1910年，这些俱乐部被合并为德国聋哑人体育协会，协会总部设在德国科隆。与此同时，有文字记载，第一个有残障者参加的奥运会，是1904年在美国举办的圣路易斯奥运会。美国人乔治·易森带着一条假腿，在体操比赛中获得了3枚金牌、2枚银牌、1枚铜牌。不过，当时乔治的参赛只被视为特例，并没引起国际奥委会的更多关注；在随后的国际奥委会大会记录中，也没发现有关考虑残障者参加奥运会的话题记录②。

---

① Weiler I. Soziale Randgruppen und auberseiter im Altertum [M]. [S.I.]：Graze，1987.

② Christoph B. From the Screapheap of Hmannity to a life living [J]. Journal of Olympic history，2010：33.

彼时，对残障者的关心，还是倾向于直观地把身体损伤视为疾病。身体损伤，四肢部分或全部缺损，身体组织或机能出现缺陷，导致某些生理机能的障碍，等等。这些障碍被大众理解为一种疾病。这种"疾病"无论是先天的还是后天的，都是某一个残障者的"个人"属性。——从个人属性出发，残障者就是需要接受援助甚至进行治疗康复的个体。这一认知范式被称之为障碍的"个人模式"。当障碍被视为个体特征，能力不足就被认为是残障者自身的原因，并不得不去接受援助，成为一个依靠他者看护而被动生存的对象，这是现代社会福利制度成立的基本原则之一①。

在"个人模式"认知体系下，"残疾"需要被治愈。残障者尽管受到一定的同情，但同时也难以避免潜在或直接的歧视和误解。社会对残障者的态度，是施舍式的帮助，并多多少少将他们归为社会的累赘，应该被隔离在群体之外，而不是让他们参与正常的社会生活。所以，哪怕是有少量的残疾人体育的出现，主要目的还是为了治疗个人身体的障碍，如"采用体育疗法预防和治疗畸形"，或多或少是一种健全人对残障者提供的"福利"。

残障者处境的实际改善是在第二次世界大战（以下简称二战）后，人们开始对残障者有了真正的同情、理解和包容。

二、准现代时期的残障体育观念：从第二次世界大战后到 20 世纪 60 年代

1. 社会的逐步认可与接纳：残障者处境的改善

二战造成了很多伤残者，他们需要社会照顾。政府针对伤残者的残疾情况颁布并实施了相应的优惠政策和措施，改善了他们的生活。二战后，仅德国就有 150 万到 260 万伤残人，这些伤残人是为国家效力而致残，德国政府意识到让残障者重新回归社会是解决此问题的良方。这些残障者大部分是年轻人，战前他们中的多数人都有社会职位和工作。人们普遍对他们表示尊重和同情，认为社会应对他们给予补偿。更重要的是，人们在他们身上看到了勇气和爱国主义精神②。由于他们对国家的奉献，社会也更愿意接受他们。在

---

① Michael Oliver, Bob Sapey, Pam Thomoas. Social Work with Disabled People [M]. London: Macmillan, 1983: 18.

② Lorenen H. Lehrbuch des Versehrternsports [M]. [S.I.] : Stuffgatart, 1961.

一家军队医院康复训练记录中，这样写道："伤残军人治愈后，体质仍然很弱，应通过参加体操练习改善他们的体质状况和精神面貌。"①

2. 技术进步：体育疗法中的社会回归

二战共造成了 5000 万人死亡，3500 万人伤残②，由于科学的进步，先进的治疗方法对残疾的恢复极为有效。例如：二战期间起源于德国的精神损伤综合疗法恢复模式，内科医生托内斯（Wilhelm Tonnis）将脑损伤病人集中，采用多学科综合治疗方法收到了很好的疗效③。特别是对由于脊柱损伤致下肢瘫的病人，二战前，对于脊柱神经损伤致瘫病人的医学结论多为"治疗无望，不宜治疗"④。在二战期间，军队医院对待脊柱神经损伤致瘫病人采用新的治疗方法，为病人康复带来了希望。英国神经外科医生路德维格·戈特曼（Ludwig Guttmann）成立了"国家脊柱神经损伤治疗中心"，成为瘫痪病人综合治疗方法的先驱。戈特曼的综合治疗方法成功地延长了瘫痪病人的寿命，预防和治疗了脊柱神经损伤致瘫病人的肢体腐烂。戈特曼认为："对这些下肢瘫痪病人治疗的基本原则是采用综合的治疗方法，从心理和肢体进行调整，不论他们是严重或永久残疾，尽最大努力使他们能返回社会，使他们的生活变得有价值，赢得社会的接受和尊重。"戈特曼的治疗中心采用了体育活动作为综合疗法之一，体育运动的积极作用改变了过去只是采用按摩的被动疗法，疗效显著。戈特曼的综合疗法在欧洲被广泛认可和传播，甚至在康复医院大厅出现了双杠。1944 年，简单的球类比赛疗法开始出现。后来，又出现了射箭、篮球和乒乓球等运动疗法。人们甚至发现在某些项目，残障者表现出了超越常人的惊人毅力。例如在马拉松比赛中，由于残障者在体育运动中的出色表现赢得了社会的尊重和自尊。人们发现体育不仅使残障者的身体得到锻炼，而且体育运动的娱乐性和成就感是残障者调节心理的最好方法。竞技精神唤醒了残障者对社会和生活的热情。体育比赛在残障者综合疗法中开始

① Lorenen H. Lehrbuch des Versehrternsports [M]. [S.I.]: Stuffgatart, 1961.

② Bontrup H J. Vilkswirtschaftslehre. Grundlagen der Mikroud Makrookonomie [M]. 2 aufl. Munchen: Wien, 2004: 373.

③ Christoph B. From the Screapheap of Hmannity to a life living [J]. Journal of Olympic history, 2010: 33.

④ Goodman S. Spirit of Stoke Mandeville [M]. London: [s.n.], 1986.

盛行。

3. 精神觉醒：残疾人体育比赛的出现与发展

由于戈特曼体育疗法的盛行，举行残疾人体育比赛的想法开始出现。1948 年，英国的斯托克·曼德维尔（Stoke Mandeville）举办了首次伤残人体育比赛，有 16 个英国伤残人参加了比赛。为了使残疾人问题引起社会关注，戈特曼选择了 1948 年 7 月 28 日，在 1948 年伦敦奥运会的前一天举办残疾人运动会[①]；但戈特曼的伤残人运动会没有引起国际奥委会和社会的关注。1951 年残疾人协会策划举办了第 1 届地区性残运会，以后每 4 年举办一次，举办国固定不变，举办地为斯托克·曼德维尔，运动员的差旅费自筹，例如，美国队是由美国泛美航空公司资助的[②]。为了使这次残运会更像奥运会，采用了模仿奥运会的比赛方法。戈特曼邀请了一些奥运选手参加残奥会，如美国奥运选手罗格·班内斯特（Roger Bannister）。戈特曼邀请他们的目的不是让他们表演，而是和残障者比赛。赛后，一位残障运动员写道："一年来，我一直在刻苦练习，试图创造一个纪录，这个纪录应该比正常人的要好。戈特曼让英国标枪冠军和铅球冠军坐在轮椅上和我们比赛，结果我们比他们做得好。"[③] 残障运动员的勇于拼搏和进取精神感动了社会，地域性的残运会很快发展成了国际化的残运会。1952 年的斯托克·曼德维尔伤残人运动会吸引了来自世界各地的 130 名残障运动员。1960 年，在罗马举办的残奥会被戈特曼冠以残奥会的名称"Paralympics"，Paralympics 一词的前缀"para"是"like"类似或像的意思，以体现残奥会所弘扬的人文精神、拼搏精神，与奥林匹克运动的核心理念一致。这次残奥会首次在罗马奥运会场馆举行，随后，残障运动员还参加了罗马奥运会闭幕式，来自 23 个国家的 400 名残障运动员参加了 8 个项目的比赛[④]。赛后，罗马教皇保罗二十三世邀请残障运动员到梵蒂冈做客，保罗称戈特曼是"残奥会的顾拜旦"（路德维格·戈特曼被人们誉为残奥会之父）。

---

① Christoph B. From the Screapheap of Hmannity to a life living [J]. Journal of Olympic history, 2010: 33.

② Goodman S. Spirit of Stoke Mandeville [M]. London: [s.n.], 1986.

③ Goodman S. Spirit of Stoke Mandeville [M]. London: [s.n.], 1986.

④ Guttman L. Sport fur korperbehinderte, Munchen [M]. [S.I.]: [s.n.], 1979: 78.

这一时期，世界卫生组织还在试图把残障纳入到疾病分类体系，黑人等少数族群的觉醒与抗争如火如荼。在美国，黑人、妇女引发的争取公民权益的一连串社会运动，为弱势群体争取到了越来越多的平等的权利，因此，当残障者开始走向社会、为自己呐喊的时候，迅速获得了充分的同情，并取得了理想的成果。残障者运动甚至被视为是"最后的公民权运动"①。

从时间角度来看，以二战老兵回归社会为动因的残障者运动几乎与整个民权运动相互交织。在整个社会层面，以残障者的"自立生活运动"（Independent Living Movement）为例，1962 年，身患脊髓灰质炎的爱得华·罗伯茨（Edward Robert）曾被康复专家评估为不能领取职业康复援助金的对象。但他并不气馁，联合支持者，通过请愿争取到了加州康复局的援助金，并进入了加州大学伯克利分校学习。在体育方面，从 1948 年英国斯托克·曼德维尔的首次伤残人体育比赛，到 1951 年由残疾人协会策划举办了第 1 届地区性残运会，再到 1960 年，在罗马举办的残奥会"Paralympics"，越来越多的残障者参与体育运动，并且取得了不俗的成绩。

自立和自强，残障者自我觉醒的努力，不仅仅改变了他们自身的世界，也改变了健全人的世界。虽然此时，对于障碍的观念还处于"个人模式"，但新的想法已经在孕育。

三、现代时期的残障体育运动：20 世纪 60 年代后

1.体育运动：从康复到社会融合

"怪异""怪物""不正常"等字眼在大众媒体报道残障者的信息中开始被回避，曾被边缘化的残障者，在 20 世纪 60 年代后被社会广泛关注，由于政府的相应福利政策，残障者的生活开始改善，流浪街头的残障者开始消失②。

进入 20 世纪 70 年代，残障者的系列社会运动开始影响相关法律制度的修

---

① 杨锃. 残障人士的制度与生活：从"个人模式"到"普同模式" [J].社会，2016（6）：85-115.

② Christoph B. From the Screapheap of Hmannity to a life living [J]. Journal of Olympic history，2010：33.

改，最直接的表现就是 1973 年对《康复法》（Rehabilitation Act）的修订。在如何认识和对待残障者方面，也发生了一次价值观的逆转。传统观念认为，障碍问题出在个人身上，所以人需要"治"；而新的障碍观建立在人与环境互动的理解基础之上，障碍因而成为人与环境互动的不良结果[①]，因此需要"治"的是这个社会环境。因此，外部环境和社会结构在这个时候成为主要的改革对象，强调外部社会结构、系统、政策应采取积极方式回应身心障碍者的问题，采取法律途径保障身心障碍者的切身权利。这种观点被概括为身心障碍经验的"社会模式"论述[②]。

在新的障碍模式认知下，体育从作为残障者的康复手段，逐渐成为残障者融入社会的途径，成为社会了解残障者以及残障者认识自身价值的桥梁。戈特曼的"让他们最大限度返回社会"的目标正在实现。残疾人体育协会和国际奥委会（IOC）关系变得愈加密切。残奥会和奥运会连接，残疾人体育开始吸引观众，具有了观赏性。20 世纪 70 年代媒体报道残奥会的时间开始增加。首次地区性报道残奥会是在 1976 年，受众达到了 60 万人次。1984 年在斯托克·曼德维尔和纽约举行的残运会，美国主要媒体、英国 BBC、联邦德国和瑞典电视广播网都转播了比赛[③]。

2000 年，悉尼奥运会残奥会官方网站点击率达到 3 亿。2004 年，雅典残奥会的报道媒体 68 家，报道时间 617 小时，覆盖整个欧洲和其他 25 个国家。中国和日本观看残奥会开幕式的观众共计 1800 万。德国和英国转播的残疾人热点比赛项目，观众共计 150 万—200 万人。北京残奥会授权媒体范围覆盖 80 个国家。中央电视台和北京电视台每天报道残奥会时间达 22 个小时。残奥会的发展、繁荣与国际奥委会的支持有直接关系，从最初国际奥委会对待残奥会的矛盾心理，到国际奥委会越来越坚定地支持残奥会经历了近 20 年的时间。1956 年在斯托克·曼德维尔举办的残运会，国际奥委会向参与组织残运会的业余体育组织颁发了奖杯（Fearnley Cup），以感谢他们对奥林匹克运动的

---

① 杨锃. 残障人士的制度与生活：从"个人模式"到"普同模式" [J]. 社会，2016（6）：85–115.

② 王国羽. 障碍研究论述与社会参与：无障碍、通用设计、能力与差异[J]. 社会，2015，35（6）：116–132.

③ Christoph B. From the Screapheap of Hmannity to a life living [J]. Journal of Olympic history，2010：33.

支持，这是国际奥委会首次对残疾人体育的支持 ①。

2. 权利的认可：法律对残疾人体育的保障

在障碍观念不断演化以及残疾人运动不断壮大的过程中，无障碍设计理念越来越进入主流视野。无障碍设计的概念与想法，是要让身心障碍者也能顺利进入到各种公共设施中，并且可以无阻碍地使用各项公共设备。这不仅仅是可达性问题，也是更加重要的社会参与和公民权利问题。不仅如此，"社会模式"论述的出现也让政府或第三方介入处理公共空间的无障碍设计问题，获得了法令规范的正当性与社会合理性 ②。联合国1980年开始推动身心障碍者权利保障运动，其中社会参与和无障碍设施使用权也被纳入正式的公约与主张内 ③。

2006年，《国际残疾人权利公约》（以下简称《公约》）由联合国大会通过。《公约》进一步将残疾人的社会模式发展为权利模式。不仅使无障碍权利的范围得到最大程度的确认，而且为无障碍权利提供了坚实的理论基础和实现路径 ④。在理论基础上，解释了法律面前为什么残障者是权利主体，残障者为什么享有广泛的无障碍权利。在无障碍权利范围上，包含了一切人权和自由的无障碍，涵盖了公民、政治权利和经济、社会、文化权利。权利模式使得无障碍权利得到最大范围的拓展。无障碍设计中也引入通用设计（Universal Design）的思想，这些理念和思想的转变，逐步在竞赛场馆、运动员村以及整个城市中体现。

---

① Christoph B. From the Screapheap of Hmannity to a life living [J]. Journal of Olympic history, 2010: 33.

② MikeOliver. 1996. Understanding Disability: From Theorg to Practice [M]. Basingstoke: Macmillan, 1996: 30-42.

③ 王国羽. 障碍研究论述与社会参与：无障碍、通用设计、能力与差异[J]. 社会, 2015, 35（6）: 116-132.

④ Degener T. A New Human Rights Model of Disability. In: Della Fina V., Cera R., Palmisano G. （eds） The United Nations Convention on the rights of Persons with Disabilities. Springer, Cham. https: //doi. org/10. 1007/978-3-319-43790-3_2.

第二节　残障者运动会发展历程

一、残疾人奥林匹克运动会的历史

1. 残疾人奥林匹克运动会的起源

残疾人奥林匹克运动会（以下简称残奥会）是由国际残奥委会管理的、专为残疾人举行的世界大型综合性运动会。

残疾人运动会可追溯到早期的残疾人体育运动。二战期间，欧洲战场上的伤残士兵自发组织起来进行康复活动，这便是现代残疾人体育运动的雏形。1948 年，英国斯托克·曼德维尔国立脊髓损伤中心举办了残疾人体育比赛，此后该项比赛每年举行一次。1952 年，由于荷兰运动员的参加，该项活动演变为国际性体育活动。

1960 年夏季奥运会后，来自欧美 23 个国家的约 400 名运动员聚集罗马，紧接着举办首次世界残疾人运动会。这次运动会后被认为是第 1 届残奥会。

1976 年，国际残疾人组织决定，斯托克·曼德维尔运动会与世界残疾人运动会合并，在加拿大的多伦多举办了第 5 届国际残疾人奥运会，来自 40 多个国家的 1000 多名残疾人运动员参加了比赛。1988 年形成惯例：夏季奥运会和残奥会在同一城市举行。2001 年 6 月 19 日，国际奥委会和国际残奥委会签署合作协议：从 2008 年北京奥运会开始，由一个组委会同时组织两个奥运会。申办奥运会的城市，必须同时申办残奥会；奥运会后一个月内，在奥运会举办城市的奥运场地举行残疾人奥运会。截至 2021 年东京残奥会，国际夏季残奥会共举办了 16 届。

2. 国际残奥委会

1960 年，以奥运会模式出现的残疾人运动会首次在罗马举办，参加者仅仅是肢体残疾者，特别是脊椎伤残者。1976 年在加拿大多伦多举办第 5 届残疾人奥运会时，视力残疾人和截肢者也加入进来。经过较长时间的协调和酝酿，1982年3月11日成立了"国际残疾人体育协调委员会"（ICC），国际奥委会承认其为残疾人体育运动的管理机构。国际残疾人体育协调委员会得到总部设在荷兰的国际残疾人体育基金会（IFSD）的大力支持。鉴于残疾人体育需要更强有力的国际组织，在国际残疾人体育基金会的积极支持下，1989年国际残疾人体育协调委员会与其他5个国际残疾人体育组织共同创建了国际残奥委会（International Paralympic Committee，简称IPC）。国际残奥委会（IPC）是残疾人运动员的国际性代表组织，负责组织并指导、协调残奥会和其他高水平残疾人体育比赛，包括重要的世界和地区锦标赛。国际残奥委会（IPC）属非营利性国际组织，是唯一具有跨残疾类别特权的体育组织，现有161个会员，总部设在德国波恩，官方语言为英语。

国际残奥委会的任务是组织、指导、协调残奥会和其他高水平残疾人体育比赛，主要是世界和地区性锦标赛；代表范围内的体育组织与国际奥委会及相关国际组织进行联络；寻求将残疾人体育运动与健全人运动联合；监督、协调残奥会和其他跨残疾类别的世界性和地区性运动会，协调国际残疾人体育比赛的时间安排以及各单项组织的技术要求；协助促进培训、科研和活动的推广；抛开政治、宗教、经济、性别和种族歧视，推动残疾人体育运动，为残疾人寻求更多的机会参加体育运动，增加训练，提高运动水平。

国际残奥委会的最高权力机构是代表大会，每两年至少召开一次。国际残奥委会下设运动技术部、运动科学与医学部、财务与营销委员会、运动员委员会、发展委员会、法律委员会和地区委员会。

国际残奥委会会标最初由蝌蚪状图案组成。1988年汉城残奥会上首次使用蝌蚪形图案。5个蝌蚪形图案类似奥林匹克五环相互连接构成整体图案。1989年，国际残奥委会成立时，5个蝌蚪形图案被用为国际残奥委会的会标。

1991年，根据国际奥委会的建议和有利于市场发展的目的，蝌蚪形图案由5个减少为3个，分别为绿色、红色和蓝色，表示人的心智、身体和精神。同时，这3点也是国际残奥委会的格言，并和3个蝌蚪形图案共同组成国际残奥委会的会标。

在2004年9月28日雅典残奥会闭幕式上，国际残奥委会主席克雷文正式向全世界展示了国际残奥委会的新会标，将原来由红、蓝、绿 3 个小"蝌蚪"组成的三角形图案，改为由红、蓝、绿 3 个"扇叶"和 IPC 3 个字母组成的圆形图案。"精神寓于运动"也成为新的残奥运动格言，表达了残疾人奥林匹克运动激励人心的特点和残奥运动员高水平的竞技表现。

国际残奥委会新的会标凸显动感和活力，红、蓝、绿是全世界国旗和地区旗上使用最多的三原色，象征着参加残奥会的残疾人运动员分别来自不同的国家和地区，有着广泛的代表意义。3 个"扇叶"围绕着同一个中心点，象征着国际残奥委会把来自世界各国的残疾人运动员聚集在一起，为他们提供一个互相竞争、展现自我的舞台。同时，3 个富有动感的"扇叶"组成的"车轮"图案，代表着残疾人体育事业滚滚向前，永不停止。（图 1-2-1）

图 1-2-1　国际残奥委会会标发展示意图
来源：北京冬奥会和冬残奥会组织委员会官方网站。

3. 历届残疾人奥运会概况

夏季残奥会迄今已举办过 16 届。在几十年的发展和演变过程中，其比赛项目几乎每届都有变化，有些仅仅是昙花一现，有些则经久不衰、保留至今。随着夏季残奥会体现出的世界各国人民之间的团结、友谊、勇气以及诚实竞争的理念逐渐深入人心，参赛国家、地区的数量和参赛运动员人数呈逐届递增趋势，夏季残奥会影响力日趋增大。

冬季残奥会自 1976 年以来已经举办了 13 届，参赛运动员总人数接近 4000 人。比赛项目有高山滑雪、北欧滑雪（包括越野滑雪和滑雪射击）、冰上曲棍球、轮椅冰壶等 4 个大项，每个大项中又包括若干小项。中国 2002 年首次参加冬季残奥会，当时共派出 4 名运动员参加了高山滑雪和越野滑雪，取得一个第 6 名的成绩。第 13 届冬季残奥会于 2022 年在北京和张家口举行。

4. 国际奥委会与残奥会关系的确立

1972 年慕尼黑奥运会，曾发生慕尼黑组委会修改了奥运村运动员入住条件，残奥会运动员被拒绝入住奥运村，残奥会不得不易址到海德堡（Heidelberg）的事件。国际奥委会对残奥会的支持与否经历了长期思想斗争。直到 1983 年，国际奥委会与国际残奥会协调委员会（ICC）才有了一次官方会晤①。会议期间，国际奥委会对奥残委设计的冬奥残会的会徽不满，因为奥残委使用了"奥林匹克"一词。国际奥委会警告奥残委破坏了商标法。最终双方达成协议，奥林匹克和奥林匹亚两词不再出现在残奥会。1983 年 7 月，奥残委得到国际奥委会主席萨马兰奇的允许在冬奥会可以使用"残奥会"名称。20 世纪 80 年代末到 90 年代初，奥林匹克运动最终与残奥会达成共识：在 1988 年汉城奥运会，采用奥运会结束后紧接着在同一赛场举办残奥会的模式，并达成协议：残奥会由同一奥组委负责（OCOG）组织比赛、安全、经费等事宜，并由国际奥委会授权的媒体负责转播残奥会比赛。②

奥运会和残奥会开始实质性的合作，意味着奥林匹克主义又迈上了一个新的台阶，意味着残疾人运动被越来越包容在整个人类运动中，充分体现了奥林匹克运动的包容性和人文精神，由此，残奥会已成为了奥林匹克运动的一部分。在国际残奥会协调委员会的努力下，1984 年，下肢瘫痪的新西兰运动员参加了 1984 年夏季奥运会的射箭比赛。21 世纪初，在奥林匹克学术界发起了体育是人权的讨论，人权的核心内容是人人都应有平等参与体育的机

---

① 国际残奥会协调委员会（ICC）成立于 1981 年，它是国际残奥会委员会的前身。国际残奥会委员会（IPC）成立于 1989 年 9 月，总部设在德国柏林，国际残奥会委员会负责组织并指导协调残奥会和其他残疾人参加的体育赛事，现有 160 个成员国。

② Christoph B. From the Screapheap of Hmannity to a life living [J]. Journal of Olympic history, 2010: 33.

会。体育人权的讨论开阔了奥林匹克运动的视野。2008 年北京奥运会，南非残疾游泳运动员和波兰乒乓球运动员被允许参加了奥运会和残奥会。随着残疾人体育运动的发展，许多残疾运动员不再把自己看成残疾运动员，在奥运会期间他们像常人一样积极参加文化和娱乐活动。残疾运动员和其他奥运选手受到同等尊重，残疾人也能呈现精彩的表演。人们对体育功能有了进一步的了解，更加体现了体育的包容性——人文精神。

二、亚残运会的历史

1. 远东及南太平洋地区残疾人运动会

亚洲残疾人运动会（Asian Para Games）简称亚残运会，其前身是远东及南太平洋地区残疾人运动会（Far East and South Pacific Games，英文缩写 FESPIC），简称"远南"运动会。

1975 年至 2006 年，"远南"运动会共举办了 9 届，成为亚洲、太平洋地区规模最大、水平最高、影响最深远的残疾人体育盛会。"远南"运动会是仅次于残疾人奥运会的国际综合性残疾人运动会，主要参加者是脊髓损伤者、截肢者、盲人和脑瘫者。

"远南"运动会主办单位是远东及南太平洋地区残疾人运动会联合会（以下简称"远南"联合会）。该联合会成立于 1975 年，总部设在日本大分县，设执委会、技术委员会和医学委员会。远东及南太平洋地区的范围包括巴基斯坦以东的亚洲地区和国际日期变更线以西的大洋洲地区。"远南"联合会的正式会员国和地区现有 38 个，分别是：澳大利亚、孟加拉、不丹、中国、中国台北、斐济、关岛、中国香港、印度、印度尼西亚、日本、韩国、老挝、中国澳门、马来西亚、基里巴斯、马绍尔群岛、缅甸、尼泊尔、瑙鲁、新西兰、巴基斯坦、菲律宾、新加坡、贝劳、新喀里多尼亚、巴布亚新几内亚、所罗门群岛、斯里兰卡、泰国、汤加、图瓦卢、瓦努阿图、越南、瓦利斯富图纳、西萨摩亚、文莱、北马里亚纳群岛。"远南"地区是世界残疾人数最多、残疾人体育水平较高的地区，如中国、韩国、日本、澳大利亚、新西兰等。"远南"地区的各国政府对"远南"运动会都给予了高度重视，印尼总统苏哈托、日本皇太子都分别亲临第四、五届"远南"运动会的开幕式并发表祝词①。

"远南"运动会的宗旨是：通过体育运动，增强体魄，并向社会展示残疾人自尊自立、顽强拼搏的精神和能力，提高残疾人的社会地位，增进残疾人与健全人之间的相互理解，推动社会的文明进步。中国于1984年加入"远南"运动会联合会，参加了7届"远南"残疾人运动会，并取得了连续六届金牌、奖牌总数第一的优异成绩。

（1）第一届"远南"运动会

1975年6月1—3日在日本大分县举行，共有来自18个国家和地区的973名运动员参加了8个项目的比赛。

（2）第二届"远南"运动会

1977年11月20—26日在澳大利亚巴拉玛特举行，共有来自16个国家和地区的430名运动员参加了比赛。

（3）第三届"远南"运动会

1982年10月31日—11月7日在香港沙田举行，共有来自23个国家和地区的744名运动员参加了11个项目的比赛。中国派出由15人组成的体育代表团参加，获得金牌6枚、银牌12枚、铜牌7枚。（会徽见图1-2-2）

（4）第四届"远南"运动会

1986年8月31日—9月7日在印度尼西亚苏腊卡尔塔举行，共有来自19个国家和地区的834名运动员参加了比赛。中国代表团派出23名运动员参加比赛，共获得了金牌64枚、银牌21枚、铜牌3枚，以较大优势战胜了东道主，第一次确立了在"远南"地区残疾人体育上的领先地位。（会徽见图1-2-3）

图1-2-2 第三届"远南"运动会会徽

图1-2-3 第四届"远南"运动会会徽

① 孙丕评："远南"运动会简介 [J].中国残疾人，1994（5）：22-23.

（5）第五届"远南"运动会

1989 年 9 月 15—20 日在日本神户举行，共有来自 41 个国家（地区）的 1646 名运动员参加了 13 个大项、515 个小项的比赛。中国代表团获金牌 99 枚、银牌 32 枚、铜牌 8 枚，蝉联金牌总数第一，继续保持了我国在"远南"运动会的优势。

这届运动会的项目包括射箭、田径、羽毛球、足球、轮椅击剑、柔道、草地滚球、游泳、射击、乒乓球、举重、轮椅篮球、轮椅网球，共 13 个项目。（会徽、吉祥物见图 1-2-4、图 1-2-5）

图 1-2-4 第五届"远南"运动会会徽

图 1-2-5 第五届"远南"运动会吉祥物

（6）第六届"远南"运动会

1994 年 9 月 4—10 日在中国北京举行，共有来自 42 个国家和地区的 2081 名运动员参加了比赛。作为东道主，中国派出了 600 人组成的残疾人体育代表团，参加了全部 14 个大项比赛，共获得金牌 298 枚、银牌 238 枚、铜牌 148 枚，这是历届"远南"运动会上中国成绩最为突出的一届。

本届"远南"运动会的吉祥物是一只北京小白鸭。它洁白可爱，活泼好动，既能在陆地奔跑，也可以在水上遨游，象征着残疾人体育事业的兴旺发达。残疾人也常自比为丑小鸭，意为通过奋斗，可以成为展翅高飞的天鹅。中国有古诗云："春江水暖鸭先知"，寓意残疾人最先感受到人间的温暖，表达了社会对残疾人的关心和爱护。这只北京小白鸭取名为"强强"，意为"自强不息，顽强拼搏"。（图 1-2-6、图 1-2-7）

图 1-2-6 第六届"远南"运动会会徽

图 1-2-7 第六届"远南"运动会吉祥物

本届"远南"运动会的口号是"平等、参与、友谊、进步""自尊、自信、自强、自立""展示特殊才华、弘扬奥林匹克精神"等。

项目设置有田径、游泳、乒乓球、射击、轮椅篮球、坐式排球、盲人门球、盲人柔道、硬地滚球、轮椅网球、轮椅击剑、羽毛球、举重等。

（7）第七届"远南"运动会

1999 年 1 月 10—16 日在泰国曼谷举行，共有 34 个国家和地区的 2258 名运动员参加了比赛。这届运动会沿用了第 13 届亚运会的场馆。这届运动会在"远南"运动会历史上第一次得到了国际残疾人奥林匹克委员会（IPC）的认证，也第一次吸纳了智力残疾人运动员参加比赛。中国体育代表团共获金牌205 枚、银牌 90 枚、铜牌 45 枚，获金牌数第一。（图 1-2-8、图 1-2-9）

图 1-2-8　第七届"远南"运动会会徽　　　图 1-2-9　第七届"远南"运动会吉祥物

（8）第八届"远南"运动会

2002 年 10 月 26 日—11 月 1 日在韩国釜山举行，共有来自 40 个国家和地区的 2199 名运动员参加了比赛。这届运动会共设 17 个大项，其中的 16 个大项都得到了 IPC 的认证。（图 1-2-10、图 1-2-11）

这届运动会的组织工作与釜山亚运会组委会紧密相连。中国选手取得了优异的成绩，共夺得金牌 191 枚、银牌 90 枚和铜牌 50 枚。13 人次超过 11 项世界纪录，同时超过"远南"运动会纪录的更是多达 112 人次。在全部 191枚金牌中，田径、游泳、乒乓球、举重等几个中国的传统优势强项造就了 179个冠军，继续保持中国的领先优势。

第八届"远南"运动会的吉祥物是一只拟人化的可爱小海龟，取名"乖乖"，它寓意坚强的意志和强盛的生命力，体现出残疾人不屈的意志和社会参与意识，胜利的"V"字表示本次大会是残健共融的胜利庆典。口号是"强力挑战，追求平等"。运动会设立 17 个大项，包括射箭、田径、羽毛球、硬地滚球、自行车、轮椅击剑、盲人门球、盲人柔道、草地滚球、举重、射击、七人制足球、游泳、乒乓球、坐式排球、轮椅篮球、轮椅网球。

图 1-2-10　第八届"远南"运动会会徽

图 1-2-11　第八届"远南"运动会吉祥物

（9）第九届"远南"运动会

2006 年 11 月 25 日—12 月 1 日在马来西亚吉隆坡举行，共有来自 46 个国家和地区的 2346 名运动员以及 1295 名随队官员参加了运动会。这是"远南"运动会历史上规模最大的一次运动会，19 个大项的比赛，产生了 542 枚金牌。中国派出了 274 人组成的代表团 190 名运动员中，男运动员 126 名，女运动员 64 名；年龄最大的 50 岁，最小的 13 岁。参加 17 个大项、289 个小项的比赛。中国队在表现运动技能的同时，充分展示了人文奥运精神，取得了运动成绩和精神文明双丰收。（图 1-2-12、图 1-2-13）

本届运动会的口号是"平等参与体育，平等享受生活"。吉祥物为一雄一雌两只鼷鹿，名字分别为"乌疆"（Ujang）和"舍美"（Che Mek）。鼷鹿生性羞涩，但行动敏捷，反应迅速。当地民间传说中也有许多关于鼷鹿的故事，讲述它们如何凭借自身的机警敏捷，成功摆脱险境。这也体现了残疾人运动会的精神，选手们也要坚强应对挑战，克服困难，勇敢投入到比赛中。

图 1-2-12　第九届"远南"运动会会徽

图 1-2-13　第九届"远南"运动会吉祥物

运动项目有田径、游泳、射击、射箭、力举、乒乓球、自行车、轮椅击剑、盲人柔道、轮椅网球、坐式排球、帆船、盲人门球、硬地滚球、轮椅篮球、七人制足球、草地滚球等。

本届运动会之后，"远南"运动会联合会与亚洲残疾人奥林匹克理事会重组，成员分别并入亚洲残疾人奥林匹克委员会和大洋洲残疾人奥林匹克委员会。"远南"运动会此后由亚洲残疾人运动会代替。

历届"远南"运动会主要信息见表1-2-1。

表1-2-1　历届"远南"运动会主要信息

届次	年份	主办国	主办城市	举办时间	参赛国家/地区数量	参赛运动员数量	比赛项目数量
1	1975	日本	大分	1975年6月1日—1975年6月3日	18	973	8
2	1977	澳大利亚	巴拉玛特	1977年11月20日—1977年11月26日	16	430	10
3	1982	中国	香港	1982年10月31日—1981年11月7日	23	744	11
4	1986	印度尼西亚	苏腊卡尔塔	1986年8月31日—1986年9月7日	19	834	12
5	1989	日本	神户	1989年9月15日—1989年9月20日	41	1646	13
6	1994	中国	北京	1994年9月4日—1994年9月10日	42	2081	14
7	1999	泰国	曼谷	1999年1月10日—1999年1月16日	34	2258	14
8	2002	韩国	釜山	2002年10月26日—2002年11月1日	40	2199	17
9	2006	马来西亚	吉隆坡	2006年11月25日—2006年12月1日	46	2346	19

表格来源：作者整理。

2. 亚洲残疾人运动会

亚洲残疾人运动会（亚残运会）是亚洲规模最大的残疾人综合性运动会，由亚洲残疾人奥林匹克委员会的成员国轮流主办，每四年举办一届。参赛国主要分布在东亚、东南亚、南亚、西亚、中亚，由亚洲残疾人奥林匹克委员会（Asian Paralympic Committee）主办。

2004年7月1日，亚洲奥林匹克理事会（OCA）在卡塔尔多哈举行的第23届亚运会大会上，广州作为唯一的申报城市，被作为2010年亚运会的东道主。2006年11月28日，在吉隆坡举行的"远南"联合大会（FESPIC Federation General Assembly）上，广州被任命为亚残运会的主办城市，由此形成了在同一城市举办亚运会和亚残运会的传统。然而，由于亚洲残疾人奥林匹克委员会（Asian Paralympic Committee）刚刚成立，他们还没有与OCA签署任何协议。因此，亚残运会还没有被列入亚运会的主办城市合同中。两个赛事是独立举办的，由不同的组织委员会管理：广州亚运会组委会（GAGOC）管理广州亚运会，广州亚残运会组委会（GAPQQC）管理广州亚残运会。

2010年至2018年，亚残运会共成功举办3届。之后，国际残疾人奥林匹克委员会承认亚洲残疾人运动会为正式的亚洲地区残疾人运动会。

（1）第1届亚残运会

2010年12月12—19日在中国广州举行，共有来自41个国家和地区的2415名运动员和约2000名随队官员参加了运动会。这次运动会共设19个大项，产生了341块金牌。中国代表团以185枚金牌、118枚银牌、88枚铜牌位列奖牌榜、金牌榜第一名；日本代表团以32枚金牌、39枚银牌、32枚铜牌位列金牌榜第二名；韩国代表团以27枚金牌、43枚银牌、33枚铜牌位列金牌榜第三名。

本届亚残运会会徽（图1-2-14）取材于广州民居的西关花窗。西关花窗源自中国东北，17世纪传入广州，窗纸改用西方传入的彩色玻璃，以适应岭南气候。后被广州民居西关大屋广泛采用，成为岭南代表性的建筑风格之一。因此，西关花窗象征着岭南文化兼容、开放的特点，是文化融合的产物，具有浓厚的地域文化特色。会徽图案以国际残奥委会会标使用的红、绿、蓝三原色拼出运动的人形，象征残疾人运动员在广州亚残运会上努力拼搏、实现自我。会徽神似窗，窗代表家庭，寓意残疾人运动员及残疾人在广州能够感受家庭般的温馨；窗寓意人类之窗，象征残疾人与健全人心灵相通，共享人类文明进步成果，共同创造美好的未来。

本届亚残运会吉祥物"芬芬"（图1-2-15）是一朵绽放的木棉花，具有鲜明的地域特色。木棉被视为英雄花，具有奋发向上精神气质，象征残奥运动和残疾人事业不断进取。"芬芬"意即花之芬芳，清香袭人、怡人可爱。五片舞动的花瓣、一张灿烂的笑脸，体现出参与者的欢乐、东道主的热忱。舒展、阳光、健康的运动造型，象征着精神寓于运动的残奥理念。"芬芬"是英语Funfun（乐趣）的谐音，体现了亚残运会的核心价值，寓意亚洲各国的朋友通过参与亚残运会，分享广州的热情、运动的激情和盛会欢乐，残疾人与健全人共享人类社会文明进步的成果。

本届亚残运会以"我们欢聚，我们分享，我们共赢！（We Cheer, We Share, We Win！）"为口号。"欢聚"——残疾人运动会是残疾人体育的盛

图 1-2-14　第 1 届亚残运会会徽

图 1-2-15　第 1 届亚残运会吉祥物

会，是人类超越自我、珍视参与、享受快乐的人文盛会。残疾人运动员和健全人相聚在羊城，共同喝彩，相互祝福，演绎精神寓于运动的残奥理念。"分享"——残疾人与健全人在奥林匹克运动和社会生活中享有平等权利，分享体育运动带来的欢乐、友谊、梦想与成功，分享社会文明成果，实现同一种使命、同一个愿景、同一项希望。"共赢"——残疾人运动员通过参加体育竞赛，挑战自我，追求生命价值，展现自尊、自信、自强、自立。参与者都是胜利者，都是赢者，共赢促进团结，共赢推动和平，共赢构建和谐，实现奥林匹克运动价值观的真谛。

在比赛项目的设置上，除了有射箭、田径、硬地滚球、自行车、五人制足球、七人制足球、盲人门球、盲人柔道、举重、赛艇、设计、游泳、乒乓球、坐式排球、轮椅篮球、轮椅击剑和轮椅网球这 17 项残奥会比赛项目，该届亚残运会还有羽毛球、保龄球两项非残奥会项目的亚洲传统比赛项目。

（2）第 2 届亚残运会

2014 年 10 月 18—24 日在韩国仁川举行，共有来自 41 个国家和地区的2500 多名运动员和约 2000 名随队官员参加了运动会。这是按照"两个亚运同样精彩"精神举办的一次亚洲体育盛会。这次运动会共设 23 个大项，产生了443 块金牌。中国代表团以 174 枚金牌、95 枚银牌、48 枚铜牌位列奖牌榜、金牌榜第一名；韩国代表团以 72 枚金牌、62 枚银牌、77 枚铜牌位列金牌榜第二名；日本代表团以 38 枚金牌、49 枚银牌、56 枚铜牌位列金牌榜第三名。

此次比赛，朝鲜是第一次参加比赛。哈萨克斯坦、缅甸、新加坡、叙利亚和卡塔尔获得了他们有史以来的第一枚亚洲残疾人运动会金牌。24 项世界纪录和 121 项亚洲纪录在残运会期间被打破。

本届亚残运会会徽（图 1-2-16）灵感来源于火炬，象征着比赛的开始和结束，强调体育运动的真谛在于传递感动与激情、尊严与和谐。火炬的火焰由多种颜色组成，象征亚洲各国团结合作。

本届亚残运会吉祥物是一对叫 Jeonopi 和 Dnopi 的黑脸琵鹭（图1-2-17），原型为韩国仁川市独有的濒危珍贵鸟类白琵鹭。它们被选中是为了彰显主办单位对保护环境的承诺。Jeonopi 代表着与亚洲和世界人民的友谊，代表着主办城市仁川的清洁自然环境，Dnopi 代表着参赛运动员的勇气和希望。

图1-2-16 第2届亚残运会会徽

图1-2-17 第2届亚残运会吉祥物

本届亚残运会的口号为："激情从此迸发"（A Wave of Passion，Now Begins）。

在比赛项目的设置上，除了有坐式排球、自行车、马术、游泳、硬地滚球、田径、射箭、射击、赛艇、帆船、盲人柔道、乒乓球、七人制足球、五人制足球、盲人门球、轮椅橄榄球、轮椅网球、轮椅篮球、轮椅击剑、举重这20项残奥会比赛项目，还有羽毛球、保龄球、轮椅体育舞蹈三项非残奥会项目的亚洲传统比赛项目。

（3）第3届亚残运会

2018年10月6—13日在印度尼西亚雅加达举行，共有来自43个国家和地区的约3000名运动员参加了运动会。这是按照"两个亚运同样精彩"精神举办的一次亚洲体育盛会。这次运动会共设18个大项，产生了507块金牌。中国代表团以172枚金牌、88枚银牌、59枚铜牌位列奖牌榜、金牌榜第一名；韩国代表团以54枚金牌、44枚银牌、46枚铜牌位列金牌榜第二名；伊朗代表团以51枚金牌、43枚银牌、42枚铜牌位列金牌榜第三名。

本届亚残运会会徽（图1-2-18）结合第18届亚洲运动会的口号"亚洲活力"（The Energy of Asia）设计，一共用到5种颜色，其中蓝色代表天空，橙色代表太阳，绿色代表大自然，紫色代表距离，红色代表精神。

本届亚残运会吉祥物"MOMO"是一只栗鸢（图1-2-19），它的名字是"动力"（Motivation）和"机动性"（Mobility）的缩写，这只吉祥物戴着巴达维腰带。它被用来提醒人们生活的必要性，并适应当今社会的改变。

图 1-2-18　第 3 届亚残运会会徽　　　　图 1-2-19　第 3 届亚残运会吉祥物

本届亚残运会口号为："鼓舞亚洲精神，激发亚洲活力"（The Inspiring Spirit and Energy of Asia）。

在比赛项目的设置上，除了有射箭、田径、硬地滚球、自行车、马术、盲人门球、盲人柔道、举重、射击、游泳、乒乓球、坐式排球、轮椅篮球、轮椅击剑和轮椅网球共15项残奥会比赛项目，还有羽毛球、保龄球和象棋3项非残奥会项目的亚洲传统比赛项目。

在开幕式上，朝鲜和韩国在朝鲜统一旗（Korean Unification Flag）的领导下进场。之后，他们第一次在某些项目上作为一个团队进行比赛，并且作为一个统一的团队，赢得了一枚银牌和一枚铜牌。不丹作为一个参赛国首次亮相。菲律宾和科威特赢得了他们有史以来的第一枚亚洲残疾人运动会金牌，而老挝和东帝汶赢得了他们有史以来的第一枚亚洲残疾人运动会金牌，包括他们的第一枚金牌。本届亚残会共打破16项世界纪录、63项亚洲纪录和246项亚洲残疾人运动会纪录。

（4）第4届亚残运会

2023年10月22—28日在中国杭州举行。

本届亚残运会的会徽（图1-2-20）表现了坐着轮椅的残疾人运动员勇往直前的姿态。10条半弧形的线条勾勒出一条赛道，由紫到红再到黄色渐变，下方是举办城市名称和举办年份的印鉴，会徽的整个格调、色系与亚运会的会徽相一致。会徽在视觉上呈现积极向上的趋势，符合"阳光、和谐、自强、共享"的办赛理念，并承载了"更快、更高、更强"的奥林匹克体育精神。会徽设计者表示："亚运会和亚残运会，同一个赛场和赛道，同一个起点和终点，呈现出体育运动中所有运动员的平等。因此，在杭州亚残运会会徽的设计上，要保持和亚运会会徽基因要素的一致性，图像传达上又要有明显的残运会特征。"

本届亚残运会的口号是"心相约，梦闪耀"（Hearts Meet, Dreams Shine），与杭州亚运会口号"Heart to Heart, @future"（心心相融，@未来）在核心内涵和整体风格上和谐呼应。

2020年4月16日，杭州2022年第4届亚残运会吉祥物"飞飞"（图1-2-21）通过线上正式发布。

"飞飞"的设计灵感源自良渚文化中"神鸟"的形象，她身上融合了杭州历史人文和科技创新，也承载着人与自然和谐共生的企盼。"神鸟"在中国有着传递佳音的传说，因此，她也是文化和幸福的使者。"飞飞"双翼延续到脸颊上的是良渚文化标志纹，扬起的翅膀展现了力的美感。鸟冠上的"i"字代表"Intelligence"，是智能、智慧的象征，也体现了杭州这座互联网城市的特征，在运动、开心时会发出蓝色的光芒。胸前45个点组成的环形象征着亚洲残奥委会各成员欢乐汇聚。

图1-2-20　第4届亚残运会会徽　　　　图1-2-21　第4届亚残运会吉祥物

吉祥物"飞飞"与亚残运会会徽"向前（Ever Forward）"和口号"心相约，梦闪耀（Hearts Meet, Dreams Shine）"一脉相承，将成为大力宣传杭州亚残运会的绝佳载体，第一个"飞"，是鸟的飞翔，天高任鸟飞，代表着人类社会包容、尊重、友爱的良好氛围。第二个"飞"，是残疾人运动员追逐梦想，飞跃自我的精神状态。

2021年10月9日，在杭州市杨绫子学校举行的杭州亚残运会倒计时一周年主题活动上，杭州亚残运会火炬形象"桂冠"发布。"桂冠"的设计思想源自实证五千多年中华文明史的良渚玉琮和杭州市花——桂花，尊良渚玉琮其为文化本源，礼通天地，道贯古今；以杭城桂花的芳香四溢，寓意"阳光、和谐、自强、共享"的办赛理念。

（5）第5届亚残运会将于2026年在日本名古屋举行。

三、亚洲青年残疾人运动会

亚洲青年残疾人运动会（Asian Youth Para Games），简称亚青残会，主要在亚洲地区举行，是亚洲规模最大的青年残疾人综合性运动会，每四年举办一届。第1届运动会于2009年在日本东京举行，比亚洲残疾人运动会早一年。参与国主要分布在东亚、东南亚、南亚、西亚、中亚，包括中国、日本、韩国、文莱、马来西亚、菲律宾、印度、斯里兰卡等国家，由亚洲残疾人奥林匹克委员会（Asian Paralympic Committee）主办。

亚青残会相关信息见表1-2-2、表1-2-3。

表1-2-2　历届亚青残会主要信息

届次	年份	主办国	主办城市	举办时间	参赛国家/地区数量	参赛运动员数量	比赛项目数量
1	2009	日本	东京	2009年9月10日—2009年9月13日	24	466	5
2	2013	马来西亚	吉隆坡	2013年10月26日—2013年10月30日	29	723	14
3	2017	阿联酋	迪拜	2017年12月10日—2017年12月14日	30	800	7
4	2021	巴林	马纳马	2021年12月2日—2021年12月6日	30	750	9
5	2025	乌兹别克斯坦	塔什干				

表格来源：作者整理。

表1-2-3　亚青残会历届项目

项目	时间
射箭 Archery	仅2013年
田径 Athletics	自2009年起
羽毛球 Badmintion	自2009年起
硬地滚球 Boccia	自2009年起
保龄球 Bowling	仅2013年
国际象棋 Chess	仅2013年
盲人门球 Goalball	自2013年起

续表

项目	时间
柔道 Judo	仅 2013 年
举重 Powerlifting*	自 2013 年起
游泳 Swimming	自 2009 年起
乒乓球 Table Tennis	自 2009 年起
跆拳道 Taekwondo	仅 2021 年
坐式排球 Sitting Volleyball	仅 2013 年
轮椅网球 Wheelchair Tennis	仅 2013 年
轮椅篮球 Wheelchair Basketball	2013 年，2021 年

表格来源：作者整理。

＊残疾人举重（Powerlifting）最早出现在 1964 年日本东京残奥会上，当时被称作"卧举"（Weightlifting），仅有脊髓损伤的男运动员参加，此后又增加了"力举"（Powerlifting）的举式，现已确定为残奥会的举式。

四、亚洲残疾人奥林匹克委员会的成立与发展

根据马来西亚残奥委员会在 1999 年国际残奥委员会大会上的动议，亚洲残疾人奥林匹克理事会（以下简称"亚残奥理事会"）于 2002 年 10 月 30 日在韩国釜山成立。该理事会最初由三个地区（东亚、南亚和东南亚）的相关组织组成。由拿督扎纳尔・阿布扎林担任主席。

2004 年，国际残奥委员会决定把中亚和西亚也纳入亚残奥理事会的职责范围。

2006 年，亚残奥理事会与远南运动会联合会合二为一，成立亚洲残疾人奥林匹克委员会（简称"亚残奥委员会"，即 APC），由亚残奥委员会委员大会直接选举产生委员会主席。亚残奥委员会总部现设在阿联酋迪拜。

2010 年，在中国广州举办的第 1 届亚残运会期间，亚残奥委员会召开了委员大会，拿督扎纳尔・阿布扎林再次当选为主席。

2014 年，在韩国仁川举办的第 2 届亚残运会期间，亚残奥委员会再次召开了委员大会，马吉德・拉什德当选为新一任主席。

2015 年，亚残奥委员会在阿联酋阿布扎比召开委员大会，会上制定了亚残奥委员会新的战略计划，列出了 2015 年至 2018 年的愿景和目标。

第三节 钱江潮涌：无障碍的杭州与亚运

一、杭州无障碍建设与第八届全国残疾人运动会

早在 2005 年，杭州就获评"全国无障碍设施建设示范城市"（全国仅 12 个，浙江唯一 1 个）；2011 年获评"'十一五'全国无障碍建设先进城市"（全国 60 个，浙江唯一 1 个）。

2011 年 10 月 11 日，中华人民共和国第八届残疾人运动会在浙江举行，主会场设在杭州，在嘉兴、绍兴、湖州设立分会场。

场馆层面，第八届全国残疾人运动会体育比赛场馆的无障碍设计方案由国家有关专家和浙江省筹委会会审。50 个公共建筑进行了无障碍设施改造。

在城市层面，杭州组织实施了公园、道路、接待酒店等公共场所的无障碍设施改造。据统计，2004—2009 年，杭州完成了 2302 项无障碍设施改造项目，改造了 447 条道路、1384 家公共建筑物和 471 座公共厕所无障碍设施。此外，杭州投放低底盘的公交车 2271 辆和无障碍出租车 230 辆。拥有或在建各类残疾人综合服务设施达 110000m² 以上，覆盖杭州各区、县（市）。

信息无障碍也被体现。第八届全国残疾人运动会专门开发了志愿者管理平台，200 多万志愿者在管理平台上被合理规划、有机调配。残障人士在观看赛事或者需要其他帮助时，可以拨打专门设置的热线电话，通过 3G 技术，志愿者将会用手机通过视频和聋哑人进行"面对面"的手语沟通。除此之外手语服务热线在残运会期间还为残障人士提供赛事信息查询、衣食住行导航、门票有奖领取、视频服务等无障碍沟通服务。

二、杭州亚运会与亚残运会办赛理念

杭州第 19 届亚运会原定于 2022 年 9 月 10 日至 25 日举行，亚残运会原

定于 2022 年 10 月 9 日至 15 日举行。

受新冠疫情影响，2022 年 7 月 19 日，亚洲奥林匹克理事会宣布，杭州 2022 年第 19 届亚运会延迟至 2023 年 9 月 23 日至 10 月 8 日举行，名称仍为杭州 2022 年第 19 届亚运会；第 4 届亚残运会延迟至 2023 年 10 月 22 日至 10 月 28 日举行。赛事名称和标识保持不变。

从场馆建设到赛事组织，从服务保障到城市提升，杭州亚运会贯彻"绿色、智能、节俭、文明"理念，杭州亚残运会贯彻"阳光、和谐、自强、共享"理念，向着"办好一个会 提升一座城"的目标，组委会精心打磨筹办细节，努力奉献一届成功圆满的体育盛会。

"绿色、智能、节俭、文明"的总理念，从无障碍角度讲也有着极为丰富的内涵。

绿色：杭州亚组委研究编制了一系列绿色环保标准，涵盖了绿色建筑、健康建筑、室内环境控制等方面，其中室内空气污染控制技术导则的制定，成为国内大型综合性体育运动会场馆建设的首次使用。绿色将为运动员、贵宾和观众等群体提供全龄友好的环境。

智能：办会理念中最能体现杭州特色的就是"智能"。亚运会的智能无处不在：场地周边的智慧灯杆，大部分场馆布满的 5G 系统、新能源充电桩、物联网设备、可视化的场馆运维平台，4K 超高清转播。智能技术的普及，将提供多途径的无障碍交互媒介。

节俭：杭州亚运会、亚残运会的 56 个竞赛场馆中，只有 12 个为新建场馆，占比 21%，这在历届亚运会中是比较低的，其余场馆则进行改建。在场馆的新建和改建过程中，无障碍使用要求被深度融入，无障碍环境建设与总体建设同步进行。

文明：亚运场馆是人性化的无障碍环境，按照"国内领先、国际一流"标准打造，彰显城市包容性和人文关怀。

"阳光、和谐、自强、共享"，是残障运动员不畏艰难、奋发向上的精神风貌的写照，也是杭州亚残运会试图通过一场体育盛事而实现的一种社会状态：通过筹办赛事进一步改善残障者民生福祉，促进残障者康复健身体育全面融入全民健身。

三、钱江潮头的一朵浪花

人类命运的起伏，构成文明的潮涌。回顾 20 世纪，两次世界大战动摇了由启蒙运动和工业革命开始逐渐建立起来的自信；由苏联涌向全球的共产主义运动历经大半个世纪，为人类留下宝贵的经验；其后开启的全球化浪潮，将希望带进 21 世纪。随后，孤立主义的潜流开始逐渐浮出水面，在当代，人类命运共同体又一次面临挑战。

跨过风雨飘摇的过去，21 世纪的中国重新变得自信。几代人的奋斗，让遥远而晦暗的东方逐渐明亮起来，中国的命运开始更大程度地影响人类的命运。对一个古老的文明而言，这是机遇也是挑战。作为与世界对话的重要舞台，大型体育赛会的举办在国内一直备受重视。随着经验的累积，中国人的应对方式也悄然改变，在保持隆重的同时趋向务实。"办好一个会，提升一座城"这样更加向内看的办赛目标，都深刻地印有时代的痕迹。在文明波澜壮阔的潮涌中，这是由杭州湾涌向太平洋的浙江潮。无障碍，则是潮头的一朵浪花：

这只右脚，它不比谁的手灵活
却要努力喂我吃饭、思考
甚至写诗

就凭这双手
我把我嵌在轮椅上，在坚硬的路面
努力压出辙迹

我的骨头玻璃般易碎
但不喜欢比别人矮一截
年届不惑，我还在努力长高

……活在生命的涌动中
愿望是不一样的浪花

点缀我的岁月

母亲立在窗前
"涨潮了，我们去钱塘江边吧？"
"好吧，就明天。"

那一刻风带着盐味
潮起一线。浪的指尖翻转
梳过我的发肤

我见到江岸边空气在飞翔
我的右脚、我的轮椅、我的躯干也在飞
毫无障碍

杭州诗人邹晏的作品《浪花生潮》，以奔涌澎湃的钱江潮，映射出残障者的坚忍、希冀和勇敢，彰显了残障人士自强不息的精神。这不是第一首借钱江潮来刻画残障者的诗，残障诗人桑民强早年的诗作——《我是钱塘江里一朵摇着轮椅的浪花》，同样励志，同样精彩。残障者不再被隔离、被歧视、被抛弃，而是成为时代的弄潮儿，这正是杭州举办亚（残）运会的意义。

"我是钱塘江里一朵／摇着轮椅的浪花／我会用生命去描绘／我会用青春去宣告／我，是一朵金色的浪花。"文明的潮涌风起浙江，又从杭州湾出海，奔赴太平洋，奔赴世界。

第二章

目标与推进：无障碍建设历程

杭州承办亚运会以及亚残运会，既是偶然，也是必然。与其他任何一个举办过大型国际赛事的城市一样，因为这个事件，杭州既主动又被动地发生了深刻的变化。在诸多变化之中，无障碍环境建设的进步显得非常可贵。在亚组委场馆部的督促与指导中无障碍环境建设的"文明"属性，被逐渐认识并贯彻到其后的行动中。

杭州亚残运会有自己明确的目标，也围绕目标展开了有序而有效的行动，而围绕无障碍环境建设的系列行动，值得记录并总结。

第一节　亚运会和亚残运会建设管理模式

2022年第19届亚运会组委设置了场馆建设部（以下简称"场馆部"），负责亚运会和亚残运会场馆的建设和管理。场馆部下设无障碍工作处。无障碍工作处承担亚残运会场馆及相关设施（红线内）无障碍总体实施方案的拟订工作；会同相关部门拟订亚残运会场馆、亚残运村及相关设施（红线内）无障碍建设方案；承担场馆无障碍调整计划拟订工作；承担亚残运会场馆及设施的无障碍设计、建设和运行转换的协调工作；承担无障碍专项方案审查、过程监督和验收工作；承担亚运会—亚残运会场馆运行转换设计导则编制工作；配合亚残运会工作部拟订亚残运会场馆及设施建设要求；配合相关部门推进城市无障碍建设工作。

第二节 亚运会无障碍建设

一、建设目标

杭州亚运会的无障碍建设，既要符合"中国风范、浙江特色、杭州韵味、共建共享"的办赛目标，又要体现"绿色、智能、节俭、文明"的办赛理念。因此，杭州亚运会（包括亚残运会）的无障碍设施建设既要严格遵守规范，并能形成一定亮点，但又不能过度施行。

杭州亚运会无障碍环境建设目标可以概括为：总体合规、局部提亮。

二、建设标准与管理

无论是场馆还是亚运村，无障碍建设都以《无障碍设计规范》GB50763-2012（以下简称《设计规范》）为依据。

对于亚运竞赛场馆，须按照《设计规范》8.6节体育建筑的要求配置无障碍设施，如无障碍出入口、无障碍通道（包括安检通道）、无障碍电梯、无障碍厕所、轮椅席位、低位服务设施、无障碍标识等。

对于亚运村（除媒体村以外），须按照《设计规范》第7章居住区、居住建筑的要求配置无障碍设施，如无障碍出入口、无障碍机动车停车位、无障碍电梯等；建设园区的无障碍环境，如无障碍的园路、绿地广场汇总的休息座椅、林下净空等。

三、亚运场馆与亚运村无障碍建设历程

1. 亚运场馆无障碍建设历程

2020 年 12 月，亚奥理事会第 39 次全体代表大会确定杭州 2022 年第 19 届亚运会共有 40 个竞赛大项，61 个分项，483 个小项。电子竞技、霹雳舞

2 个项目为本届亚运会新增项目。杭州亚运会以杭州为主办城市，宁波、温州、湖州、绍兴、金华为 5 个协办城市。杭州亚运会共有 54 个竞赛场馆。其中，新建场馆 12 个、改造场馆 25 个、续建场馆 8 个、临建场馆 9 个。另有 30 个训练场馆、1 个亚运村和 5 个亚运分村（表 2-2-1）。

表 2-2-1　杭州亚运会场馆一览表

序号	项目性质	场馆名称	亚运会项目
1	新建	拱墅运河体育公园体育馆	乒乓球、霹雳舞
2		富阳银湖体育中心	现代五项、射击、射箭
3		富阳水上运动中心	赛艇、静水、激流回旋
4		淳安界首体育中心自行车馆	自行车
5		钱塘轮滑中心	轮滑、滑板
6		桐庐马术中心	马术
7		宁波象山亚帆中心	帆船
8		宁波半边山沙滩排球中心	沙滩排球
9		温州龙舟运动中心	龙舟
10		绍兴柯桥羊山攀岩中心	攀岩
11		绍兴棒（垒）球体育文化中心	棒球、垒球
12		浙江师范大学（萧山校区）体育馆	手球
13	改造	杭州体育馆	拳击
14		杭州师范大学（仓前校区）体育场	足球
15		杭州棋院（智力大厦）棋类馆	桥牌、象棋、围棋、国际象棋
16		上城体育中心体育场	足球
17		西湖国际高尔夫球场	高尔夫球
18		萧山体育中心体育场	足球
19		萧山体育中心体育馆	举重
20		萧山临浦体育馆	柔道、柔术、克柔术
21		临平体育中心体育场	足球
22		临平体育中心体育馆	排球、空手道
23		中国杭州电竞中心	电子竞技
24		临安体育文化会展中心体育馆	跆拳道、摔跤
25		温州体育中心体育场	足球
26		金华体育中心体育场	足球

序号	项目性质	场馆名称	竞赛项目
27	改造	金华体育中心体育馆	藤球
28		绍兴奥体中心体育馆	五人制篮球
29		中国轻纺城体育中心体育馆	排球
30		德清体育中心体育馆	排球
31		黄龙体育中心体育场	足球
32		黄龙体育中心体育馆	竞技体操、艺术体操、蹦床
33		黄龙体育中心游跳馆	水球
34		浙江大学（紫金港校区）体育馆	五人制篮球
35		浙江师范大学东体育场	足球
36		杭州电子科技大学体育馆	击剑
37		浙江工商大学文体中心	手球
38	续建	杭州师范大学仓前校区体育馆	排球
39		杭州奥体中心主体育场	田径
40		杭州奥体中心网球中心	软式网球、网球
41		滨江体育馆	羽毛球
42		杭州奥体中心体育馆	五人制篮球
43		杭州奥体中心游泳馆	游泳、花样游泳、跳水
44		萧山瓜沥文化体育中心	卡巴迪、武术
45		温州奥体中心体育场	足球
46	临建	拱墅运河体育公园体育场	曲棍球
47		杭州国际博览中心壁球馆	壁球
48		淳安界首体育中心游泳赛场	马拉松游泳
49		淳安界首体育中心小轮车赛场	小轮车
50		淳安界首体育中心山地自行车赛场	山地自行车
51		淳安界首体育中心公路自行车赛场	公路自行车
52		淳安界首体育中心铁人三项赛场	铁人三项
53		浙江工业大学（屏峰校区）板球场	板球
54		德清地理信息小镇篮球场	三人制篮球

表格来源：作者整理。

2.亚运村无障碍建设历程

2018年5月，亚运村建设单位确定。当月，亚运村设计方案确定，图纸完成。2018年6月，亚运村建设工程开工。

与相对分散的场馆建设相比，亚运村建设主体相对集中，因此亚运村的无障碍环境建设有一个突出的特点：在设计决策的起点即已融入了无障碍通用设计的思想。人行区域没有窨井盖，使盲道更加通畅；路面采用了彩色透水混凝土材质，避免了雨后积水；园区场地全平设计，无须额外增设轮椅坡道。2021—2022年，各园区又针对重点部位进行了无障碍提升。2022年9月，亚运村建设完成，亚运村运行团队全面入驻亚运村。

第三节　亚残运会无障碍建设：项目与场馆规划

一、杭州亚残运会项目设置

按照《杭州2022年亚洲残疾人运动会主办城市合同》（以下简称《城市合同》）以及与中国残疾人联合会、亚洲残疾人奥委会沟通情况，参照历届亚残运会设项情况，本届亚残运会共22个竞赛项目，具体为：射箭、田径、羽毛球、硬地滚球、自行车、盲人门球、柔道、举重、射击、游泳、乒乓球、坐式排球、轮椅篮球、轮椅击剑、轮椅网球、盲人足球、跆拳道、赛艇、皮划艇、国际象棋、围棋、草地掷球。其中，围棋为本届新增竞赛项目。

1.射箭

射箭运动最初用于帮助残障人士复健和消遣，但后来很快就发展成一项国际性的竞技体育运动，成为残奥会上的正式比赛项目。参加射箭比赛的运动员，一般是患有脊髓损伤、脑瘫或肢体残疾的残障人士。

本届亚残运会射箭比赛分为三类：反曲弓公开级、复合弓公开级（运动员使用机械滑轮拉弓）、W1级（患有四肢残疾需要使用轮椅的运动员），共设有 15 个小项。

2. 田径

田径运动项目源于各类残障人士的康复活动，第二次世界大战以后逐渐发展成为残奥会的竞赛项目。田径包括径赛和田赛。径赛项目包括短、中、长距离跑及接力跑项目。田赛项目包括跳跃（跳高、跳远）和投掷（铁饼、铅球、标枪、掷棒）项目。参加残疾人田径比赛的选手为患有脑瘫、脊髓损伤、截肢及其他肢体残疾或视力残疾的运动员。从 1960 年罗马第一届残奥会开始，田径就已经成为残奥会正式竞赛项目，发展至今已成为残奥会第一大项。

3. 羽毛球

羽毛球是一项在残障人士中非常受欢迎的运动，于 2021 年首次出现在残奥会上。本届亚残运会羽毛球比赛设有单打和双打共 22 个小项，主要由患有肢体残疾、脊髓损伤、四肢短小症的运动员参加。运动员会被分成 6 个组别（两个轮椅组别和四个站立组别）进行比赛。

4. 硬地滚球

硬地滚球是起源于古希腊的一种将大石头掷向目标小石头的游戏。如今，硬地滚球是仅有的两项没有奥运会对应项目的运动之一。

硬地滚球项目在 1984 年的纽约残奥会上首次亮相。本届亚残运会设置了单打、双打、团体项目共 7 项。

参加硬地滚球项目的运动员都是严重的脑瘫患者（由于脑损伤而影响肌肉运动控制和肌肉运动协调性）或患类似病症且需要使用轮椅的残障人士。硬地滚球运动有利于此类残障人士在力量、身体柔韧性及上肢协调性方面的发展和心理方面的康复。

5. 自行车

自行车项目分为场地自行车赛和公路自行车赛两大类。公路自行车赛在 1984 年斯托克·曼德维尔和纽约残奥会（现称"第七届夏季残奥会"）上成为夏季残奥会正式竞赛项目；场地自行车赛则于 1996 年在亚特兰大残奥会上成为正式竞赛项目。场地自行车赛包括计时赛、个人追逐赛、争先赛和团体竞速赛；公路自行车赛包括公路个人赛、个人计时赛和团体接力赛。本届亚残运会设有 27 个小项。

参加自行车比赛的选手由患有部分或全部视力损伤（B）、脑瘫（T）、肢体残疾（C）或其他永久性身体残疾（H）的运动员组成。运动员根据身体残疾类别和程度不同使用不同类型的自行车，残疾程度划分为1—5，数值越小残疾程度越严重。

6. 盲人门球

盲人门球是专门为视力残疾运动员设立的项目，起源于1946年奥地利人汉茨·洛伦岑（Hanz Lorenzen）和德国人泽普·赖德勒（Sepp Reindle）为在战争中失明的老兵设计的一个运动项目。盲人门球在1980年荷兰阿纳姆残奥会上首次被列入正式比赛项目。盲人门球也是仅有的两项没有奥运会对应项目的运动之一。本届亚残运会盲人门球竞赛项目设有男子团体和女子团体两项比赛。

由于视力残疾运动员需要通过聆听球滚动时发出的声音、双方运动员的脚步声来判断球的位置和运动方向，因此比赛全程观众必须保持安静，以便运动员能够听到场上发生的一切。观众可以在裁判员鸣哨宣布进球时鼓掌欢呼。

7. 柔道

柔道起源于19世纪后期日本，其独有的技术特点可使身体的敏捷性、灵活性、力量和精神品质都得到锻炼和发展。盲人柔道是为视力残疾运动员专门设置的比赛项目之一。自1988年汉城残奥会引入男子盲人柔道比赛项目后，该项目成为第一个被列入残奥会的亚洲运动项目。在2004年雅典残奥会上又新增了女子组比赛。

该项目的运动形式适合于盲人身体功能障碍的局限，因此易于在盲人体育运动中推广。有人说："盲人柔道项目是视力残疾者唯一可以与健全人抗衡的项目。"

根据视力残疾的严重程度，参赛者被划分为B1（全盲）、B2（有残余视力、视力残疾程度较重）、B3（有残余视力、视力残疾程度较轻）三个级别。盲人柔道运动员可以同时是听力残疾人士。比赛时按照体重而非视力障碍程度来进行分组，所有级别的选手将同台竞技，且不允许使用眼罩。

本届亚残运会设有男子7个千克级、女子6个千克级，以及男女团体各项，共15个小项。

8. 举重

举重在 1964 年东京残奥会上首次亮相，当时这项运动只向有脊髓损伤的男子运动员开放。2000 年，悉尼残奥会首次将女子举重纳入竞赛项目。

举重比赛的运动员，一般是患有脊髓损伤、脑瘫或肢体残疾的残障人士。本届亚残运会举重竞赛项目设有男、女各 10 个千克级，共 20 个小项。

9. 射击

射击比赛包括步枪和手枪两个项目。两个项目的射击目标环形靶距离固定为 10m、25m 或 50m。根据比赛项目的不同，运动员采用立射、跪射或卧射姿势进行比赛。在射击比赛中，大多数残障运动员坐在轮椅上进行比赛。

1976 年多伦多残奥会以来，射击一直是残奥会的竞赛项目。本届亚残运会射击比赛项目分为男子项目、女子项目和混合项目，根据分级共设 13 个小项。参加此项目的选手多为截肢或脊髓损伤的运动员。根据运动员的残疾级别以及是否能够用手臂（手或胳膊）持枪，射击竞赛项目分为三个级别，分别是 SH1 手枪、SH1 步枪（可以用手臂持枪）以及 SH2 步枪（无法用手臂持枪，因此需要用支架）。

10. 游泳

游泳是 1960 年首届残奥会的 8 个运动项目之一。游泳具有广泛的适应性，所有的残疾人运动员都可以进行练习和锻炼，促进身体康复，体验水中乐趣，增强对生活的信心和热爱。

视力障碍的运动员通过对水线的触觉，把握游进方向完成比赛，可以锻炼他们敏锐的触觉和听力，弥补视力的不足；肢体残疾的运动员，在游泳中只能使用单手（单脚），或者只有双手（双脚）游泳，可以提高他们身体的平衡能力，强化肢体力量；智力障碍运动员通过游泳动作的刺激，可以促进自我控制能力的改善。

本届亚残运会将进行自由泳、仰泳、蝶泳、蛙泳以及混合泳等共 15 个小项的比赛。

11. 乒乓球

乒乓球比赛分为肢体残疾和智力残疾两大类别，肢体残疾又分为轮椅组和站立组。此项比赛适合脑瘫、脊髓损伤、肢体残疾或其他运动功能障碍的运动员参加。本届亚残运会乒乓球竞赛项目设立了单打、双打和团体比赛，具体可细分为 51 个小项。

12. 坐式排球

1956 年，坐式排球作为一项伤兵康复运动诞生于荷兰，其规则以普通排球规则为基础，不同的是运动员以坐姿参赛。在 1980 年阿纳姆残奥会上，男子坐式排球成为残奥会正式竞赛项目，女子坐式排球则是在 2004 年雅典残奥会上才正式被纳入残奥会竞赛项目。

此项目的参赛运动员为有肢体残疾的伤残人士。本届亚残运会坐式排球竞赛项目设有男子团体和女子团体两项比赛。

13. 轮椅篮球

20 世纪 40 年代，在残奥会创始人路德维希·古特曼的组织下，作为受伤退伍军人设计的一项复健活动，一种轮椅形式的篮球运动在美国两所退伍军人医院和英格兰的斯托克·曼德维尔医院诞生。1960 年，作为 "8 个创始项目" 之一，该项目在罗马举行的第一届残奥会上亮相，自此以后一直是残奥会常驻项目。1968 年特拉维夫残奥会上增加了女子项目。

轮椅篮球是一项对抗性较强的比赛项目，最大的特征就是运动员通过轮椅在篮球场上进行比赛。该项目的参赛选手由下肢截肢、小儿麻痹或脊柱损伤的运动员组成。每一名运动员都有自己的医学分级分，根据球员的运动能力，分数从 1.0 分到 4.5 分不等。从肢体功能最低的球员的 1.0 分（"低分"）到身体功能最好的球员的 4.5 分（"高分"），一支球队场上 5 名球员的总分级分之和不得超过 14 分。

本届亚残运会轮椅篮球竞争项目设有男子团体、女子团体两项比赛。

14. 轮椅击剑

1953 年，路德维希·古特曼在残奥会的发源地英格兰的斯托克·曼德维尔医院创立了轮椅击剑运动。这项运动用于帮助脊髓损伤患者做康复训练。在 1960 年罗马第一届残奥会上，轮椅击剑运动就被列为正式竞赛项目。此后历届残奥会都设有轮椅击剑竞赛项目。

参加轮椅击剑比赛的运动员，一般是脊髓损伤或肢体残疾的伤残人士。双方运动员的轮椅固定在可调节轨道的框架上进行比赛。

本届亚残运会轮椅击剑竞赛项目共设有重剑、花剑、佩剑 3 个剑种的个人和团体比赛，根据分级共 18 个小项。

15. 轮椅网球

轮椅网球是 1976 年由美国人布拉德·帕克斯发明的。在滑雪受伤后，他一直在尝试用网球作为休闲疗法。1988 年，国际轮椅网球联合会（IWTF）成立。同年，在汉城残奥会上，轮椅网球作为表演项目亮相残奥会赛场，1992 年巴塞罗那残奥会上被列为正式竞赛项目。此后这项运动成为残奥会常设竞赛项目。

轮椅网球比赛，一般是在 2 名或 4 名下肢丧失运动能力的运动员间进行，四肢瘫痪、下肢残疾且上肢截肢的运动员也可参加。运动员必须坐在轮椅上进行比赛。本届亚残运会轮椅网球竞赛项目共设有男子单打公开级组、女子单打公开级组、男子双打公开级组、女子双打公开级组、四肢残疾组单打、四肢残疾组双打 6 个组别的比赛。

16. 盲人足球

盲人足球是专为视力残疾运动员设立的比赛项目。最初，它是学校学生的操场游戏，流行于很多国家且规则各异。1996 年，伴随着其国际比赛规则的出炉，这项运动成为国际盲人体育联合会的官方竞赛项目。盲人足球 2004 年首次登上雅典残奥会，此后便成为残奥会的常设竞赛项目。

与健全人使用的足球不同，盲人足球的比赛用球内设发声装置。球员必须通过球的声音和场内指定区域的指导（守门员、教练员、引导员）发出的指令来完成传球、拦截和射门等技术动作。因此，比赛进行时，观众必须保持绝对安静，以便运动员能听到球内发出的声音以及引导员的指令。但当进球发生时，观众可以尽情欢呼喝彩。

本届亚残运会五人制足球竞赛项目设有男子团体 1 项比赛。

17. 跆拳道

残疾人跆拳道分为两种：竞技（Kyorugi）与品势（Poomsae），前者适合上肢残疾的运动员，后者适合存在智力缺陷、神经类疾病或者视力障碍的运动员。本届亚残运会只采用竞技的比赛形式。残疾人跆拳道运动创立于 2005 年，首届世锦赛于 2009 年举行，并在 2020 年东京残奥会上被列入正式比赛项目。本届亚残运会跆拳道竞赛项目设有男子、女子共 10 个千克级的小项。

18. 赛艇

赛艇是在平直的航线上用桨作为推动力使舟艇在水上背向前进的水上运动项目。运动员在由标记浮标分隔开的直线赛道中展开竞技，艇首率先冲过终点线者赢得比赛。

赛艇首次成为残奥会比赛项目是在 2008 年的北京残奥会上，当时采用的是 1000m 赛道。2017 年，残疾人赛艇赛道长度从 1000m 增至 2000m，与健全人比赛的赛道长度一致。

本届亚残运会赛艇项目将展开 4 个单项的争夺，分别是：男子单人双桨、女子单人双桨、混合双人双桨和混合 4 人单桨有舵手（4 名运动员加一名舵手）。

此项目主要由患有肢体残疾、脊髓损伤和视力残疾的运动员参加。运动员根据身体残疾程度参加相应级别的比赛。

19. 皮划艇

残疾人皮划艇项目分皮艇和独木舟两项。与健全人比赛不同，残疾人皮划艇项目只有静水一个分项。此项目主要由患有肢体残疾或脊髓损伤的运动员参加。皮划艇在 2016 年里约残奥会上首次成为正式项目。本届亚残运会皮划艇项目设有 10 个小项。

20. 国际象棋

国际象棋起源于亚洲，后由阿拉伯人传入欧洲，现在流行于 160 多个国家和地区，已成为世界上流传最广的棋种。参加国际象棋比赛的选手为患有肢体残疾和视力残疾的运动员。国际象棋能满足残障者的交际需求，并帮助其发展认知能力，以及拓展沟通能力。在 2018 年雅加达亚残运会上，国际象棋首次被列为正式竞赛项目，但目前还未被列入残奥会正式竞赛项目。

本届亚残运会国际象棋项目分为标准象棋和快棋项目，根据分级，共设有 24 个小项。

21. 围棋

围棋是一个老少皆宜的智力竞赛项目，残障者与健全人可同台竞技。围棋可以满足残障者的社交需求，提高其认知能力。围棋在中国历史悠久，在东亚地区也具有广泛的群众基础，并正逐步向全世界传播。目前，中国残疾人围棋比赛已逐步演化成全国性的赛事。

本届亚残运会围棋竞赛项目共设有男子个人、男子团体、女子个人和女子团体 4 项比赛。参加比赛的选手为肢体残疾的运动员。

22. 草地掷球

草地掷球起源于英国宫廷，具有数百年的历史。比赛时，双方运动员轮流向预先规定的目标球发出滚球，靠近目标球的一方获胜。

参加草地掷球比赛的选手为患有肢体残疾和视力残疾的运动员。在2014年仁川亚残运会上，草地掷球项目首次成为正式竞赛项目。本届亚残运会草地掷球项目设有男子单人、女子单人、男女混双比赛，根据分级，共有24个小项。

二、场馆规划

1. 场馆设置

场馆布局与项目设置紧密相关，亚残运会赛事举办地安排在杭州市域范围内，按残疾人特点及项目特定要求，主要考虑以下原则：一是优先选择与亚残运会项目匹配的亚运竞赛场馆。22个项目中，除盲人门球、草地掷球为亚残运会特有项目外，其他同类项目的竞赛场馆可以充分利用原有资源，物尽其用，避免场馆重复建设，同时也便于场馆转换及时、场馆运行团队运作连贯。二是优先选择场馆设施条件较好的场馆。以新建、续建场馆以及改造成本小且容易的改造提升场馆为主，同时根据不同场馆的实际，搭配适宜的残疾人运动项目。三是优先选择杭州市域内场馆，便于赛事统一组织和管理，便于运动员参赛以及观众观赛。四是参照历届亚残运会做法，采用"一馆一项"模式。

2018年8月明确承办亚残运会以来，通过实地勘察调研，专家学者论证等系列工作形成了亚残运会场馆安排方案，共计使用竞赛场馆19个。

2. 场馆简介

19个竞赛场馆中，17个竞赛场馆是和亚运会共用，2个竞赛场馆为亚残运会独立使用。场馆分布在杭州的8个区、县（市）：拱墅区、萧山区、临平区、滨江区、钱塘区、西湖区、富阳区和淳安县。19个竞赛场馆中，新建场馆4个，改造提升场馆9个，续建场馆5个，临建场馆1个。亚残运会运动员村沿用亚运会媒体村，遵循无障碍标准进行适应性改造。淳安县设运动员分村。

（1）富阳银湖体育中心

富阳银湖体育中心为亚残运会射击、射箭比赛场馆，位于杭州市富阳区银湖街道，与亚残运村相距约 40km，含射击综合馆、射箭场地（射箭资格赛场地、射箭决赛场地及射箭热身场地）、新闻媒体与安保中心。总建筑面积为 82360m²，观众席位数约 13000 座。

（2）黄龙体育中心体育场

黄龙体育中心体育场为亚残运会田径赛事比赛场馆，位于杭州市西湖区风景秀丽的西子湖畔，处在整个黄龙体育中心的西南侧，与亚残运村相距约 11.5km。总建筑面积为 103338m²，总席位数为 51971 座。

（3）滨江体育馆

滨江体育馆为亚残运会羽毛球项目比赛场馆，位于杭州市滨江区，与亚残运村相距约 9.4km。总建筑面积为 58224m²，观众席位数约 3900 座。

（4）杭州体育馆

杭州体育馆为亚残运会硬地滚球项目比赛场馆，位于杭州市体育场路，与亚残运村相距约 10km。该体育馆始建于 1966 年，为文化保护建筑，因其独特的马鞍形屋面造型成为 20 世纪杭州市标志性体育建筑设施。总建筑面积为 34202m²，总席位数约 4300 座。

（5）富阳水上运动中心

富阳水上运动中心为亚残运会赛艇、皮划艇项目比赛场地，位于杭州市富阳区北支江南岸，与亚残运村相距约 36km。场馆功能覆盖赛事管理、场馆管理、观众服务、新闻媒体等。总建筑面积为 64000m²，其中赛艇、皮划艇终点设置席位约 2450 座，草坪区设置席位 550 座。

（6）杭州棋院（智力大厦）棋类馆

杭州棋院（智力大厦）棋类馆为亚残运会棋类项目比赛场馆，位于杭州市萧山区奥体博览城区块，与亚残运村相距约 6.2km，亚残运会赛时建筑面积为 26633m²。该场馆的建设在符合完成现有亚残运会赛事要求的同时，还充分考虑了赛后利用，保证其在亚残运会赛后可快速转换成赛事、餐饮、商业配套的一体化智力运动大楼。

（7）淳安界首体育中心自行车馆

淳安界首体育中心自行车馆为亚残运会场地自行车项目比赛场馆，位于杭州市淳安县界首乡，临近淳安亚残运分村。项目基地山环水绕，交通便捷库湾众多，山体平缓，村庄零星散落，环境优美，生态优良。总建筑面积为 24000m²，总席位数为 3000 座。

（8）拱墅运河体育公园体育场

拱墅运河体育公园体育场为亚残运会五人制足球项目比赛场地，位于杭州市拱墅区，距离亚残运村约 14.5km，含主比赛场和热身场，配备两层赛时配套用房，将在赛后作为游客接待中心使用。总建筑面积为 27121m²，总席位数为 4870 座。

（9）浙江塘栖盲人门球基地门球馆

浙江塘栖盲人门球基地门球馆为亚残运会盲人门球比赛场馆，与亚残运村相距约 35km，含主、副比赛场馆及热身馆，总建筑面积为 56854m²。

（10）萧山临浦体育馆

萧山临浦体育馆为亚残运会盲人柔道项目比赛场馆，位于杭州市萧山区临浦镇核心位置，与亚残运村相距约 24km。总建筑面积为 24040m²，总席位数约为 2740 座。

（11）杭州文汇学校草地掷球场

杭州文汇学校草地掷球场为亚残运会草地掷球项目比赛场地，位于杭州钱塘区，与亚残运村相距约 21km。总建筑面积为 35000m²，总席位数为 1000 座。

（12）萧山体育中心体育馆

萧山体育中心体育馆为亚残运会举重项目比赛场馆，位于杭州市萧山区体育中心内，与亚残运村相距约 11.7km，含比赛馆及相关赛事服务用房。总建筑面积为 10802m²，总席位数约为 1900 座。

（13）临平体育中心体育馆

临平体育中心体育馆为亚残运会坐式排球项目比赛场馆，距离亚残运村约 19.6km，含比赛馆及热身馆。总建筑面积为 16889m²，总席位数为 3340 座。

（14）杭州奥体中心游泳馆

杭州奥体中心游泳馆为亚残运会游泳项目比赛场馆，位于杭州奥体中心北端。其与体育馆在外形上合二为一，形成了"化蝶"的杭州文化主题形象。该场馆距离亚残运村约 3km，总建筑面积为 53959m²，总席位数约为 6000 座。杭州奥体中心游泳馆是杭州奥体中心的主要组成部分之一，是杭州市政府在钱江南岸兴建的大型城市公共设施。

（15）拱墅运河体育公园体育馆

拱墅运河体育公园体育馆为亚残运会乒乓球项目比赛场馆，位于杭州市拱墅区，距离亚残运村约 14.5km，内含主比赛场和热身场，还配备了两层赛时配套用房，将在赛后作为全民健身中心使用。总建筑面积为 58395m^2，总席位数为 6928 座。

（16）萧山瓜沥文化体育中心

萧山瓜沥文化体育中心为亚残运会跆拳道项目比赛场馆，位于杭州市萧山区瓜沥镇新区核心位置，距离亚残运村约 21km，内含主比赛馆及热身馆。总建筑面积为 3304m^2，总席位数为 4251 座。

（17）杭州奥体中心体育馆

杭州奥体中心体育馆为亚残运会轮椅篮球项目比赛场馆，位于杭州奥体中心南端，距离亚残运村约 3km。该体育馆总建筑面积为 74470m^2，总席位数约 18000 座，其中活动席位数为 3000 座，能满足 NBA 比赛的要求，同时具有"篮冰"转换功能。

（18）杭州电子科技大学体育馆

杭州电子科技大学体育馆为亚残运会轮椅击剑项目比赛场馆，位于杭州市拱墅区下沙高教园区，距离亚残运村约 15km，内含主比赛馆、预赛馆和热身馆。总建筑面积为 14595m^2，总席位数为 4599 座。

（19）杭州奥体中心网球中心

杭州奥体中心网球中心为亚残运会轮椅网球项目比赛场馆及训练场馆，位于杭州奥体中心东南侧，距离亚残运村约 3km。网球中心内设有一个决赛馆（又称"小莲花"）、一个室外半决赛馆、一个临时半决赛馆、8 片室外预赛场地、10 片室外练习场地和 4 片室内练习场地，总建筑面积为 52300m^2，总席位数为 5600 座，其中决赛馆设有席位 10000 座，室外半决赛馆与临时半决赛馆各 2000 座，8 片室外预赛场地共设 1600 座。决赛馆"小莲花"的钢结构屋盖由可开启的片（每片 160t）"花瓣"组成，为世界首创，可全天候满足世界顶级网球赛事的需要。

（20）亚残运村及分村

杭州亚残运会在杭州市区设亚残运村，在杭州市淳安县设淳安亚残运分村。亚残运村位于萧山区钱江世纪城——杭州"拥江发展"的核心区，规划中的杭州城市新中心。周边交通发达，赛时可实现5分钟到达杭州奥体中心体育场，15分钟到达杭州东站，30分钟到达萧山国际机场和西湖风景名胜区，45分钟到达杭州分赛区所有比赛场馆。亚残运村占地面积约为196000m²，共有28栋楼，总建筑面积约为650000m²，赛时将为5300人提供住宿服务（其中1100人居住轮椅使用者客房），有40m²、60m²、115m²、130m²四种房型，另有NPC用房4间、团长用房45间。

淳安亚残运分村位于千岛湖度假区东部板块，南临亚运大道，总建筑面积为32524m²。在亚残运会期间，无障碍客房安排在2—10地块的客房，总计20间客房、40个床位。

三、场馆特殊要求

亚残运会场馆相较于亚运场馆的特殊要求与区别如表2-3-1。

表2-3-1 2022年第4届亚残运会竞赛项目设置及场馆安排

序号	亚残运会项目	残疾人运动员类型	亚运会项目	场馆名称	与亚运会场地要求的区别	比赛特殊规定
1	射击 射箭	肢体残疾	射击、射箭、现代五项	富阳银湖体育中心	无区别	与亚运会比赛规则基本相同
2	田径	肢体残疾 视力残疾 智力残疾	足球	黄龙体育中心体育场	投掷器材重量不同，坐姿投掷需另配坐投固定板；视力残疾运动员(F11、F12级别)跳远不使用起跳板，需单独规定在落地区1.2m处用白粉画出1m×1m起跳区	与亚运会比赛规则基本相同
3	羽毛球	肢体残疾	羽毛球	滨江体育馆	轮椅羽毛球比赛场地的大小是健全人比赛场地的一半	与亚运会比赛规则基本相同
4	硬地滚球	肢体残疾	拳击	杭州体育馆	比赛场区为长12.5m、宽6m的长方形；需重新铺设木地板比赛场地	亚残运会特有项目
5	赛艇 皮划艇	肢体残疾、视力残疾	皮划艇（静水、激流回旋）、赛艇	富阳水上运动中心	航道要求相同，比赛赛艇与健全人使用的赛艇不同 无区别	与亚运会比赛规则基本相同
6	围棋 国际象棋	肢体残疾	智力类项目(桥牌、国际象棋、围棋、象棋)	杭州棋院(智力大厦)棋类馆	无区别	与亚运会比赛规则基本相同

续表

序号	亚残运会项目	残疾人运动员类型	亚运会项目	场馆名称	与亚运会场地要求的区别	比赛特殊规定
7	场地自行车	肢体残疾 视力残疾	场地自行车	淳安界首体育中心自行车馆	自行车辆标准和规格不完全与健全人比赛相同，各参赛队自带比赛车辆与器材	与亚运会比赛规则基本相同
	公路自行车		公路自行车		自行车辆标准和规格不完全与健全人比赛相同，各参赛队自带比赛车辆与器材；根据参赛级别不同，设置的公路骑行比赛距离不同，公路比赛一般采用环形赛道，赛道一圈骑行里程至少7km，至多15km	
8	盲人足球	视力残疾	曲棍球	拱墅运河体育公园体育场	比赛场区为长38-42m、宽18-22m的长方形；场地两侧压边线需设置保护性围栏	与亚运会比赛规则基本相同
9	盲人门球	视力残疾	–	浙江塘栖盲人门球基地门球馆	比赛场区为长18m、宽9m的长方形	亚残运会特有项目
10	柔道	视力残疾	柔道、武道（柔术、克柔术）	萧山临浦体育馆	无区别	与亚运会比赛规则基本相同
11	草地掷球	肢体残疾	–	杭州文汇学校草地掷球场	比赛场区一般为边长34-40m的正方形	亚残运会特有项目
12	举重	肢体残疾	举重	萧山体育中心体育馆	比赛采用卧推方式进行	与亚运会比赛规则基本相同
13	坐式排球	肢体残疾	排球、武道（空手道）	临平体育中心体育馆	比赛场区为长10m、宽6m的长方形；球网高度男子比赛为1.15m，女子比赛为1.05m	与亚运会比赛规则基本相同
14	游泳	肢体残疾 视力残疾 智力残疾	游泳（游泳、跳水、花样游泳）	杭州奥体中心游泳馆	无区别	与亚运会比赛规则基本相同
15	乒乓球	肢体残疾 智力残疾	乒乓球、体育舞蹈（霹雳舞）	拱墅运河体育公园体育馆	无区别	与亚运会比赛规则基本相同
16	跆拳道	肢体残疾	卡迪巴、武术	萧山瓜沥文化中心体育馆	无区别	与亚运会比赛规则基本相同

续表

序号	亚残运会项目	残疾人运动员类型	亚运会项目	场馆名称	与亚运会场地要求的区别	比赛特殊规定
17	轮椅篮球	肢体残疾	篮球	杭州奥体中心体育馆	无区别	与亚运会比赛规则基本相同
18	轮椅击剑	肢体残疾	击剑	杭州电子科技大学体育馆	使用轮椅击剑专用击剑台，器材和设备需要更换	与亚运会比赛规则基本相同
19	轮椅网球	肢体残疾	网球（网球、软式网球）	杭州奥体中心网球中心	无区别	与亚运会比赛规则基本相同

表格来源：作者整理。

第四节　亚残运会无障碍建设：场馆建设

一、组织推动

自 2018 年 8 月明确承办亚残运会以后，2019 年 12 月 15 日成立了 2022 年第 4 届亚残运会组委会[①]。2022 年成立了第 4 届亚残运会工作领导小组[②]。机构的成立为推动场馆无障碍建设奠定了组织基础。

同时，杭州市委、杭州市政府、亚组委各部门相继印发了相关文件（表 2-4-1），推动场馆无障碍环境建设工作的逐步落实。

[①] 国务院办公厅. 国务院办公厅关于同意成立 2022 年第 4 届亚残运会组委会的函，国办函〔2019〕98 号［DB/OL］. http://www.gov.cn/zhengce/content/2019-10/10/content_5438017. htm，2019-10-10/2023-03-03.

[②] 国务院办公厅. 国务院办公厅关于成立第 19 届亚运和第 4 届亚残运会工作领导小组的通知，国办函〔2022〕33 号［DB/OL］. http://www.gov.cn/zhengce/content/2022-04/14/content_5685241. htm，2022-04-04/2023-03-03.

表 2-4-1　杭州市委、杭州市政府、亚组委各部门印发的相关文件

时间	印发部门	文件名称	文号
2020 年 4 月 16 日	中共杭州市委办公厅、杭州市人民政府办公厅	市委办公厅、市政府办公厅关于印发《杭州市亚运城市行动计划纲要》的通知	市委办发〔2020〕13 号
2020 年 4 月 29 日	2022 年第 19 届亚运会组委会场馆建设部	关于报送亚残运场馆无障碍设计专项方案的通知	亚场建〔2020〕19 号
2020 年 6 月 4 日	杭州市人民政府办公厅	杭州市人民政府办公厅关于印发杭州市"迎亚（残）运"无障碍环境建设行动计划（2020—2022 年）的通知	杭政办函〔2020〕19 号
2020 年 8 月 31 日	2022 年第 4 届亚残运会组委会办公室	2022 年第 4 届亚残运会组委会办公室关于印发《2022 年第 4 届亚残运竞赛场无障碍建设指导意见》的通知	亚残组委办〔2020〕4 号
2020 年 12 月 14 日	2022 年第 19 届亚运会组委会场馆建设部	关于进一步加强亚运会、亚残运会场馆无障碍环境建设工作的通知	亚场建〔2020〕105 号

表格来源：作者整理。

这些文件的印发，从城市到场馆，建立了全方位的目标；从设计、建设、验收，提出了全过程的要求；从流线规则到设施建设，提供了全维度的指导。

二、设计、优化与图审

亚组委场馆建设部印发《关于报送亚残运场馆无障碍设计专项方案的通知》（亚场建〔2020〕19 号），明确要求各单位根据运行转换设计导则和相关国家规范标准编制《亚残运会场馆无障碍设计专项方案》，并提交场馆建设部审查。

设计单位在新建或改造的设计中增加了无障碍专项设计的内容。2022 年第 4 届亚残运会组委会委托浙江大学建筑设计研究院无障碍设计研究所（以下简称无障碍所）负责无障碍专项设计的图纸审查工作。

图纸审查分为两轮。第一轮主要针对流线等系统性无障碍内容，第二轮则进一步聚焦于各类无障碍设施的细节。无障碍所进行全面审查，形成审查意见提交给场馆建设部，由其整合后形成正式的意见下发给各场馆。

三、施工、检查与验收

图纸完成后，各既有场馆根据无障碍专项设计图纸进行无障碍改造施工，新建场馆则将无障碍内容与整体场馆进行同步建设。

施工期间，亚组委场馆建设部定期组织实地检查工作。亚残运会场馆的无障碍使用需求更为集中，因此检查工作更加频繁，检查范围更大。

2023 年，场馆部组织了 2 轮场馆无障碍设施检查工作。第一轮在 3—5 月，检查所有亚运场馆无障碍设施运行及维护情况；第二轮在 7—8 月，重点检查所有亚残运场馆无障碍设施运行及维护情况。

第五节　亚残运会无障碍建设：亚残运村建设

一、亚残运村建设的总体安排

2018 年 8 月 30 日，收到亚残奥委会来函，确认杭州为 2022 年第 4 届亚残运会主办城市；2018 年 10 月，杭州市政府确定亚运村的媒体村为亚残运村。

亚残运村项目（图 2-5-1）受客观原因影响，启动滞后于亚运村，尽管如此，还是及时在原设计基础上进行了方案调整，做到亚运村、亚残运村同步施工。

图 2-5-1　媒体村照片
来源：绿城房地产建设管理集团有限公司萧山分公司。

二、亚残运村的无障碍建设历程

2018 年 10 月，当杭州市政府确定以媒体村为亚残运村时，项目设计已进入尾声、施工已全面铺开到各地块。亚组委、亚运村公司和代建单位迅速展开调整工作。

2018 年 10—11 月，形成亚残运会住宿方案。

2018 年 12 月 27—28 日召开专家论证会，对住宿方案进行评审，并确定总体住宿安排原则。

2019 年 1 月，住宿方案正式提交。

2019 年 3 月 25 日，亚组委复函亚运村建设指挥办公室，同意住宿方案。

2019 年 4 月，媒体村 ±0.000m 标高以上部分开始施工。

2019 年 8 月，根据无障碍使用需求，并结合当时的施工进度，设计单位对土建部分进行局部修改。

2020 年 4 月，设计单位提供户内精装修方案，针对轮椅户型，提出专门的无障碍设计方案。

2020 年 5 月，设计单位提供景观设计方案，方案中考虑了整个园区的无障碍通行。同月，面向轮椅运动员的样板房 E1 户型（40m^2）和 C1 户型（130m^2）开放。

2020 年 5 月 13 日，杭州市人大组织无障碍环境督查工作。媒体村的无障碍环境建设情况发现较多的问题。

2020 年 8 月，浙江大学建筑设计研究院无障碍设计研究所作为咨询单位，为媒体村的无障碍设计和施工提供建议。

2020 年 8 月至 2021 年 9 月，代建单位、设计单位、咨询单位等就如何在土建已经基本完工情况下，提升媒体村无障碍环境建设水平展开多次研讨。无障碍所通过实地调研、使用者体验等手法，因地制宜提出改进意见。设计单位严把设计关，代建单位严把产品关。共同克服了诸多难点，比如如何在有限的卫生间空间中实现回转，如何平衡入户门的防火防盗需求和无障碍使用需求，如何在不改变原有设计前提下消除户内与阳台的双重高差（土建高差＋移门轨道高差）。

2021 年 9 月 14 日，中国残联领导考察媒体村，高度认可媒体村的无障碍环境建设工作。

2021 年 10 月以后，室外工程和硬装基本完成。媒体村着力于提升整体的信息交互水平，并重点探讨视障样板房的建设。同期，各项体验、检查和验收工作相继展开。

2022 年 1 月以后，主要就信息、导识相关内容进行探索，并作了多项样板内容。包括园区盲道铺设；不同层级的盲文地图，如园区、组团、楼内共用部分和套内等空间的可触摸布局图；各类设施的盲文标识，如洗发水、沐浴露、冷热水开关、电视和空调的遥控器和洗衣机操控面板等。

2022 年 6 月 17 日，亚组委组织了一批肢体障碍和视觉障碍运动员体验检查媒体村。媒体村无障碍建设获得运动员高度好评。

第三章

融合与均衡：无障碍设计策略

设计引领建设，无障碍设计引领无障碍建设。杭州亚残运会的无障碍环境建设中，设计扮演了重要的角色，也有其独到之处。

融合与均衡，是杭州亚残运会无障碍设计的特点。杭州作为风景旅游城市，其无障碍环境理所应当被融入优美的城市环境中。某种程度上，"美"也可以被认为是杭州无障碍环境建设最重要的目标，而此目标的实现，设计的作用至关重要。

作为改革开放和经济建设相对领先的地区，浙江和杭州的建设者们始终具有务实、理性的风格，均衡性是短期的发展策略，更是长期的保障策略。因而，也就自然而然成为无障碍设计的核心策略。

第一节　无障碍设计需求

一、使用群体与无障碍需求

1. 使用群体

亚（残）运会无障碍设计的特殊性首先体现在使用群体的特殊性上。残障使用群体至少包括运动员、贵宾、观众，可能有媒体（表3-1-1）。其中，残障运动员的人数预估不超过3800人，其中约1100名重度肢体障碍者（轮椅使用者）和300名重度视觉障碍者。贵宾、观众和媒体可预估总数，但无法预估其中残障者的数量，尤其是观众，数量、残障类型的不确定性更大，在一定程度上给场馆的无障碍设计提高了难度。

表 3-1-1　亚残运会使用群体

使用群体	描述	数量（预估）
运动员残障者	包括但不限于肢体障碍人员（Z）。特别是下肢残疾，需要借助轮椅等辅具才能移动的人员。视觉障碍人员（S）	预估 3800 人，其中 1100 名轮椅使用者，300 名重度视觉障碍者
贵宾残障者	包括但不限于肢体障碍人员（Z）。特别是下肢残疾，需要借助轮椅等辅具才能移动的人员。听觉和语音障碍人员（T）	预估 3248 人，残障者数量不详
观众残障者	包括但不限于肢体障碍人员（Z）。特别是下肢残疾，需要借助轮椅等辅具才能移动的人员。视觉障碍人员（S）。听觉和语音障碍人员（T）。智力障碍人员。行动不便的老年人、病人（X）、幼童（Y），包括无独立行为能力的智力残疾人等	预估 107 万，残障者数量不详
媒体残障者	包括但不限于肢体障碍人员（Z）。特别是下肢残疾，需要借助轮椅等辅具才能移动的人员	预估 1200 人，可能有少量残障者

表格来源：作者整理。

2. 无障碍需求

因为多样的使用人群，也带来了多样化的无障碍需求。在设计前，需要对最主要的四种人群——运动员、贵宾、观众和媒体（兼顾）——的通行流线、使用空间和使用设施进行梳理（表 3-1-2 至表 3-1-5）。

表 3-1-2　运动员无障碍需求

亚残运会竞赛场馆运动员无障碍需求		
流线	空间	设施
抵达	下车区	无障碍大巴的上落客平台
安检	安检区	无障碍安检通道（1.0m 以上）
进入	通道	无障碍坡道、门、无障碍电梯、提示盲道（视残项目）
休息、更衣	更衣室	门、无障碍卫生间、无障碍淋浴间、低位更衣柜
分级	分级室	门
热身	热身场	亚残项目赛事器材（赛事器材领域）
比赛	比赛场	亚残项目赛事器材（赛事器材领域）
轮椅维修	轮椅维修区	门、低位服务台
赛后采访	混访区	低位隔离栏杆
药检	兴奋剂检测站	门、无障碍卫生间
新闻发布会	新闻发布厅	无障碍主席台，低位发言设施

续表

亚残运会场馆运动员无障碍需求		
流线	空间	设施
颁奖	赛场	无障碍颁奖台（竞赛领域）
观赛	运动员观赛区	轮椅坐席
返回	上车区	无障碍大巴的上落客平台
根据流线、空间、设施设置连续的标识指引系统		

表格来源：杭州第24届亚残运会无障碍业务领域运行计划（第三版）。

表 3-1-3　贵宾无障碍需求

亚残运会竞赛场馆贵宾无障碍需求		
流线	空间	设施
抵达	下车区	无障碍机动车停车位
安检	安检区	无障碍安检通道（1.0m 以上）
进入	通道	无障碍坡道、门、无障碍电梯
休息	贵宾室	无障碍卫生间、低位服务设施
观赛	主席台、贵宾坐席	轮椅坐席
颁奖	比赛场	无障碍颁奖台（竞赛领域）
返回	上车区	无障碍机动车停车位
根据流线、空间、设施设置连续的标识指引系统		

表格来源：杭州第24届亚残运会无障碍业务领域运行计划（第三版）。

表 3-1-4　观众无障碍需求

亚残运会竞赛场馆观众无障碍需求		
流线	空间	设施
抵达	公共交通	无障碍公共交通（城市侧）
安检	安检区	无障碍安检通道（1.0m 以上）
进入	通道	无障碍坡道、门、无障碍电梯、提示盲道
服务	观众服务区（问询、特许商店、餐饮店）	低位服务台及服务设施
观赛	观众坐席	轮椅坐席、无障碍卫生间
返回	公共交通或停车场	无障碍公共交通（城市侧）
根据流线、空间、设施设置连续的标识指引系统		

表格来源：杭州第24届亚残运会无障碍业务领域运行计划（第三版）。

表 3-1-5　媒体无障碍需求

亚残运会竞赛场馆媒体无障碍需求 （在征得相应使用群体同意的情况下可借用）		
流线	空间	设施
安检	安检区	无障碍安检通道（1.0m 以上）
进入	通道	无障碍坡道、门、电梯
工作	媒体工作区	无障碍卫生间
观赛	媒体席位	轮椅坐席
赛后采访	混访区	低位隔离栏杆
新闻发布会	新闻发布厅	轮椅坐席、无障碍发言设施
返回	上车区	无障碍大巴或小车（交通领域）
根据流线、空间、设施设置连续的标识指引系统		

表格来源：杭州第 24 届亚残运会无障碍业务领域运行计划（第三版）。

二、改造过程中的无障碍设计

亚（残）运会无障碍设计的特殊性其次体现在设计条件的特殊性上。本次的设计工作全部为改造过程中的无障碍设计。前文已经讲述过，19 个竞赛场馆中，新建场馆仅有 4 个，即富阳银湖体育中心、富阳水上运动中心、淳安界首体育中心自行车馆和拱墅运河体育公园，其余均为改建场馆。而 4 个新建场馆，在 2018 年 8 月杭州明确承办亚残运会时，已经完成设计进入施工阶段了，到 2019 年 12 月，正式明确亚残运会场馆时，场馆的主体结构早已全面铺开。相似的，确定媒体村为亚残运村时，项目设计已进入尾声、施工已全面铺开到各地块。所以，无障碍设计在实施过程中遇到了如下困难。

1. 既有建筑的无障碍改造设计

无论是场馆还是亚残运村，土建已经基本完工，建筑结构和平面布局已经完全确定。尤其是亚残运村，所有楼栋为高层甚至超高层建筑，土建工程不可能作大的整改；同时，因为涉及总套数高达 510 套，工程量极大，且改造部位又集中在 7 层及其以下楼层，受其余上部楼层限制，管线工程也不能改。所以，留给建设方以及无障碍所的腾挪余地极小。

2. 无障碍改造设计缺少可依据的规范

2020 年，国内虽有《无障碍设计规范》GB50763-2012，但缺少专门针对既有建筑无障碍改造设计的规范。面对改造项目中的诸多限制，没有规范意味着做设计时没有可靠的指导，也意味着创新的做法没有评判的依据。

3. 无障碍改造设计还应兼顾赛后使用

亚残运会场馆在赛后的大部分时间里，不会承办专门的残疾人赛事；亚残运村在赛后将作为人才房使用，使用者和赛时完全不同。因此，所有无障碍改造设计的方案应兼顾赛后使用，尽可能减少后期改造的工作量。

不可否认，"改造"这一前提条件，给杭州亚残运会场馆和亚残运村的无障碍设计造成了比较大的难度。不过各设计单位还是克服了各种困难，和亚组委、图审单位、施工单位密切合作，给出了在现有条件下最好的设计方案，体现出了与功能融合、与施工条件融合、与材料现状融合的特点。

第二节　无障碍设计标准

虽然遇到了许多改造工程所特有的困难，亚残运会无障碍设计仍然做到了对规范的严格遵守。其依据的无障碍设计标准包括国家标准《无障碍设计规范》GB50763-2012（以下简称《设计规范》)，也包括亚组委的《2022 年第19 届亚运会——第 4 届亚残运会场馆运行转换设计导则》（以下简称《转换设计导则》)和亚残组委的《2022 年第4 届亚残运会竞赛场馆无障碍建设指导意见》（以下简称《指导意见》)。

第三节　无障碍设计策略

　　基于使用群体的特殊性、无障碍需求的多样性和改造过程中的设计这些特点，杭州亚残运会的无障碍设计采取了相应的无障碍设计策略，并在各场馆的无障碍专项设计上得到了体现。

一、系统性规划

　　无障碍设计策略一是从无障碍视角出发，对流线进行系统性规划。

　　各场馆贵宾、观众和媒体的无障碍通行流线规划方式是基本相同的。而运动员的流线，在大原则上，需要无障碍串联运动员需要使用的所有空间，包括上下车区、安检区、通道、更衣室、分级室、热身场、比赛场、轮椅维修区、混合采访区、兴奋剂监测站、新闻发布厅、领奖台和运动员观赛区；在具体实施上，根据比赛项目的不同，需要有不同的考虑。

　　（1）运动员流线规划

　　首先，应该区分肢体障碍项目和视觉障碍项目。肢体障碍中的下肢障碍项目，尤其是轮椅比赛项目，其运动员的无障碍通行流线规划应特别注意高差的消除。视觉障碍项目，则需要注重盲道系统的规划，包括行进盲道和提示盲道。因为最终运行设计流线在赛前才能决定，因此设计方先提供盲道方案交由亚组委审核，当最终方案确定后，再铺设粘贴式盲道。

　　其次，对于流线上一些和残障类型、比赛项目有关的设施，须根据具体情况进行差异化处理。

　　抵达。赛时，运动员乘坐大巴来到场馆运动员出入口附近。在规划流线时，须在运动员入口附近设置上/落客区，并在其周围留出足够的空间，以满足大巴车停靠要求以及上下车的缓冲要求。仅用于视觉障碍项目的场馆，这一缓冲区可以相对小一些。比如塘栖盲人门球基地，大巴车沿运动员出入口外的道路停放，运动员下车空间可借用车道空间。而肢体障碍项目场馆，对缓冲区的要求会更高。黄龙体育中心体育场的运动员上下车区，虽然也是借用现有道路，但是这条道路加上局部放大空间有近30m宽（图3-3-1）。而如果是轮椅比赛项目，运动员乘坐轮椅上下车，耗时更长，空间必须更加宽裕，且要设置上下车平台，使车内外基本上在同一标高。如拱墅运河体育公园体育馆，用于乒乓球项目，通过高差进行分流和分区，为运动员留出边界稳定的上下车区（图3-3-2）；奥体中心体育馆，在运动员出入口设置了一个岛式空间（图3-3-3），为乘坐轮椅的运动员留出了宽裕、稳定的空间。

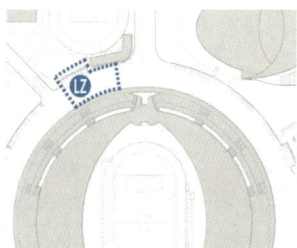

图3-3-1 黄龙体育中心体育场运动员上下车区示意
来源：作者根据各场馆无障碍专项设计文本资料绘制。

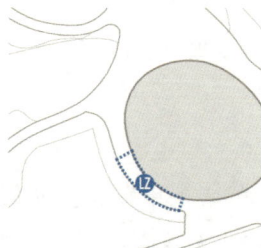

图3-3-2 拱墅运河体育公园体育馆运动员上下车区示意
来源：作者根据各场馆无障碍专项设计文本资料绘制。

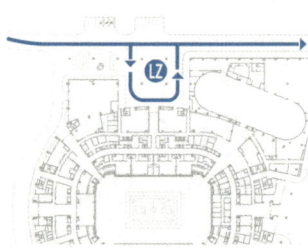

图3-3-3 奥体中心体育馆运动员上下车区示意
来源：作者根据各场馆无障碍专项设计文本资料绘制。

安检。在场馆无障碍设计阶段，运动员安检方案并未正式出台，所以尚未确定运动员在运动员村还是场馆接受安检。但为了确保设计完整性，所有场馆还是在运动员流线上规划了无障碍安检区，即设置至少1条宽度不小于1.0m，且不安装磁力装置的轮椅使用者安检通道。

进入与通行。进入场馆，并通过水平和垂直交通抵达各个空间，无障碍出入口、门、无障碍通道、无障碍电梯和满足无障碍要求的楼梯/台阶构成了无障碍通行流线的骨架。出入口部分，场馆通过无高差室外平台、平坡、轮椅坡道方式实现了室内外无障碍衔接。主通道上的门，因为在赛时常开，所以一般只需要考虑通行宽度，而无需考虑门上的门把手高度、开启力度、扶手等。部分场馆，如文汇学校、富阳水上运动中心等，运动员流线只涉及一层，所以可以不用考虑垂直交通；其他场馆，无论是肢体障碍还是视觉障碍，都设置了无障碍电梯。

分级。在场馆里进行分级的项目有田径、游泳、篮球、乒乓球和自行车，其他项目的分级则在亚残运村里进行。因此，前述 5 个项目的场馆，在运动员流线的规划上，需要考虑串联分级用房。当然，其他项目的分级用房，也需要与无障碍通行流线串联。视障项目，在分级用房内部还应尽量减少流线的转弯。

更衣与休息。运动员休息室除了在门、通道宽度、卫生设施等方面满足无障碍要求外，还需要注意自身流线的合理性，即更衣、淋浴、如厕宜以内部流线完全串联，而无需借用外部流线。一方面，可确保私密性，另一方面，也避免因为内外温差，给运动员造成不适（图 3-3-4、图 3-3-5）。

❶ 无障碍更衣休息区
❷ 无障碍淋浴区
❸ 无障碍厕所 / 厕位
▪▪▪▪ 无障碍通行流线

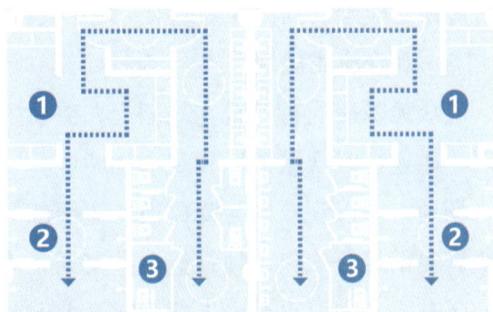

图 3-3-4 富阳水上运动中心更衣、淋浴和如厕流线
来源：作者根据各场馆无障碍专项设计文本资料绘制。

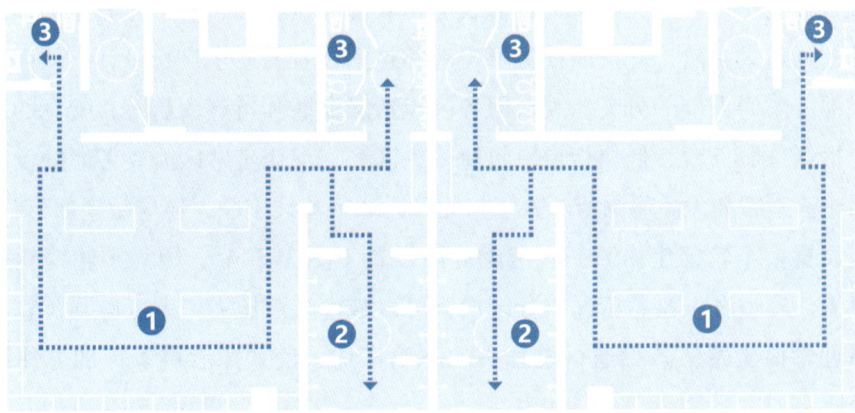

图 3-3-5 奥体中心体育馆更衣、淋浴和如厕流线
来源：作者根据各场馆无障碍专项设计文本资料绘制。

（2）贵宾流线规划

贵宾无障碍通行流线在规划上，需要串联的空间为上下车区、安检区、通道、贵宾室、主席台、贵宾席、比赛场。在上下车区，除了无障碍上落客平台，要有适合贵宾的无障碍车辆。虽然这属于交通领域的要求，但在设计上，宜结合车辆特点，优化上落客平台的位置和高度、停车位的尺寸等。安检区需要考虑设置至少1条宽度不小于1.0m，且不安装磁力装置的轮椅使用者安检通道。在通道上，应考虑坡道、门、无障碍电梯和升降平台。部分贵宾室和贵宾席、比赛场地之间的高差不到1层的场馆，或设置电梯/坡道有难度的，采用了无障碍升降平台来解决高差问题。贵宾室内需考虑无障碍厕所和低位服务设施。主席台和贵宾坐席应提供轮椅坐席。此外，贵宾的无障碍通行流线还应延续到比赛场地上，便于其给运动员颁奖。

（3）观众流线规划

观众无障碍通行流线在规划上，需要串联的空间为公共交通停靠区、安检区、通道、观众服务区和观众坐席区。在总体比赛规划中，观众必须步行进入场地，所以观众的无障碍通行流线的起点是在场地之外的市政空间上，流线需要衔接公交车、地铁等公共交通，或私家车、出租车等的上下客区。安检区需要考虑设置至少1条宽度不小于1.0m，且不安装磁力装置的轮椅使用者安检通道。在通道上，须考虑坡道、门、无障碍电梯、满足无障碍要求的楼梯和台阶、提示盲道等设施。观众因为具有瞬时性大流量的特点，不能仅依靠电梯，所以无障碍通行流线应串联部分楼梯和台阶，尤其是场馆中常见的入口大台阶，并按照视觉障碍者和拄拐杖者的要求进行设计，从而实现对部分障碍人群的分流。观众服务区包括问询区和特许商店等，配套的设施包括低位服务台、低位柜台、轮椅休息区等。观众坐席区需要考虑的设施包括轮椅坐席和无障碍厕所。除了与无障碍通行流线串联，还应做到如下几点：当设置多个轮椅坐席时，宜考虑分区设置（图3-3-6），因为乘轮椅者行动较慢，万一发生紧急情况，分区设置可以减少疏散压力。无障碍厕所宜尽量靠近轮椅坐席，减少通行过程中的不确定性，使残障者可以更加方便地上厕所。

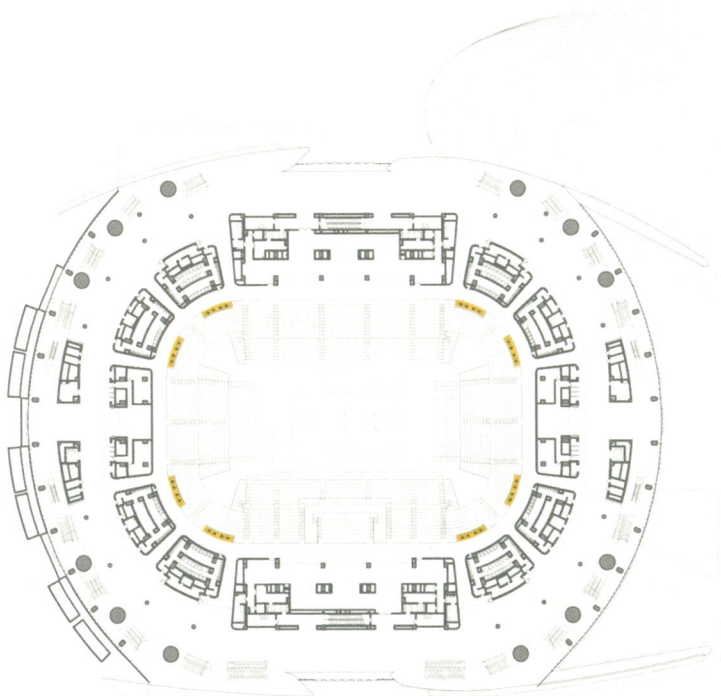

图 3-3-6　奥体中心篮球馆观众区轮椅席位
来源：作者根据各场馆无障碍专项设计文本资料绘制。

（4）媒体流线规划

媒体无障碍通行流线在规划上，需要串联的空间为上下车区、安检区、通道、媒体工作区、媒体席位、混合采访区和新闻发布厅。对安检区的要求和其他区域一样，设置至少 1 条宽度不小于 1.0m，且不安装磁力装置的轮椅使用者安检通道。通道上要考虑坡道、门和电梯。媒体工作区应考虑无障碍厕所。媒体席位区应考虑轮椅坐席。混合采访区的隔离栏杆应有低位的。新闻发布厅中应设置轮椅坐席，应能无障碍上台，用于发言的桌子应满足低位要求。考虑到媒体中残障者的比例一般较小，为了提高无障碍设施利用率，在征得同意的情况下，可以借用其他流线（图 3-3-7）。

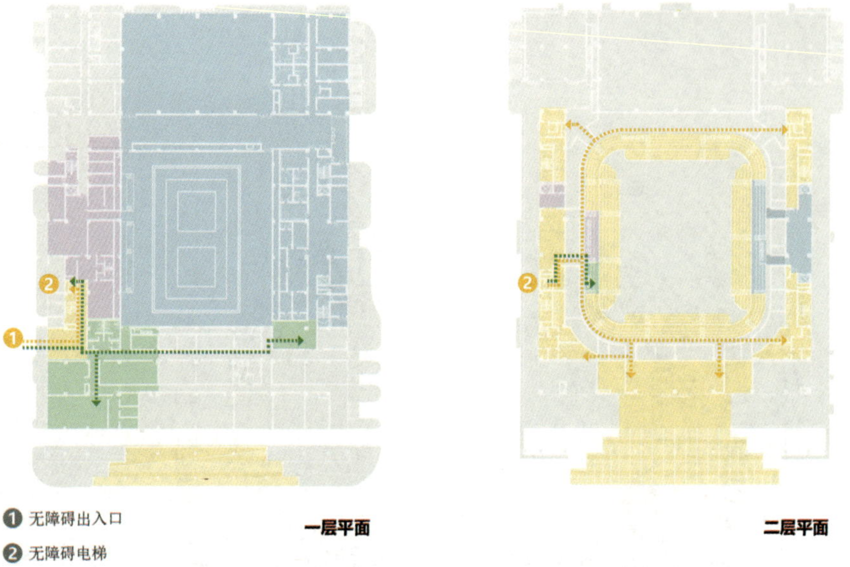

❶ 无障碍出入口
❷ 无障碍电梯

一层平面　　　　　　　　　　　　　　　**二层平面**

图 3-3-7　萧山临浦体育馆媒体借用观众无障碍通行流线
来源：作者根据各场馆无障碍专项设计文本资料绘制。

二、因地制宜

因为是改造中的无障碍设计，所以在方案选择时，不可一味要求采用标准最高的方案，而是要选择最合适的方案。这一点，在坡道的设计上最为明显。这里所指的坡道，既包括无障碍出入口的坡道，也包括无障碍通道上的坡道。

1. 出入口

多数场馆选择了增设无障碍坡道的处理方式。如文汇学校，在教室外廊外，增设了 1∶12 的轮椅坡道。虽为增设，但因为每个坡道都尽量与现有台阶、走廊或绿化设施协调，所以坡道并不突兀，也不会对原本的通行产生影响。

部分原来高差较小，场地较为充裕的场馆，通过整体地形处理，形成了平坡过渡，来衔接室内外空间，如黄龙体育中心和余杭盲人门球基地。

淳安界首体育中心自行车馆的情况则比较特殊。一层，观众可通过平坡，进入与媒体共用的门厅，然后通过无障碍电梯来到坐席区。此外，还在室外设置了一个衔接一层和二层的往返坡道。虽然坡道高差高达 4m，但设计将其分成了 4 段 1∶20，净宽达到 1.8m 的平坡，且在三个方向都有绿化景观，减少了通行难度，提高了通行趣味性（图 3-3-8）。

图 3-3-8 淳安界首体育中心自行车赛道无障碍坡道平面（坡道部分用详图贴上去）
来源：作者根据各场馆无障碍专项设计文本资料绘制。

2. 室外坡道

以富阳水上运动中心为例。其比赛场地在水面上，因此和建筑之间存在将近 6m 的高差。为了尽量消解无障碍坡道的特殊性，设置了一处水景，坡道环绕水景徐徐下降（图 3-3-9），时而远离，时而贴近，时而穿过树下，时而架于草面，原本枯燥的无障碍设施，反而有了园林小径的感觉。而且，通过

图 3-3-9 富阳水上运动中心室外坡道平面
来源：作者根据各场馆无障碍专项设计文本资料绘制。

环绕的方式，最大化延长坡道的水平长度，使6m的高差被自然分解为多段小于0.75m的高差，通行难度被尽可能减少。

三、适度与提高

从原理上来说，空间越大，余地自然越大，无障碍设施更加容易摆放，但是在结构已经确定的改造中，空间大小已经受到了较大的限制。所以，兼顾结构合理性和使用便利性，采取了土建适度、设施提高的策略，即涉及土建的改动，以合理、够用为准，在设施的选用上，因为不牵涉其他，所以尽可能按照更高的标准。

这一点，最明显的，是体现在卫生设施上。多数卫生间、淋浴间的土建尺寸难以扩大，或者说虽然可以扩大但是不经济，所以基本保持土建尺寸不变，优化内部格局，如调整洁具位置，两个厕位并成一个等。通过这些调整，使最小的无障碍厕位能够实现轮椅进入并且无障碍关门，确保1.5m的回转空间。当然，也存在一些在原设计中空间充裕的无障碍厕所。空间"达标"后，设施配合则在预算合理范围内追求"加分"。比如，多数的场馆都选用了感应式的水龙头，多数场馆选择了无接头的安全抓杆，最大程度保证了抓杆的牢固不变形。淳安界首体育中心自行车馆坐便器的靠墙安全抓杆，选用了U形的（图3-3-10）。奥体中心还给卫生间配置了语音提示。富阳水上运动中心的无障碍厕所的装修和设施配置标准更高（图3-3-11）：墙体全部圆角处

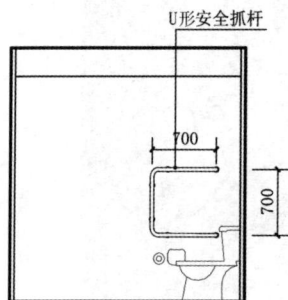

图 3-3-10 淳安界首体育中心自行车馆靠墙安全抓杆
来源：作者根据各场馆无障碍专项设计文本资料绘制。

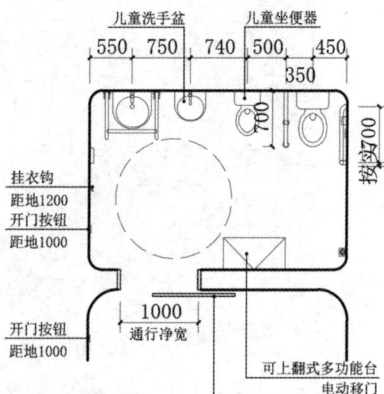

图 3-3-11 富阳水上运动中心无障碍厕所
来源：作者根据各场馆无障碍专项设计文本资料绘制。

理，内部增设儿童坐便器和儿童洗手池。

其他比较突出的还有低位服务台。这一设施相对独立，几乎不受土建的影响，所以可以按照比较高的配置。黄龙体育中心体育场和富阳水上运动中心的低位服务台（图 3-3-12、图 3-3-13）都经过了专门的设计，使低位、容膝要素恰如其分地融合在整体的服务台造型中。

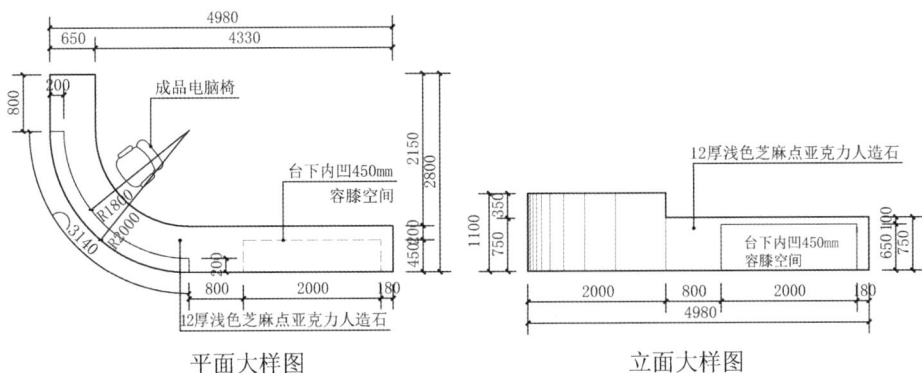

平面大样图　　　　　　　立面大样图

图 3-3-12　黄龙体育中心体育场低位服务台
来源：作者根据各场馆无障碍专项设计文本资料绘制。

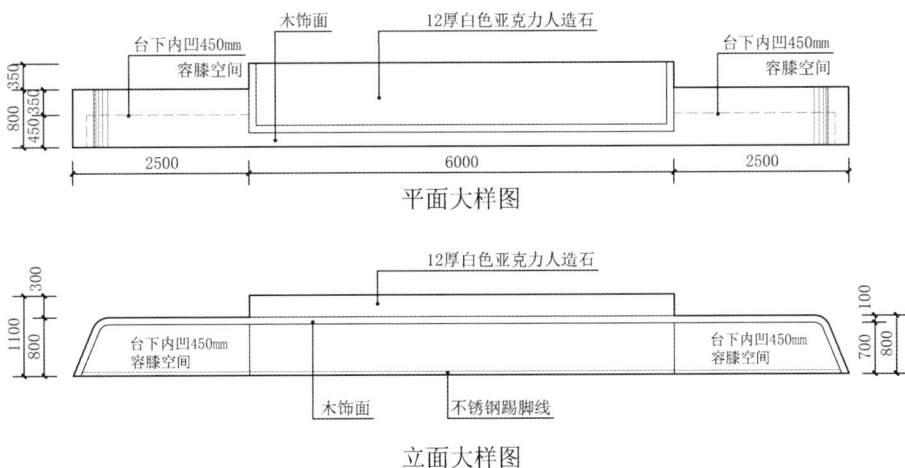

平面大样图

立面大样图

图 3-3-13　富阳水上运动中心低位服务台
来源：作者根据各场馆无障碍专项设计文本资料绘制。

四、兼顾与均衡

不可否认，亚残运会是个"小概率"事件，一个城市很可能只会举办一次亚残运会。但一旦举行这样的体育赛事，无障碍使用却是"大需求"。所以，在一定程度上有"小概率"和"大需求"之间的矛盾。当这个矛盾体现在改造工作中时，需要以兼顾、均衡的方式去处理。

以盲道的设置为例。室内哪些地方要设置提示盲道，是否要设置行进盲道，一直没有定论；同时举办视觉障碍和肢体障碍项目的场馆，设置行进盲道可以为视觉障碍运动员提供方便，但是却会影响轮椅的通行；赛时的流线很可能到了比赛前一刻还会变，那么从理论上，盲道系统也应该跟着变，如果是固定设施，则难以满足这一现实要求。所以，盲道从某种程度上讲，其实是需要兼顾最多限制因素、融合最多需求的无障碍设施。《指导意见》要求有盲人运动员的场馆如足球、盲人门球、柔道等的运动员通道上需要设置行进盲道。在项目实施上，以先提供方案、赛前再临时铺设的方式，应对实际赛事运行时，流线组织可能发生的变化。

在盲道设置上，富阳银湖体育中心值得一提。这是肢体障碍项目的场馆，但是设计师在观众流线上，从场地入口开始，到场地上的通道，到室外平台，一直到建筑入口，设置完整的盲道路线。虽然其在细节上还有许多必须优化的内容，但反映了设计师的超前意识和对使用者的关怀。从某种程度上，也可以将其理解为兼顾了符合规范与超越规范，实现了当下与未来之间的均衡。

第二个例子是轮椅坐席。对于一些老的场馆，一方面要确保沿途一直有至少 1.2m 宽的无障碍通道，一方面要增设轮椅坐席，有一定难度。所以，在改造时，往往采用加建的方式，以金属、木材等材料，采用干式施工的方式，将看台与出入口连接的那一层进行布局扩大，以满足轮椅坐席和后方无障碍通道的要求。比如杭州体育馆（图 3-3-14、图 3-3-15）。这种方式，施工过程快，而且是可逆的过程，如果赛后没有这么高的轮椅坐席需求，可以较为方便地恢复原状。

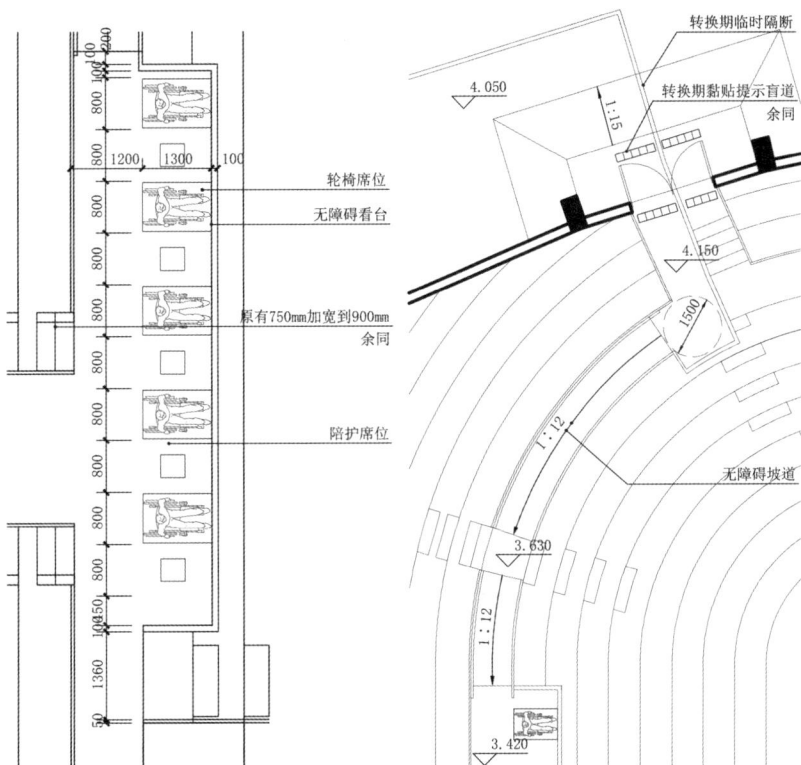

观众区轮椅席位改造平面

无障碍坡道改造平面

图 3-3-14 杭州体育馆轮椅坐席和无障碍坡道改造平面图
来源：作者根据各场馆无障碍专项设计文本资料绘制。

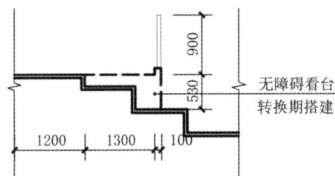

轮椅席位改造剖面图

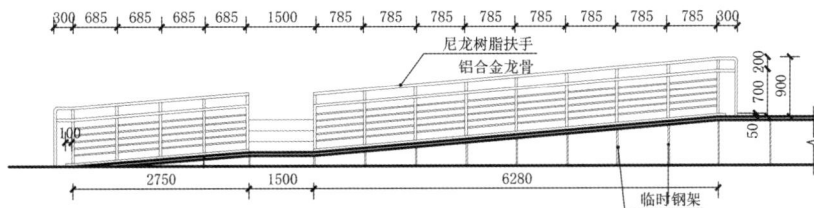

无障碍坡道改造剖面图

图 3-3-15 杭州体育馆轮椅席位和无障碍坡道改造剖面图
来源：作者根据各场馆无障碍专项设计文本资料绘制。

在轮椅坐席设置上，特别值得一提的是黄龙体育中心体育场。设计并没有费力去做"加法"，而是巧妙进行了置换。将原本的包厢区作为轮椅坐席。包厢区的标高，原本就与电梯所在的标高相同，无须改造通道（图3-3-16）。而包厢的形式，给人一种正式、精心的感觉。轮椅坐席不再是外加的元素，似乎变成了场馆设计中一直就存在的元素。

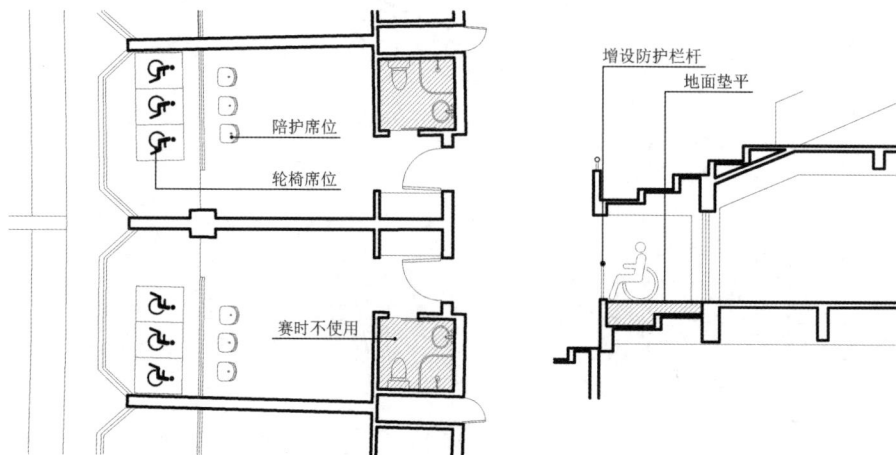

图 3-3-16 黄龙体育中心体育场观众轮椅坐席
来源：作者根据各场馆无障碍专项设计文本资料绘制。

五、与材料选择和施工技术密切配合

无障碍设计是一种与选材、施工高度关联的设计，再精妙的图纸，也离不开对最后1mm的打磨。而一旦是改造过程中的无障碍设计，就需要考虑更多的实际因素：现有空间够不够；原本的管线的位置；按照现有的基层，无障碍设施能否牢固安装；图纸有没有表达清楚，施工单位是否完全按图施工……即便图纸正确，也有可能因为材料和施工原因出现错误。因此，最后一个设计策略——设计与现场的材料选择、施工技术进行密切配合——看起来虽然过于直白，但却是亚（残）运场馆无障碍设计中最大的现实，也是最无法跳过的策略。

对此，设计单位首先要尽可能深化、细化图纸。每个场馆的无障碍专项设计，都提供了大量的详图，如坡道、无障碍机动车停车位、无障碍出入口、轮椅席位、低位服务设施等。以黄龙体育中心体育场为例，其无障碍电梯轿厢内的图纸（图 3-3-17），清晰表达了镜子、扶手、按钮；有无障碍使用需求的楼梯的图纸（图 3-3-18），清晰标注了扶手转角的圆角、扶手起止点的盲文铭牌、梯段起止处的提示盲道、上下行第一级台阶的颜色区别等细节；其低位服务设施提供了平面和立面详图等。

无障碍厕位、卫生间和淋浴间的详图占据了无障碍专项设计中无障碍设施部分的最大篇幅。各场馆根据运动员、贵宾和观众流线，分别绘制了所有卫生设施的平、立、剖面图，精确表达了洁具、救助呼叫按钮的定位，安全抓杆及多功能台的水平和垂直定位及尺寸（图 3-3-19、图 3-3-20）。尽可能以最清晰的方式告知施工单位每个细节应该怎么做，以避免施工错误。

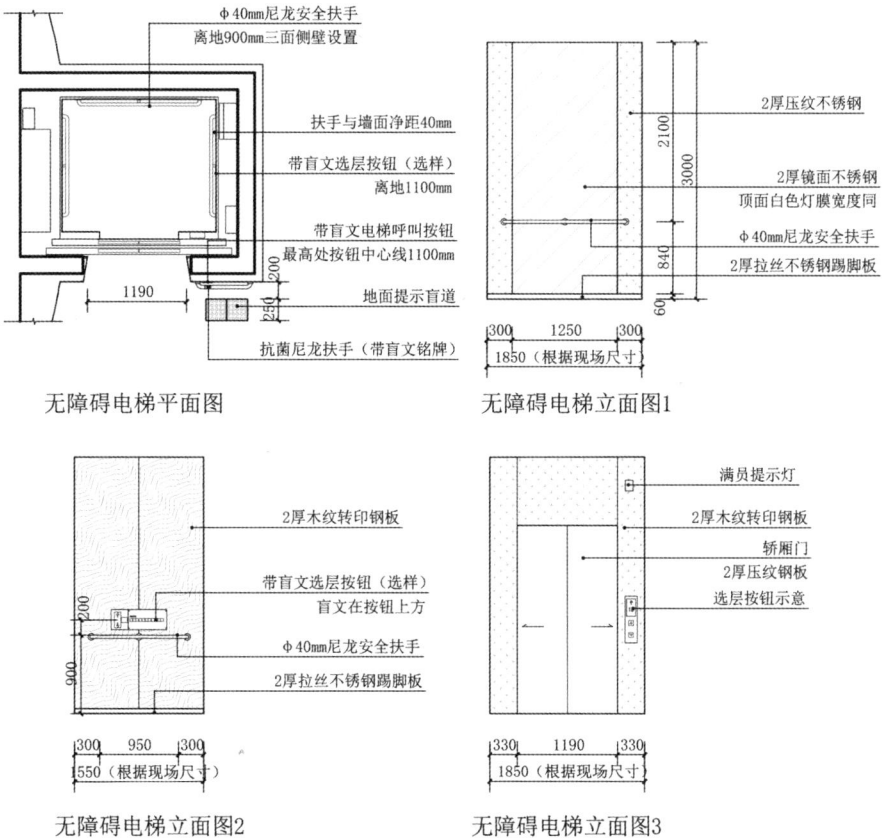

无障碍电梯平面图

无障碍电梯立面图1

无障碍电梯立面图2

无障碍电梯立面图3

图 3-3-17 黄龙体育中心体育场无障碍电梯轿厢详图
来源：作者根据各场馆无障碍专项设计文本资料绘制。

满足视觉障碍者使用要求的楼梯设计说明：
1. 依据平面图说明判定是否增设无障碍设施
2. 有无障碍使用需求的楼梯：两侧均为实墙均需设置扶手，改为φ40mm抗菌尼龙，设两层扶手时，上层扶手0.9m高，下层扶手高应为0.7m。每段踏步起步处扶手设置盲文铭牌。
3. 扶手末端应向内拐到墙面，或向下延伸0.10m。
4. 扶手内侧与墙面的距离应为40mm。
5. 靠墙楼梯梯段扶手起点应在踏步前1个踏步宽处，再加上不小于300mm的水平段。
6. 楼梯间地面设置提示盲道，提示盲道在休息平台距踏步边缘300mm处。
7. 上/下行第一阶踏步颜色应与平台有明显区别。

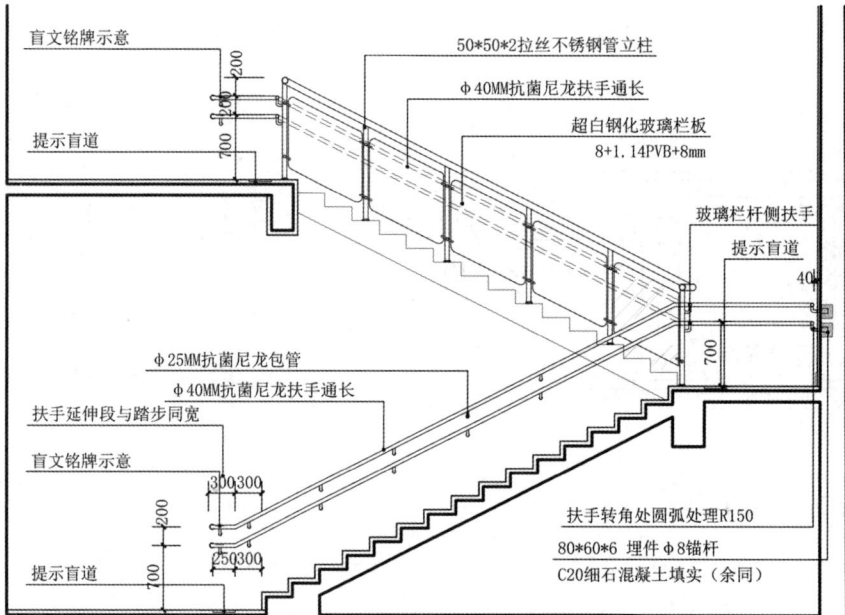

图 3-3-18 黄龙体育中心体育场楼梯无障碍设计详图
来源：作者根据各场馆无障碍专项设计文本资料绘制。

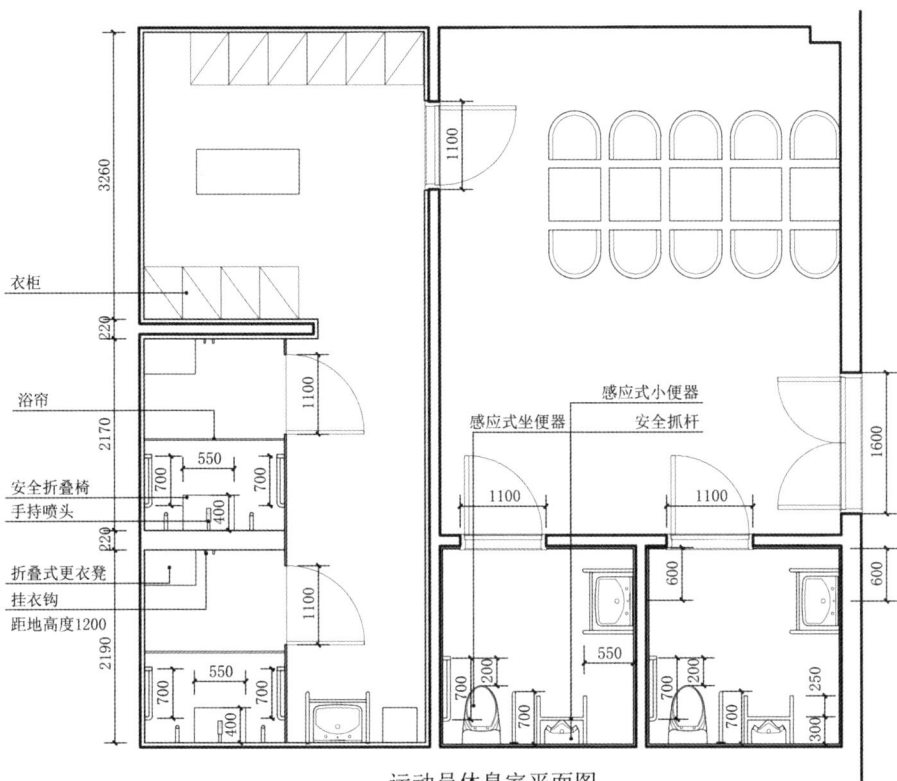

运动员休息室平面图

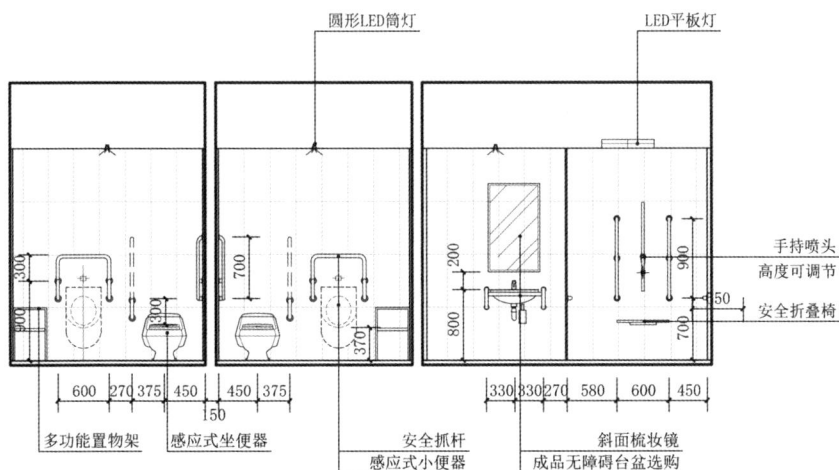

图中标注：
- 衣柜
- 浴帘
- 安全折叠椅
- 手持喷头
- 折叠式更衣凳
- 挂衣钩 距地高度1200
- 感应式坐便器
- 感应式小便器
- 安全抓杆

尺寸标注：3260、220、2170、220、2190、550、700、400、1100、1600、600、200、550、250、300等

运动员休息室立面图

图中标注：
- 圆形LED筒灯
- LED平板灯
- 手持喷头 高度可调节
- 安全折叠椅
- 多功能置物架
- 感应式坐便器
- 安全抓杆
- 感应式小便器
- 斜面梳妆镜
- 成品无障碍台盆选购

尺寸标注：300、900、700、600、270、375、450、450、375、50、800、200、330、330、270、580、600、450、900、350、700等

图 3-3-19 浙江塘栖盲人门球基地运动员休息室详图
来源：作者根据各场馆无障碍专项设计文本资料绘制。

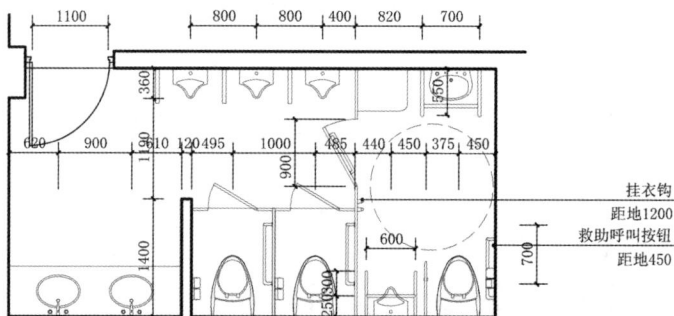

卫生间平面详图

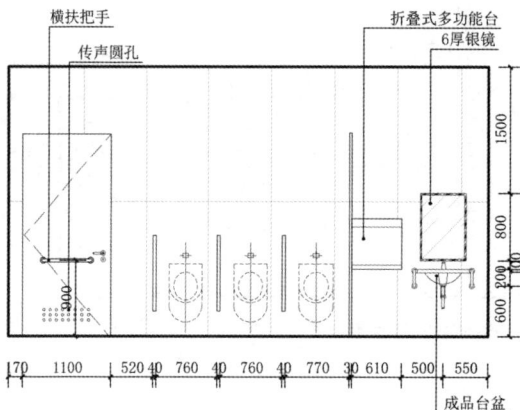

挂衣钩
距地1200
救助呼叫按钮
距地450

横扶把手
传声圆孔
折叠式多功能台
6厚银镜

成品台盆

卫生间立面详图1

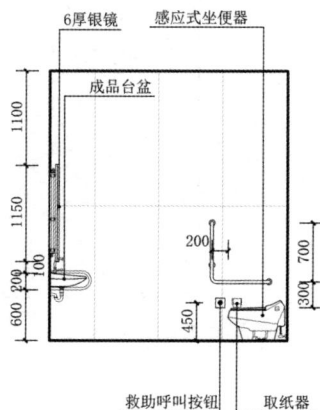

6厚银镜
感应式坐便器
成品台盆

救助呼叫按钮　取纸器

卫生间立面详图2

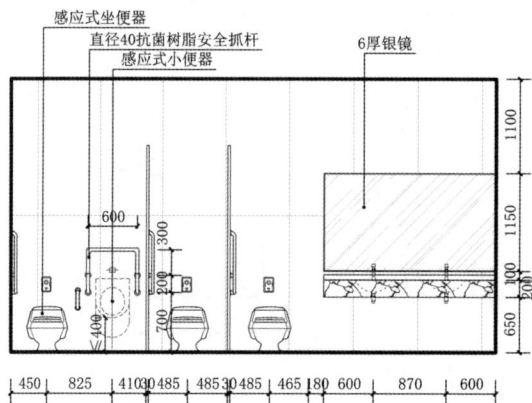

感应式坐便器
直径40抗菌树脂安全抓杆
感应式小便器
6厚银镜

卫生间立面详图3

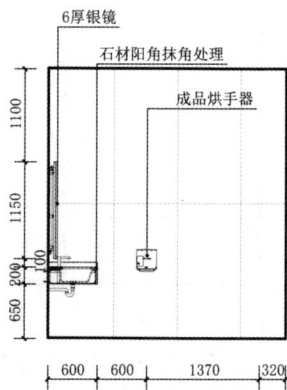

6厚银镜
石材阳角抹角处理
成品烘手器

卫生间立面详图4

图 3-3-20 拱墅运河体育公园体育馆观众区某卫生间详图
来源：作者根据各场馆无障碍专项设计文本资料绘制。

其次，密切参与到材料选样工作中，既在事前对材料选择提出方向性的建议，也在施工时候对材料是否合理进行确认。有时，还结合可能获得的材料，对设计进行修改。比如杭州奥体中心体育场，可上翻安全抓杆无法牢固安装在后侧的抗倍特板上。设计便结合这一实际，提出了在坐便器旁增设立柱，将可上翻安全抓杆独立在立柱上的方案。

无障碍通行流线规划相关图纸见图 3-3-21—图 3-3-33。

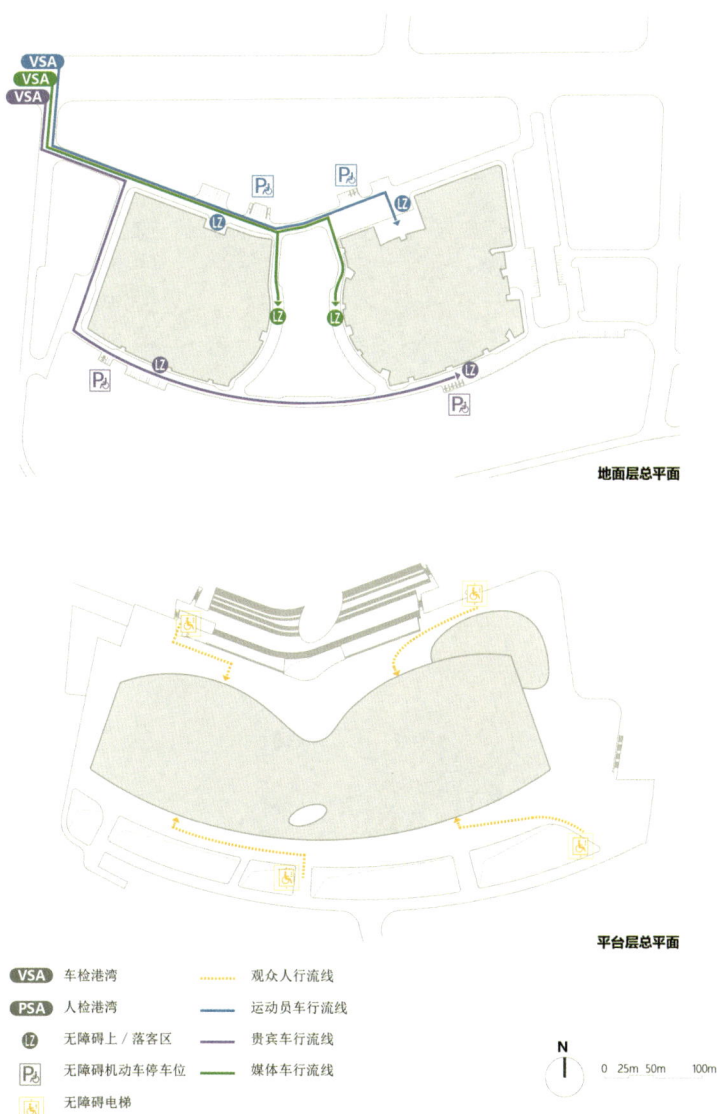

地面层总平面

平台层总平面

VSA 车检港湾	⋯⋯ 观众人行流线		
PSA 人检港湾	—— 运动员车行流线		
无障碍上／落客区	—— 贵宾车行流线		
无障碍机动车停车位	—— 媒体车行流线		
无障碍电梯			

N

0 25m 50m 100m

图 3-3-21 杭州奥体中心体育游泳馆总平面无障碍通行流线规划图
来源：作者根据各场馆无障碍专项设计文本资料绘制。

❶ 无障碍出入口	❼ 无障碍淋浴
❷ 平坡	❽ 兴奋剂检查
❸ 无障碍通道	❾ 医学分级
❹ 无障碍电梯	❿ 轮椅存放
❺ 无障碍厕所	⓫ 轮椅维修
❻ 轮椅席位	⓬ 混合采访
	⓭ 新闻发布

体育馆一层平面

观众区		观众人行流线	
运动员区		运动员人行流线	
贵宾区		贵宾人行流线	
媒体区		媒体人行流线	
其他区			

体育馆夹层平面

体育馆二层平面

N

0 10m 20m 40m

图 3-3-22 杭州奥体中心体育馆平面无障碍通行流线规划图
来源：作者根据各场馆无障碍专项设计文本资料绘制。

图 3-3-23　杭州奥体中心游泳馆平面无障碍通行流线规划图
来源：作者根据各场馆无障碍专项设计文本资料绘制。

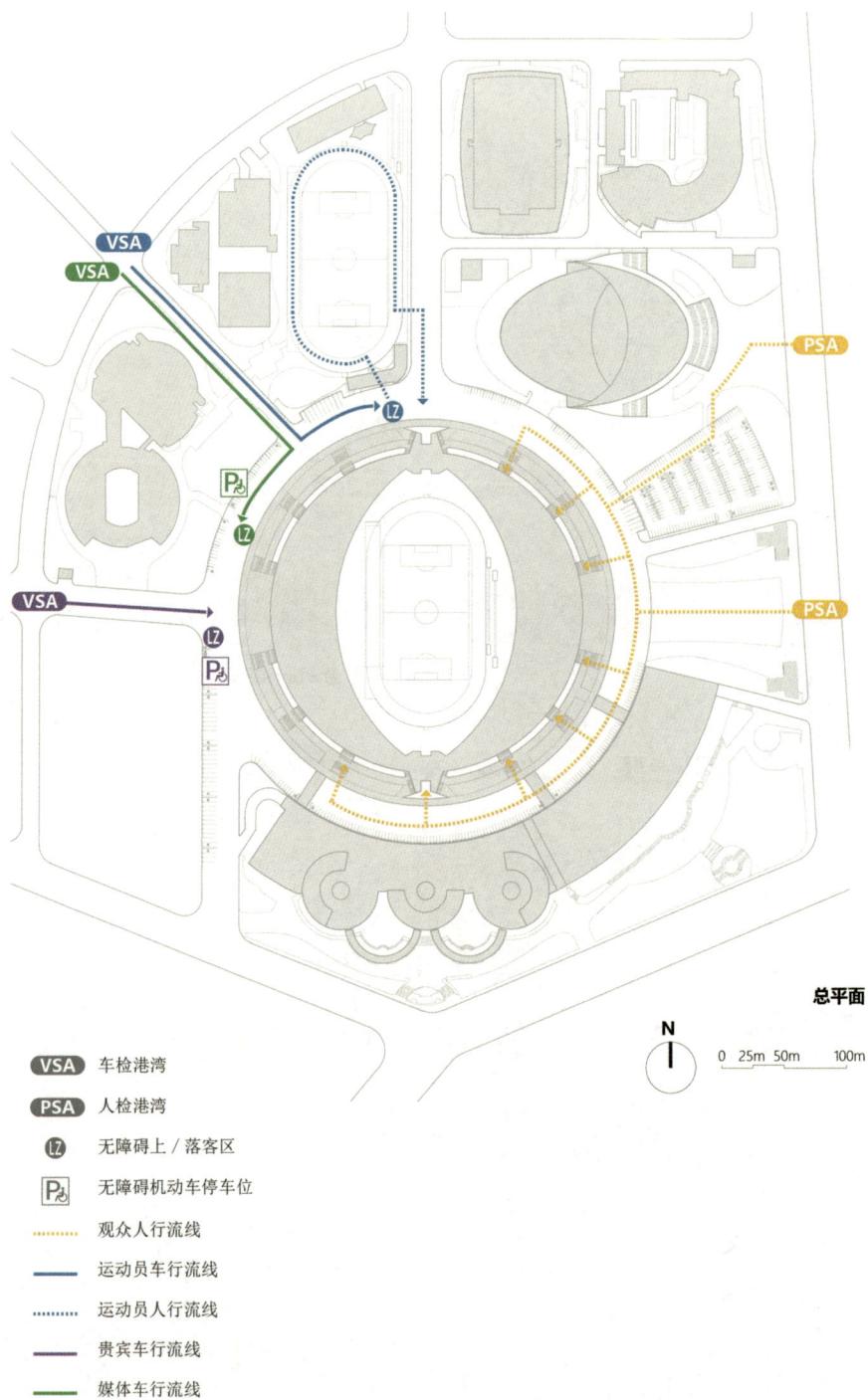

总平面

N

0　25m 50m　　100m

VSA　车检港湾

PSA　人检港湾

LZ　无障碍上 / 落客区

P&　无障碍机动车停车位

⋯⋯⋯⋯　观众人行流线

━━━　运动员车行流线

⋯⋯⋯　运动员人行流线

━━━　贵宾车行流线

━━━　媒体车行流线

图 3-3-24　黄龙体育中心体育场总平面无障碍通行流线规划图
来源：作者根据各场馆无障碍专项设计文本资料绘制。

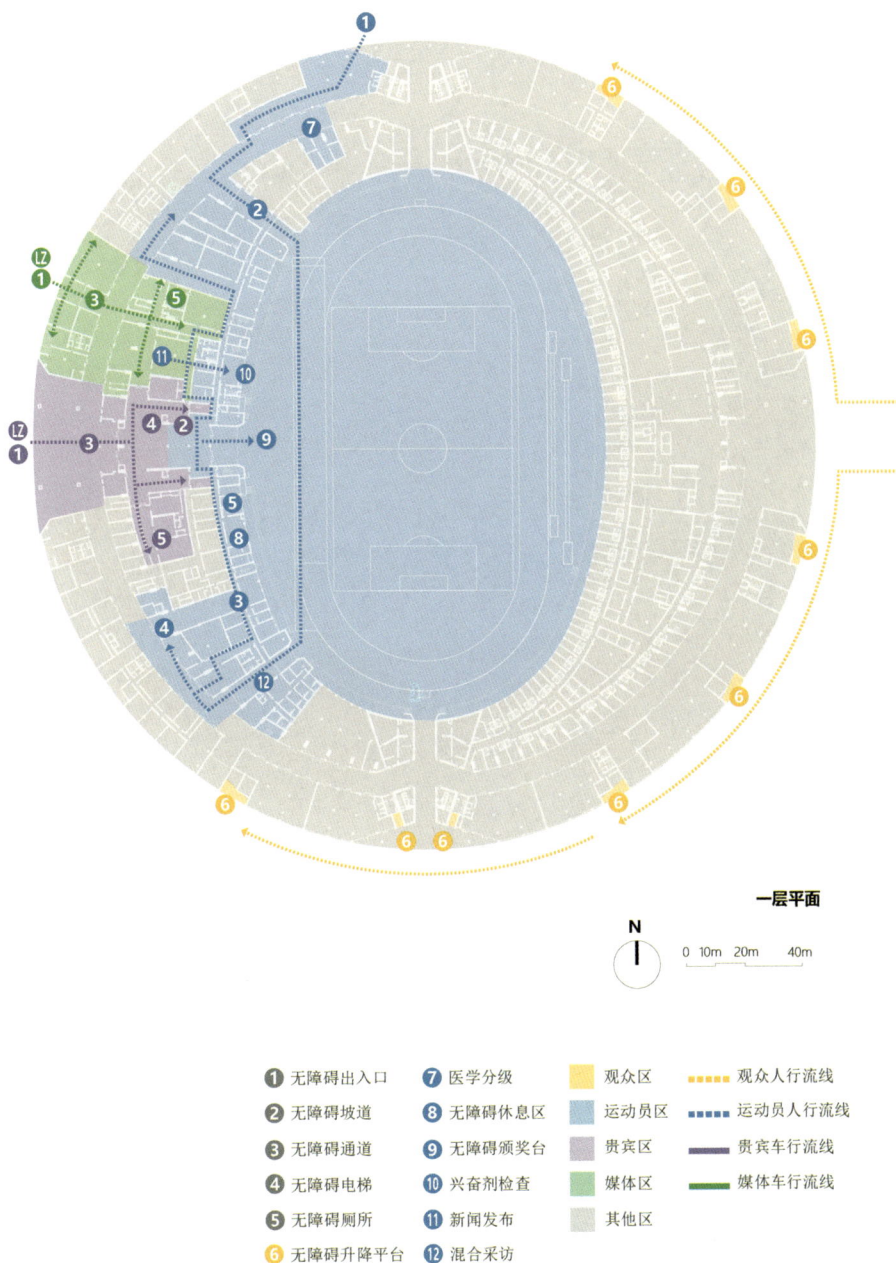

一层平面

N

0　10m　20m　　40m

❶ 无障碍出入口	❼ 医学分级	观众区	观众人行流线
❷ 无障碍坡道	❽ 无障碍休息区	运动员区	运动员人行流线
❸ 无障碍通道	❾ 无障碍颁奖台	贵宾区	贵宾车行流线
❹ 无障碍电梯	❿ 兴奋剂检查	媒体区	媒体车行流线
❺ 无障碍厕所	⓫ 新闻发布	其他区	
❻ 无障碍升降平台	⓬ 混合采访		

图 3-3-25　黄龙体育中心体育场一层平面无障碍通行流线规划图
来源：作者根据各场馆无障碍专项设计文本资料绘制。

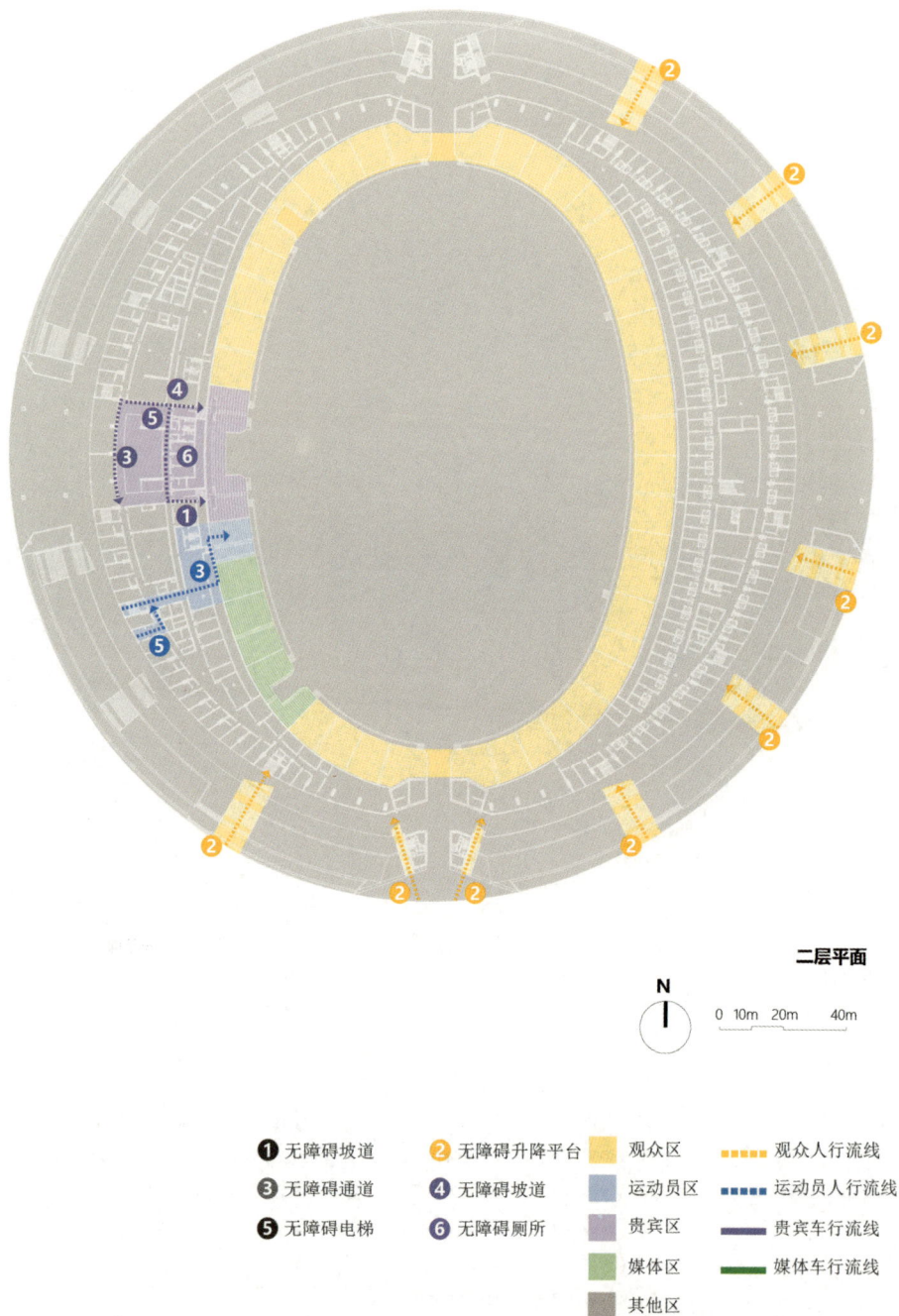

二层平面

N

0　10m　20m　　40m

❶ 无障碍坡道　　❷ 无障碍升降平台　　观众区　　▪▪▪▪ 观众人行流线

❸ 无障碍通道　　❹ 无障碍坡道　　运动员区　　▪▪▪▪ 运动员人行流线

❺ 无障碍电梯　　❻ 无障碍厕所　　贵宾区　　━━━ 贵宾车行流线

　　　　　　　　　　　　　　　　媒体区　　━━━ 媒体车行流线

　　　　　　　　　　　　　　　　其他区

图 3-3-26　黄龙体育中心体育场二层平面无障碍通行流线规划图
来源：作者根据各场馆无障碍专项设计文本资料绘制。

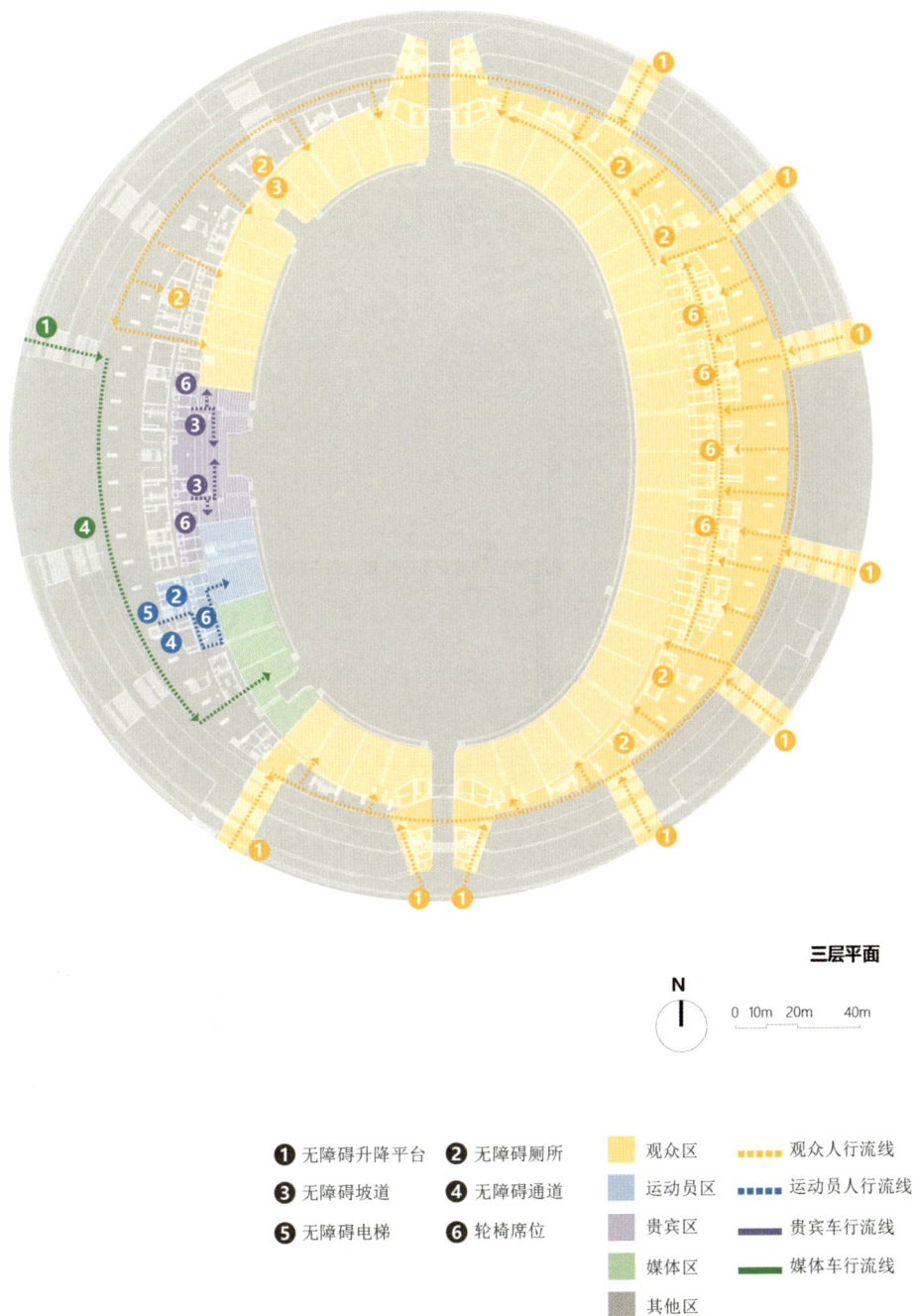

三层平面

N

0　10m　20m　40m

❶ 无障碍升降平台　❷ 无障碍厕所

❸ 无障碍坡道　❹ 无障碍通道

❺ 无障碍电梯　❻ 轮椅席位

观众区

运动员区

贵宾区

媒体区

其他区

┅┅ 观众人行流线

┅┅ 运动员人行流线

━━ 贵宾车行流线

━━ 媒体车行流线

图 3-3-27　黄龙体育中心体育场三层平面无障碍通行流线规划图
来源：作者根据各场馆无障碍专项设计文本资料绘制。

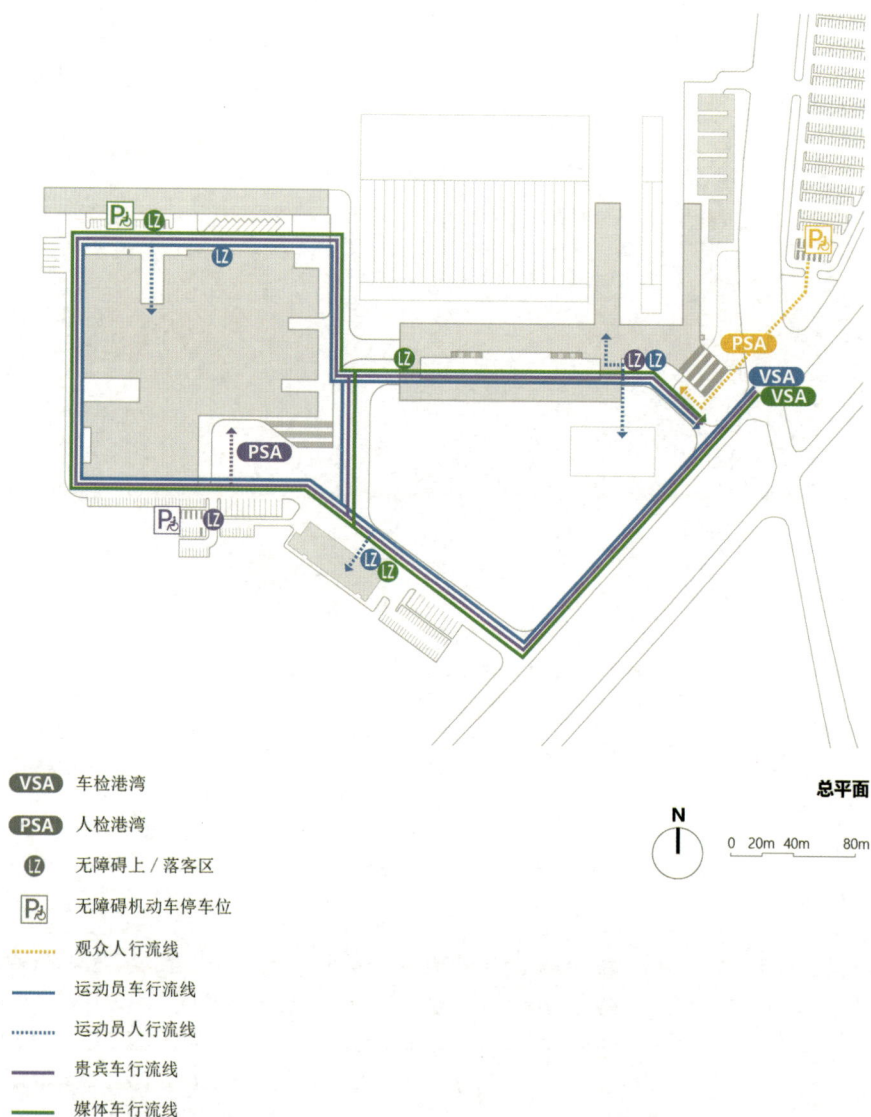

VSA 车检港湾

PSA 人检港湾

LZ 无障碍上 / 落客区

P♿ 无障碍机动车停车位

········· 观众人行流线

——— 运动员车行流线

········· 运动员人行流线

——— 贵宾车行流线

——— 媒体车行流线

总平面

N

0 20m 40m   80m

图 3-3-28　富阳银湖体育中心总平面无障碍通行流线规划图
来源：作者根据各场馆无障碍专项设计文本资料绘制。

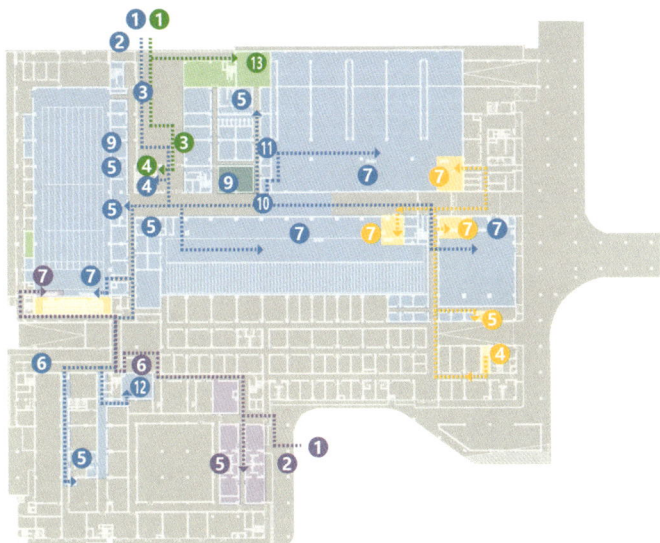

一层平面

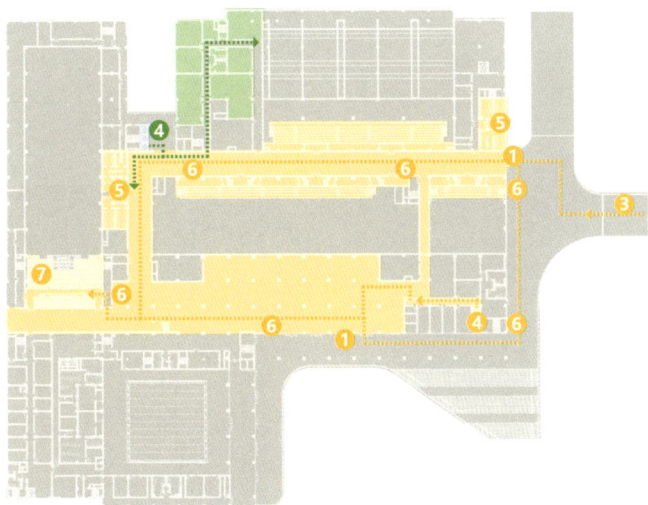

二层平面

❶ 无障碍出入口	❽ 兴奋剂检查	观众区	观众人行流线
❷ 无障碍坡道	❾ 混合采访	运动员区	运动员人行流线
❸ 无障碍通道	❿ 运动员检录	贵宾区	贵宾人行流线
❹ 无障碍电梯	⓫ 轮椅维修	媒体区	媒体人行流线
❺ 无障碍厕所	⓬ 医疗站	其他区	
❻ 轮椅休息区	⓭ 新闻发布		
❼ 轮椅席位			

N

0　10m　20m　　　　40m

图 3-3-29　富阳银湖体育中心射击馆一层、二层平面无障碍通行流线规划图
来源：作者根据各场馆无障碍专项设计文本资料绘制。

087

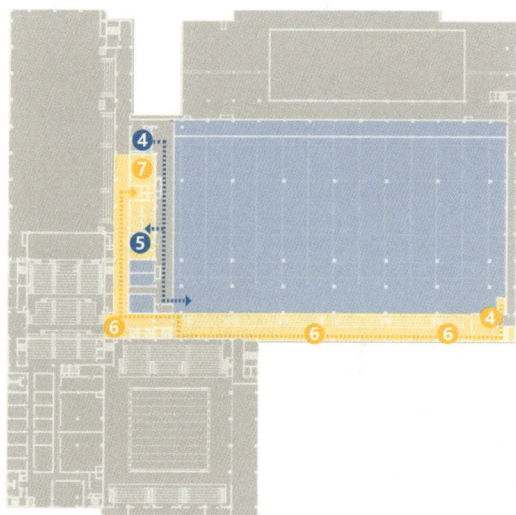

三层平面

① 无障碍出入口　⑧ 兴奋剂检查
② 无障碍坡道　　⑨ 混合采访
③ 无障碍通道　　⑩ 运动员检录
④ 无障碍电梯　　⑪ 轮椅维修
⑤ 无障碍厕所　　⑫ 医疗站
⑥ 轮椅休息区　　⑬ 新闻发布
⑦ 轮椅席位

观众区　■■■■ 观众人行流线
运动员区　■■■■ 运动员人行流线
贵宾区　■■■■ 贵宾人行流线
媒体区　■■■■ 媒体人行流线
其他区

N

0　10m　20m　　40m

图 3-3-30　富阳银湖体育中心射击馆三层平面无障碍通行流线规划图
来源：作者根据各场馆无障碍专项设计文本资料绘制。

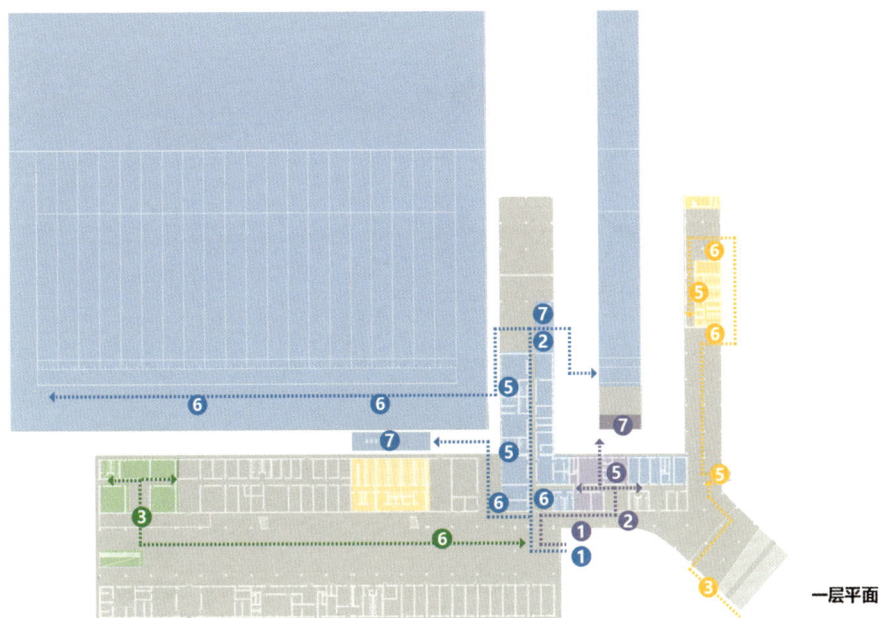

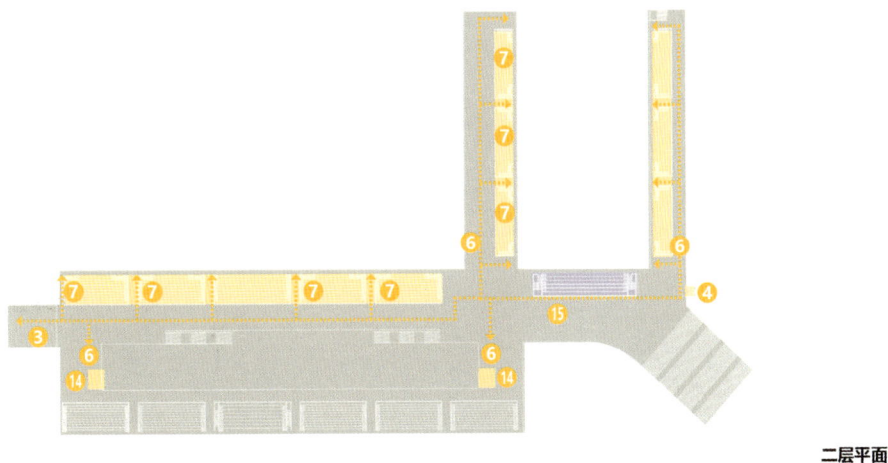

一层平面

二层平面

① 无障碍出入口　⑥ 轮椅休息区
② 无障碍坡道　　⑦ 轮椅席位
③ 无障碍通道　　⑭ 临时无障碍厕所
④ 无障碍电梯　　⑮ 低位服务设施
⑤ 无障碍厕所

观众区　▬▬▬ 观众人行流线
运动员区　▬▬▬ 运动员人行流线
贵宾区　　▬▬▬ 贵宾人行流线
媒体区　　▬▬▬ 媒体人行流线
其他区

N

0 10m 20m 40m

图 3-3-31　富阳银湖体育中心射箭馆平面无障碍通行流线规划图
来源：作者根据各场馆无障碍专项设计文本资料绘制。

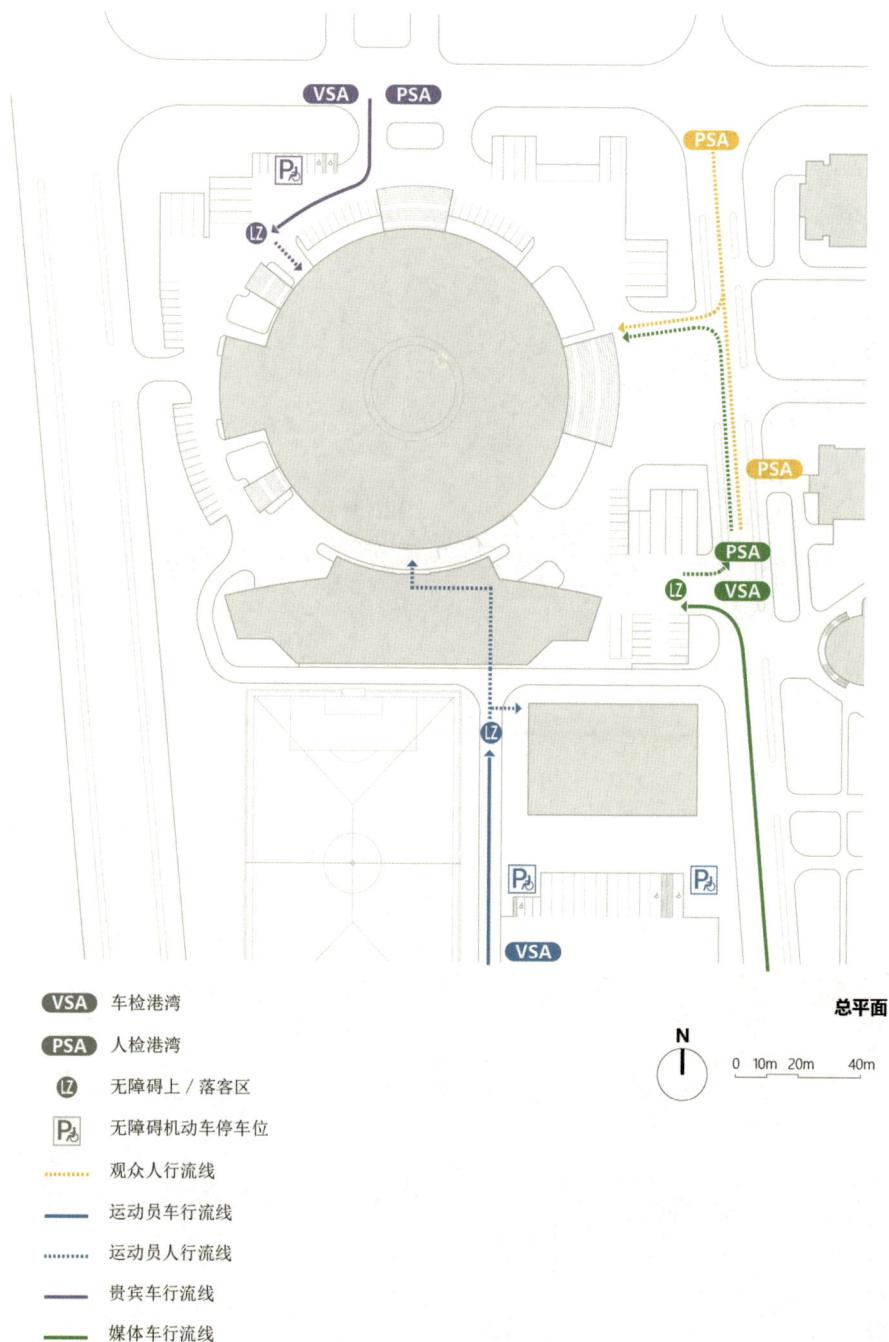

VSA　车检港湾

PSA　人检港湾

LZ　无障碍上 / 落客区

P　无障碍机动车停车位

┄┄　观众人行流线

━━　运动员车行流线

┅┅　运动员人行流线

━━　贵宾车行流线

━━　媒体车行流线

总平面

N

0　10m　20m　　40m

图 3-3-32　杭州电子科技大学体育馆总平面无障碍通行流线规划图
来源：作者根据各场馆无障碍专项设计文本资料绘制。

图 3-3-33 杭州电子科技大学体育馆平面无障碍通行流线规划图
来源：作者根据各场馆无障碍专项设计文本资料绘制。

第四节　无障碍设计案例
——亚残运会运动员村的无障碍改造设计实践

一、探索

　　毫无疑问，媒体村，即亚残运会运动员村（以下简称"亚残运村"）的无障碍改造设计是有较大的难度的。2019 年 4 月，亚残运村已经开始 ±0.000m 标高以上部分的施工，待 2020 年 8 月无障碍所正式作为咨询单位介入时，土建已经基本完工，建筑结构和平面布局已经完全确定，且所有楼栋为高层甚至超高层建筑，所以土建工程不能大改；同时，因为涉及的套数高达 510 套，工程量极大，所以管线工程也不能改。留给无障碍设计可以腾挪的余地极小。

　　对此，无障碍所提出了"规范、适度、提高、融合"的改造原则。规范，即遵守当时执行的国家规范《无障碍设计规范》GB50763-2012（以下简称《设计规范》），此外，因为当时全文为强制性条文的无障碍新规范正在征求意见中，无障碍也考虑到了和新规范的衔接。适度，即尊重改造的现实情况，一些影响结构安全、过度消耗投资的做法要避免，同时，通过一些创新性的手段来满足无障碍使用要求。提高，即在一些有余力、容易做到的地方适当提高标准，以凸显亚运会项目的示范性和引领作用。融合，是原则也是目标，即希望所有的改造措施，能够助力呈现一个美的亚残运村，一个无论是残障者和健全人都能没有心理负担使用的场所。

　　期间，为了使改造方案更加可行，无障碍所多次组织残障者进行现场体验，与设计单位和厂家进行了密切的沟通和协调，多次向亚残组委汇报成果，听取意见，还借鉴了北京冬残奥会的一些经验做法。在 2020 年底和 2021 年中，分别提交了样板房和公共区域的改造设计方案。此后，无障碍所数次到现场调研，了解施工情况，解决工程难点，在实践中发现问题，以实践来优化改造设计的理论。

二、实践

（一）关键的部位严格遵守规范

关键的部位包括直接关系到能否使用的部位和涉及安全性的部位。

门的通行净宽直接关系到能否使用。2020 年 8 月时，6 个轮椅使用的样板户型中，通往卧室和卫生间的门门套净宽 800mm，扣除门扇以后通行净宽 750mm，残障者虽然可以通行，但是比较局促。《设计规范》要求"平开门、推拉门、折叠门开启后的通行净宽度不应小于 800mm"。虽然改造量大，涉及将近 2000 个门洞，但是考虑到作为住宅建筑，内部通道较窄，如果门的宽度再比较局促，将给使用造成很大的麻烦，轮椅运动员可能要前后倒好几把才能进入卧室或卫生间，也容易在转角处发生磕碰，所以门的通行净宽必须严格按照规范。因此，确定将所有的门洞扩大 50mm。个别房间，如位于二层的 B2 户型，因为门洞两侧为剪力墙，门洞无法扩大，所以这些客房不再作为轮椅客房使用，另外安排房间作为客房。

安全抓杆的牢固程度关系到安全性。《设计规范》要求"安全抓杆应安装牢固"，并且在条文说明中明确"应能承受 100kg 以上的重量"。但是根据卫生间布局（图 3-4-1），将近一半的安全抓杆需要安装在 130mm 厚的轻质隔断

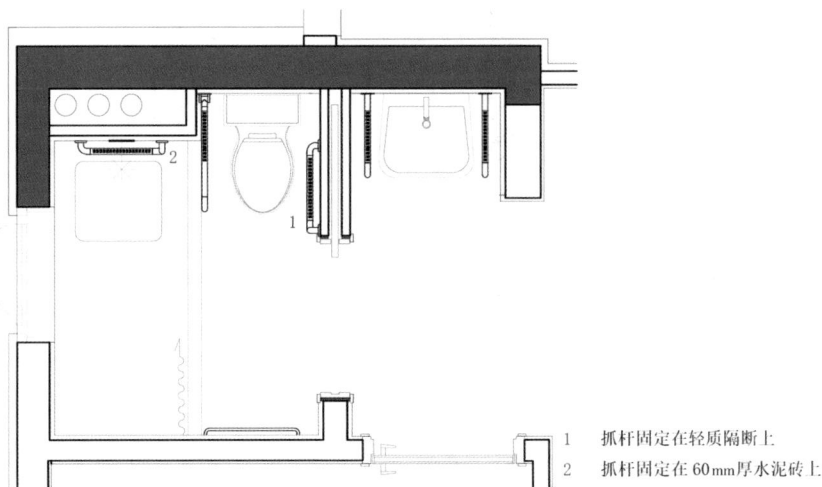

1 抓杆固定在轻质隔断上
2 抓杆固定在 60mm 厚水泥砖上

图 3-4-1　卫生间平面图
来源：作者绘制。

上（图 3-4-2），还有大量的坐便器外侧的可上翻安全抓杆安装在 60mm 厚的水泥砖上（图 3-4-3）。如果按照常规做法，显然难以承受 100kg 的重量。为了提高安全抓杆的牢固程度，无障碍所和绿城比选了诸多产品和施工技术，终于找到了一种一体化制作的安全抓杆，没有一个连接点，确保了抓杆本身的强度；又采用了 3mm 厚 304 不锈钢底座，每个连接点以 4 个 304 不锈钢螺栓连接，确保了连接部位的强度（图 3-4-4）。

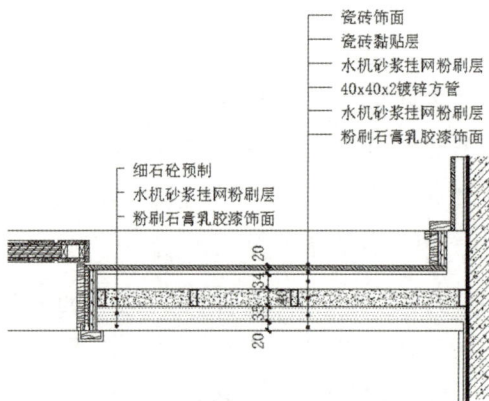

图 3-4-2　墙 1 构造示意图
来源：绿城房地产建设管理集团有限公司萧山分公司。

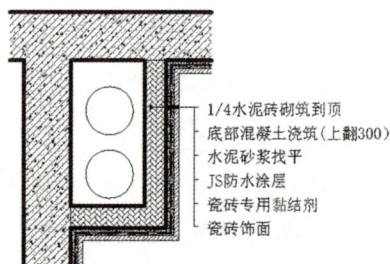

图 3-4-3　墙 2 构造示意图
来源：绿城房地产建设管理集团有限公司萧山分公司。

图 3-4-4　卫生间安全抓杆实景照片
来源：作者拍摄。

（二）确有困难的部位以科学的态度适度放宽

因为土建的布局不能改，所以空间尺寸无法调整，导致部分回转空间和设施尺寸无法完全按照规范，需要一定的放宽。当然，这种放宽不是随意的放宽，需要以科学的方法进行实验和论证，确保放宽了以后仍能满足使用要求。

以卫生间为例。因为隔墙位置已经无法改变，所以内部难以满足1.50m的轮椅回转空间。《无障碍指南——奥运会和残奥会的包容方略》一书提到了"轮椅友好型客房"概念，这种客房的回转空间为1.20m×1.20m。为了验证这个尺寸是否可行，无障碍所组织了乘轮椅者进行实验。为了确保实验的客观性，实验者包含了男女两种性别，分别使用电动轮椅和手动轮椅，残障原因包括小儿麻痹症（仅下肢障碍）和高位截瘫（胸以下障碍）。通过反复的实验证明，1.20m的回转空间确实可以满足轮椅回转要求，所以最终确定卫生间尺寸无须扩大。此外，为了尽量让回转更加方便，要求安全抓杆不能落地，洗手盆的立柱应尽可能缩小，淋浴房的排水沟应通过适当措施与其他地面齐平，有效扩大了回转时实际可使用的空间。这一做法也提前呼应了《建筑与市政工程无障碍通用规范》GB55019-2021（以下简称《通用规范》）的做法，对于客房内部，不再像《设计规范》一样要求"回转直径不应小于1.50m"，仅要求有"轮椅回转空间"，且回转空间可以有多种形式，既包括适合轮椅回转的平面布置，也包括利用家具、洁具等下部的空间。

此外，因为卫生间空间有限，墙体的长度也有限，坐便器靠墙一侧的L形安全抓杆无法做到"水平部分长度不应小于700mm；其竖向部分应设置在坐便器前端150mm—250mm"。通过实验测试，发现抓杆略往后安装也能使用，所以其水平定位并没有完全按照规范的要求。当然，垂直方向空间足够，所以这个方向的尺寸严格按照规范。

（三）有余力的部位可提高标准

考虑到亚残运会面向亚洲各国运动员，需要具有一定的展示和示范作用，所以在改造设计时，也考虑要选择部分区域进行适当提高。

有技术支撑可适当提高。亚残运村客房的入户门需要兼有防火和防盗的功能，所以在设计上采用了有门槛的方案。当无障碍所介入改造设计工作时，门槛和门已经在工厂中生产。此时，再想更换为没有门槛的方案已经来不及。所以与门的厂家进行了沟通和协商，希望至少能够把门槛与地面完成面的高差降低在15mm以内。厂家在理解了无障碍使用需求以后，其研发团队对门槛进行了改进：将高差分为两个10mm；同时利用软性垫片确保密缝，防火性能又得到了保证（图3-4-5）。因为有了技术支撑，不但顺利克服了问题，还超越规范，将高差缩小到了10mm以内。

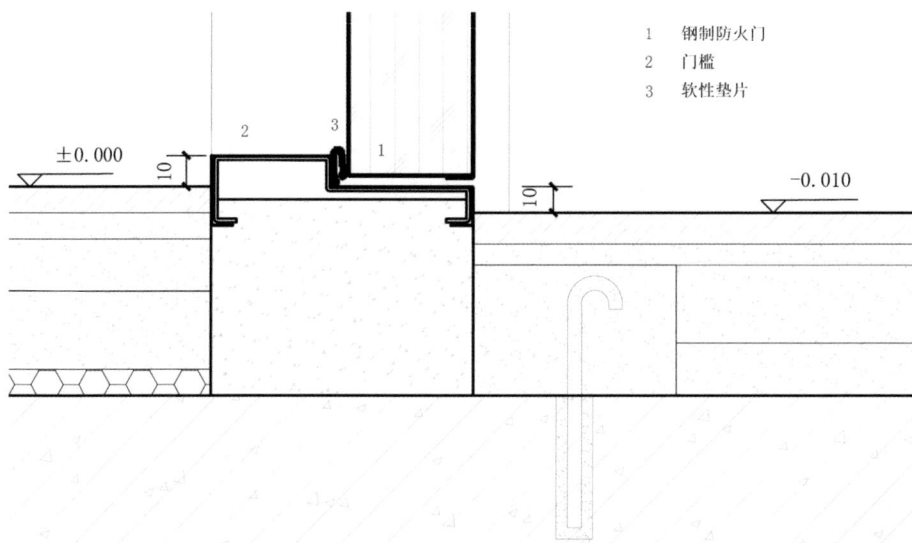

图 3-4-5　防火门门槛处理详图
来源：绿城房地产建设管理集团有限公司萧山分公司。

　　软件配置可适当提高。亚残运村的无障碍改造设计碰到的最大瓶颈是土建，但软件配置因为和土建关系小，所以有机会作出亮点，亚残运村将关注点放在了与视障运动员有关的设施上。各地块出入口设置了组团的盲文导视图，导视图上体现了无障碍通行流线在各楼栋位置。各楼栋入户大堂设置单元导视图，展示无障碍设施，如电梯的位置。视力障碍者客房所在楼层电梯厅设置行进盲道，连接视力障碍者客房门口和电梯按钮处；无障碍通行流线上的门把手侧的墙面上，1.20m—1.60m 的高度设置盲文标识，分别显示"疏散楼梯""×××客房"等信息；电梯厅对面墙上，1.20m—1.60m 高度设置楼层盲文地图；视力障碍者客房外，1.20m—1.60m 高度设置户内布局盲文地图。视力障碍者客房内，空调和电视机遥控器、洗漱用品、wifi 密码等，都配有盲文标识。以往的无障碍设计，一般重视肢体障碍者多于视觉障碍者，亚残运村软件配置的提高，尽可能实现了两者的平衡，也打造了信息无障碍的亮点。

（四）以融合的思维选择改造方案

　　所有的设计手段，不是为了满足无障碍标准，而是为了实现无障碍的使用。融合的思维正是从这一目标出发，不再拘泥于无障碍设施的堆砌，而是从整体的层面，让整个环境美观、适用，实现亚残运村的全人群友好。

1. 换一种方式满足规范

客房卫生间中，淋浴区地面略低于其他区域，且需要设置挡水条。原设计方案是挡水条增加斜面（图3-4-6、图3-4-8），使高差减少到15mm以内。虽然可以满足规范，但是总是会对使用造成影响，尤其是卫生间面积小，轮椅需要借助淋浴区进行回转。无障碍所换了一个思路，提出直接在淋浴区铺设塑料沥水板（图3-4-7、图3-4-9），既不影响排水，又能做到地面的全平。这个思路也被用于阳台。亚残运村每个户型都配有一个大阳台，让残障运动员享受景观和阳光，是一个很好的亮点。但是室内外将近100mm的高差，却让乘轮椅者无法出去。同样，不是想着如何利用斜面过渡，而是利用塑料沥水板让阳台完成面标高与室内相同。乘轮椅者只需要克服移门不高的门槛，就可以来到阳台。

亚残运村园区的场地设计也体现了这种思想。室内外没有轮椅坡道，而是直接采用缓坡过渡的方式，实现了园区的"全平"。一眼望去，园区环境整体、和谐。不过，这个效果需要建筑和景观两个专业的密切配合，需要对施工现场进行有效的把控。个别组团因为建筑施工图和景观施工图没有协调好标高，现场施工时也没有及时和施工单位交底，施工人员习惯性地给室内外留了50mm的高差。面对这些问题，承建方也体现了对完成度的高度重视，不是局部加设斜坡，而是过渡区域整体返工，提高垫层厚度，延续以缓坡过渡的做法。

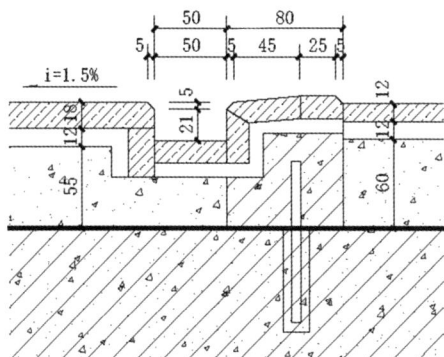

图3-4-6　原始淋浴间排水方案（换）
来源：作者根据绿城房地产建设管理集团有限公司萧山分公司提供资料绘制。

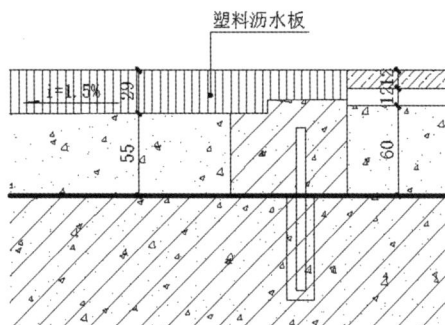

图3-4-7　改造后淋浴间排水方案
来源：作者绘制。

图 3-4-8 原始淋浴房地面效果图
来源：绿城房地产建设管理集团有限公司萧山分公司。

图 3-4-9 改造后淋浴房地面照片
来源：绿城房地产建设管理集团有限公司萧山分公司。

2. 全户型调度

B2 户型卫生间面积较小，如果同时设置淋浴区、坐便器和洗手盆，无法满足 1.20m 的回转空间（图 3-4-10）。无障碍所将视线扩展到了整个户型。为了减少改造工程量，改造原则是当户内有两个卫生间时，选择其中较大的进行改造，另外一个卫生间封闭，残运会赛时不使用。针对 B2 户型的特殊情况，无障碍所又提出应利用另外一个卫生间。同时，为了减少改造量，仅开放洗手区，淋浴区仍封闭，而且考虑到仅用于洗手，可以不安装门扇。这样一来，淋浴区无须增设沥水板，门洞也无须扩大 50mm。考虑到使用的方便，无障碍厕所内仍利用现有管线在转角处设置一个小的洗手盆（图 3-4-11）。

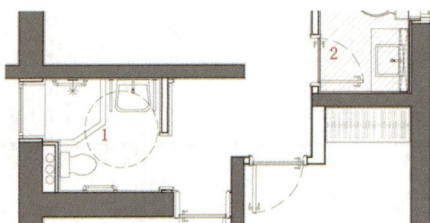

1 主卫（残运会时开放）
2 次卫（残运会时不开放）

图 3-4-10 改造前（仅利用一个主卫）
来源：绿城房地产建设管理集团有限公司萧山分公司。

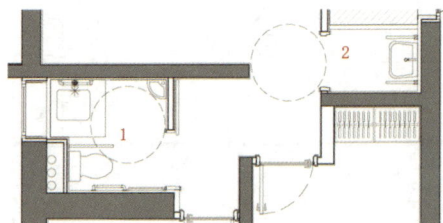

1 主卫（残运会时开放）
2 次卫（残运会部分开放）

图 3-4-11 改造后（次卫局部开放，设置无障碍洗手盆）
来源：作者绘制。

3. 兼顾个体需求和总体流量

亚残运村的公共餐厅中，原设计已经配置了一个无障碍厕所，满足规范要求的"公共建筑中的男、女公共卫生间（厕所），每层应至少分别设置1个满足无障碍要求的公共卫生间（厕所），或在男、女公共卫生间（厕所）附近至少设置1个独立的无障碍厕所"。考虑到赛时使用时间段集中，无障碍使用需求集中，仅1个无障碍厕所不够使用。于是，经过比较，选择利用地下车库坡道的上部空间，加设一个能够满足无障碍使用要求的公共卫生间。在隔间尺寸的选择上，设计者有所犹豫。因为这个位置的改造工作开始时，《建筑与市政工程无障碍通用规范》GB55019-2021已经颁布，是按照该规范要求的1.80m×1.50m，还是以既有建筑改造的口径，采用原建造时的标准1.80m×1.00m？从融合的思维出发，认为应该兼顾个体需求和总体流量：既要满足单个个体的无障碍使用，又要尽量减少瞬时集中的残障运动员群体的等待时间。依据《城市公共厕所设计标准》CJJ14-2016中表4.2.3和预估的重度肢体残障运动员总量，设计对餐厅公共厕所的厕位数进行测算，男、女卫生间的厕位个数皆不能少于15个。在现有空间中满足总共30个厕位的数量，只能选择1.80m×1.00m。标准确定了，剩下的就是如何在这个标准下尽量提高使用舒适性。首先，在尺寸计算时，考虑到了隔断的构造尺寸，所以隔间的实际定位宽度为1.04m。其次，为了提高安全抓杆的牢固度，隔断中设置了35mm宽的钢龙骨，杆件固定在龙骨上。再次，考虑到隔间宽度较小，轮椅回转比较困难，所以厕位门内侧设置了横向的扶手，乘轮椅者无须转身就可以把门关上（图3-4-12）。

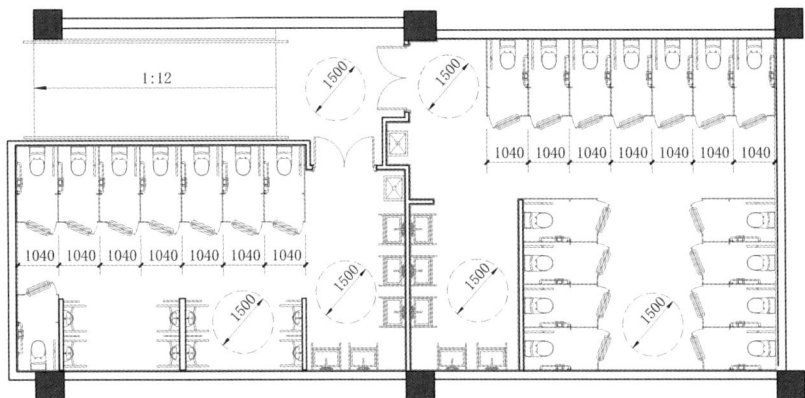

图3-4-12　公共卫生间平面布置图
来源：作者根据绿城房地产建设管理集团有限公司萧山分公司提供资料绘制。

三、小结与展望

（一）改造成果

亚残运会运动员村的无障碍改造设计取得了显著的成效。样板房的改造方案被亚组委验收通过，装修工程得以按时大面积铺开。2021 年 9 月 14 日，中国残联考察亚残运村，高度认可亚残运村的无障碍环境建设工作。2022 年 6 月 17 日，亚组委组织了一批肢体障碍和视觉障碍运动员体验检查亚残运村。大家对亚残运村住宿条件赞不绝口，纷纷表示期待入驻。亚残运会运动员村的无障碍改造设计的经验也被吸收到浙江省工程建设标准《既有建筑无障碍改造设计标准》DBJ33/T 1281-2022 中（以下简称《标准》），使《标准》的内容更加具有可操作性，而《标准》的颁布也给本次无障碍改造设计实践的一些探索性做法追加了规范性依据。

（二）经验总结

亚残运会运动员村的无障碍改造设计为既有建筑的无障碍改造提供了一些可以参考的经验。

第一，改造时要有整体的视野。有时难以在局部解决的问题，当放在更大的区域时，就有可能迎刃而解。第二，因地制宜是改造设计中不可或缺的。所有的设计方案都必须依托于建成环境，当这个环境中有无法改变的缺陷时，通过实验进行有依据的创新是一个有效的途径。第三，要平衡适度与提高。受限于客观条件，在不影响使用的前提下，可以有适度的放宽；但放宽不是放任，在一个方面放宽了，应该在其他方面有所提高，从而保证整体的水平。第四，设计、施工和厂家应该有一个协作的平台。这样，创新的设计方案可以得到技术支持，设计难点也可以借助技术的进步得到克服。

第四章

合规与程序：无障碍设计管理

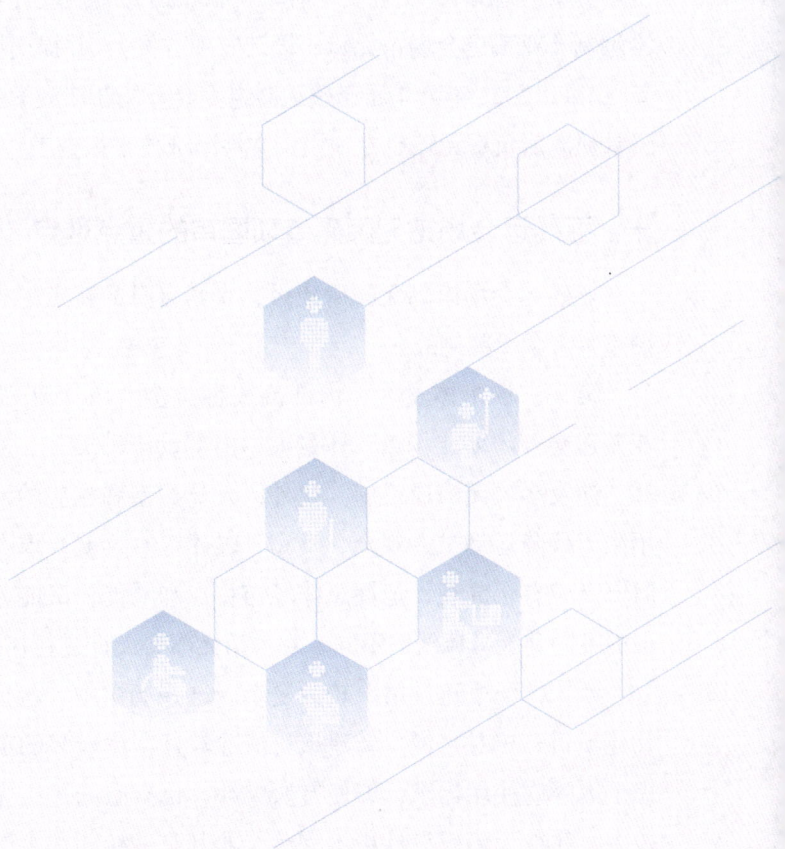

举办类似杭州亚残运会这样的大型综合性运动会是一项复杂的系统工程。如果说设计是引领性因素，那么，设计管理则是非常重要的保障。

从管理角度，合规和程序永远是两项无可替代的任务。杭州亚残运会的无障碍建设中的无障碍设计管理，可以说严谨中有创新。

第一节　无障碍专项图审制度简介

2020 年 4 月，亚组委场馆建设部印发《关于报送亚残运场馆无障碍设计专项方案的通知》，明确要求各单位根据运行转换设计导则和相关国家规范标准编制《亚残运会场馆无障碍设计专项方案》，并提交场馆建设部审查。2020年 12 月，2022 年第 4 届亚残运会组委会委托浙江大学建筑设计研究院无障碍设计研究所负责无障碍专项设计文件图纸技术审查工作。

一、亚残运会场馆无障碍专项图审的重点难点

亚残运会场馆的无障碍建设，有其自身的特点，也给场馆的无障碍专项图审带来了一些挑战。

第一，场馆体量大、内部流线种类多。19 个亚残运会竞赛场馆和 1 个亚残运会开闭幕式场馆，体量大，内部设施种类多，从进场安检，到比赛观赛，涉及多项无障碍设施。此外，人员类型和相应的流线种类也多，包括但不限于残障运动员、观众、贵宾、媒体等。这就要求在进行无障碍图纸审查时，既应有全局观，把握总体场馆特点和功能，又能分类分析，根据比赛阶段的不同和人员流线的不同，对场馆无障碍设计进行梳理。

第二，场馆建设情况较为复杂。这些场馆中，包括新建、改建、续建和临建项目。相对来说，新建项目情况较好，比较多的项目前期设计中已经考虑了无障碍使用需求，即使有所欠缺，也有空间进行完善。改造项目则限制较多，往往无障碍设计更不完善，尤其是像杭州体育馆这样 20 世纪 60 年代

的历史建筑，问题相对来说更大。因此，就需要无障碍图纸审查既能严格把关，仔细审查、复核图纸和现场的问题，也要有一定灵活性，在确保满足总体无障碍使用的前提下，对改建项目的部分区域和设施有所放宽。

第三，不同比赛类型以及不同残障类型。亚残运会大项目包括肢体残疾和视力残疾两类，小项目中还可能有智力残疾。不同类型、不同项目的比赛场馆，对无障碍建设有不同的要求。因此，在审查过程中，应兼顾一般与特殊。既要从国家标准《设计规范》出发，审查总体的无障碍设计；又应结合项目类型，以及亚残组委对不同残运会竞技项目的具体要求进行特殊审查。

第四，与亚运会存在转换需求。部分场馆先举办亚运会，再举办亚残运会，两大赛事的时间间隔仅 14 天，部分无障碍设施需在这个时间段内完成转换。因此，审查过程中，应仔细审查转换方案的可行性，包括转换工作量的大小，转换所需时间的长短等。

第五，存在赛后再利用问题。亚残运会期间，场馆内将有大量残障人士集聚，因此，设施的配置数量宜加大。赛后，无障碍使用需求将继续存在，但数量会大大减少。因此，无障碍设计不宜过分提高要求。相应地，无障碍图纸审查也应兼顾到这一特点，所以在审查中应关注永久设施和临时设施的比例、改造的可能性和投入量等问题。

二、审查原则

连续。无障碍设施连续、成系统，是无障碍设计成功的关键。不在无障碍通行流线上的无障碍设施是孤立的，很可能在到达的过程中会遇到障碍，使之形同虚设；而合理的无障碍通行流线规划也可以使无障碍设施相对集中，减少投入量。因此，图审中首先关注的就是流线是否无障碍贯通，包括运动员流线、贵宾流线和观众流线，媒体流线可以独立也可以借用。

适度。"适度"是针对亚（残）运会场馆无障碍设计特意提的。19 个场馆多为改造项目，且赛后一般不会有大量残障人士使用。所以，应以"适度"为原则，以小改造、巧构思、精细节，满足无障碍的使用要求，同时也不影响健全人使用和赛后利用。适度，其实就是"全龄化"的体现。

美观。"美观"是所有设计都应有的追求，无障碍设计也不例外。融合设计，希望无障碍设施是能被大众普遍接受的，这也有助于无障碍环境建设的长效推广。图审工作基于规范展开，但是部分因机械照搬规范而过于影响视觉效果的做法，图审也会提出意见。

三、工作特点

"找问题"和"给答案"并行。除了常规图审找出设计的不足以外，还给出修改建议，帮助设计单位在更短时间内，最大程度完善场馆的无障碍设计。如，针对部分场馆遇到的难点，包括坡道、安全抓杆、盲道等都提供了具体设计方案。

规范性和可操作性并重。一方面，严格按照相关依据对图纸内容进行审查。另外一方面，对于部分因现场客观条件而确有改造困难的项目，不是一味地为了规范而规范，而是从无障碍实际使用需求出发，提出具有可操作性的改造方法，既符合规范的功能性要求，又减少改造难度。如针对室内的提示盲道、室外无障碍通道上的排水沟处理等都提出了具有可操作性的改造方法。

示范性和适宜性并重。响应节俭办亚运的要求，对于大部分场馆，依照《设计规范》提出审查意见。而对于部分条件较为充裕的场馆，也会提出标准更高的参考意见。

第二节　无障碍专项图审工作过程

一、起步阶段：审查标准探讨

对最早提交的三个场馆，无障碍所组织了内部的多轮审查。首先，由无障碍所的两位建筑师各自审查图纸，提出审查意见。接着，召开内部讨论会，在项目负责人的带领下，整合审查意见，并在内部先初步统一审查标准。之后便与亚残组委场馆建设部（以下简称"场馆部"）沟通。对审查标准进行优化，最终形成如下结论：

第一，严格遵守规范。首先，应遵守现行国家规范，即《设计规范》；另外，应遵守专项标准，即《指导意见》和《转换设计导则》。

第二，根据实际缩小审查范围。无限制扩大审查范围对提升无障碍使用性能的边际效应低，对设计造成的负担和导致的额外投资大，因此应根据实际情况缩小审查范围。如《设计规范》中的"宜"字条款，应适当放宽；针对既有建筑改造项目，在可执行原建造时的标准之外，还可编制专门的针对既有建筑无障碍改造的标准，如浙江省制定的《既有建筑无障碍改造设计标准》DBJ33/T 1281-2022，聚焦和无障碍使用密切相关的内容，对其他内容适当放宽，在改造工程中可操作性强。

第三，有条件时鼓励超规范设计。当场馆有意愿对无障碍设计进行自主提升时，可以鼓励其高标准、求创新的做法。相应的，图审应以使用为导向，评判该设计是否好用，而不是纠结于是否符合现成规范的技术参数。

二、发展阶段：图面表达确定

图审开始后，很快发现一个问题，不同设计单位提交的专项设计文本深度不同，表达方式不同。既在审查阶段增加了图审发现无障碍问题的难度，也在施工阶段无法给予施工人员直观准确的指导。因此，无障碍所和场馆部经过多次讨论，提出了无障碍专项设计的深度要求。设计说明应从无障碍角度出发，清楚表达运动员区、贵宾区、观众区和媒体区的无障碍硬件设施配置数量，并列明转换期的工作清单。并根据各客户群代表颜色，分别在总图、各层平面图上详细绘制无障碍通行流线。流线需串联客户群所使用全部无障碍设施点位。无障碍设施需根据现场实际情况绘制平、立、剖面详图，不得直接引用图集。

考虑到这些要求和一般的图审要求不同，无障碍专项设计也是一个尝试和探索的过程，所以场馆部提议无障碍所提供一个范本作为参考。由浙大设计院设计的杭州电子科技大学体育馆，在经过了审查方和设计方4轮沟通后被最终确认。由场馆部下发至各场馆设计团队。此后收到的文本，在表达深度上和表达方式上都有了统一提升。

三、推广阶段：全面审查开展

在确定了审查标准和图面表达要求后，亚残运会竞赛场馆无障碍专项图审工作便迅速全面开展了。各场馆提交无障碍专项设计文本后先由无障碍所进行审查并出具审查意见，再由亚组委各相关部室具体审查，场馆部最终审查并整理汇总，最终以工作联系单的形式下发至各场馆。

第三节　无障碍专项图审制度实践

亚残运会无障碍专项设计的图审工作进行了两轮。

一、第一轮无障碍专项图审情况介绍

第一轮图审过程中，各类问题还是比较明显的。最突出的是无障碍通行流线设计不合理和无障碍设施设计不合理，设计深度不够也是比较普遍的问题。

1. 无障碍通行流线

在无障碍通行流线设计中，最常见的是"流线上未表达无障碍设施"。流线与设施脱离，图审人员无法校核无障碍通行流线是否已经串联了所有需要使用的无障碍设施，也无法快速评判图上已有的无障碍设施是否可以无障碍到达。以某场馆为例，观众区的轮椅坐席设在二层，而观众无障碍厕所设在一层。观赛期间，观众须借助无障碍电梯通往无障碍厕所，流线长。如果其能将无障碍设施标注在无障碍通行流线上，即可直观地看出该无障碍厕所的位置并不合理（图4-3-1）。

"所表达流线与无障碍无关"。部分场馆按照一般建筑设计习惯，表达了车行流线、人行流线，但是没有表达贵宾、运动员、观众和媒体的无障碍通行流线。

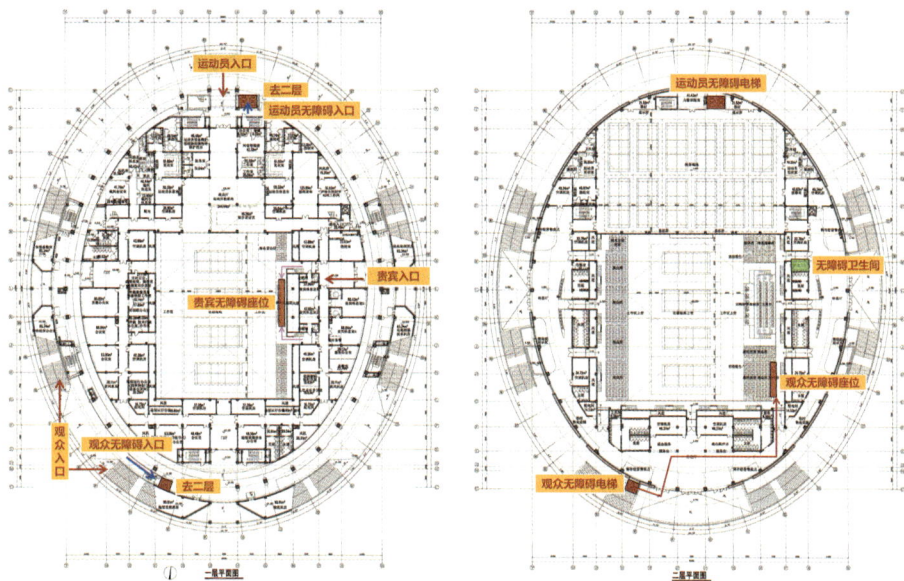

图 4-3-1　某场馆无障碍专项设计（第一轮）
来源：该场馆无障碍专项设计文本。

"颜色不符合要求"。按照国际惯例，在赛事组织中，蓝色代表运动员区、紫色代表贵宾区、黄色代表观众区、绿色代表媒体区。部分场馆的无障碍专项设计未按照这个颜色要求来进行平面区域划分和流线规划。如某场馆运动员平面未以规定颜色分区，流线颜色都为红色（图 4-3-1）。

"流线布局不合理"。比如某场馆一层，提供了两条运动员无障碍通行流线，但未交代两者之间的关系，且两条流线未连通，容易形成事实上的障碍；二层运动员流线与观众区交叉；观众进入二层观赛，需要从一个大台阶上来，虽然台阶做了方便视觉障碍者和肢体障碍者的设计，但使用上并不方便，反而应该利用建筑中的电梯作为垂直交通方式。

"流线缺失 / 不连续"。比如，某场馆总图缺少无障碍通行流线，无法判定与市政道路的接驳是否无障碍，贵宾的下落客点、观众的安检点是否合理。另一个场馆，运动员入场和出场的流线有断层，未形成连贯的"运动员入口—运动员更衣室—热身区—比赛场地（FOP）药检—采访区—新闻发布厅—颁奖区—运动员出口"流线（图 4-3-2、图 4-3-3）。

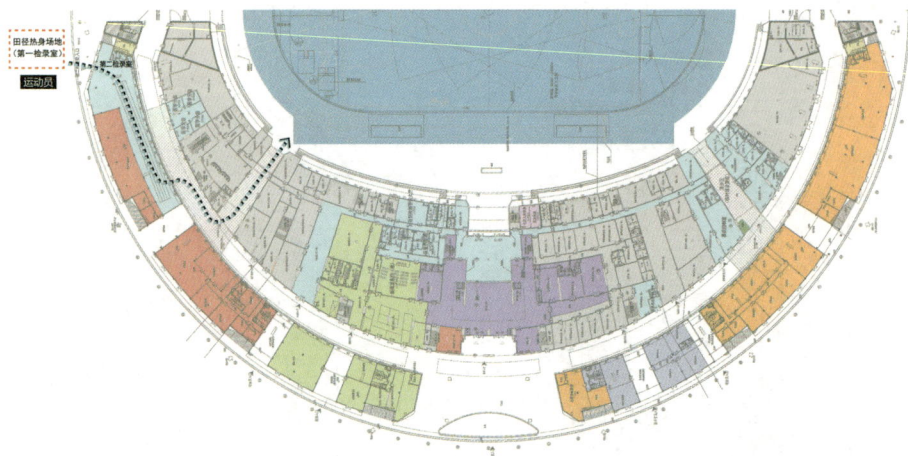

图 4-3-2　某场馆运动员入场流线
来源：该场馆无障碍专项设计文本。

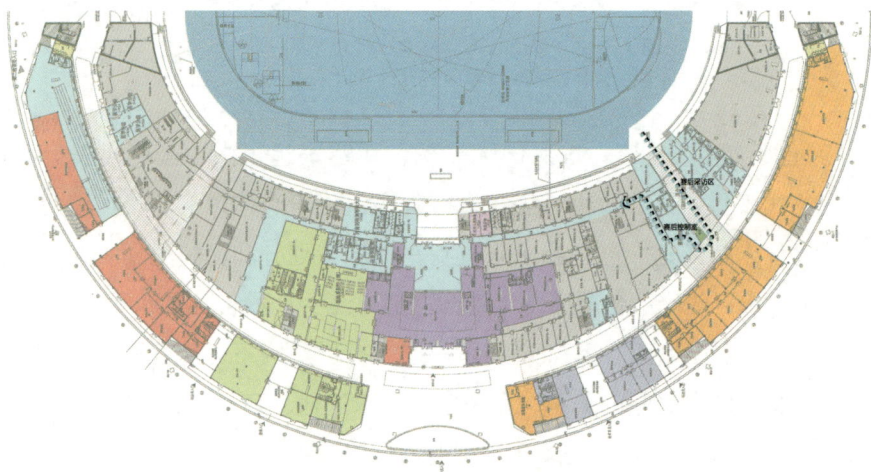

图 4-3-3　某场馆运动员出场流线
来源：该场馆无障碍专项设计文本。

2. 无障碍设施

无障碍设施部分，最常见的问题是"设计错误"，包括尺寸大小、设施定位、选用的材料，等等。

最容易出现设计错误的设施是卫生间和淋浴间。如安全抓杆的尺寸、定位和形式错误，洁具的定位错误，小便器下口高度超过 400mm，镜子反光面高度底部超过 1.0m，洗手台缺少容膝空间，救助呼叫装置缺失或位置不合理，挂衣钩缺失或高度过高，多功能台缺失或位置不合理等（图 4-3-4）。某场馆因建筑的特殊造型导致无障碍设施设置有误。该场馆有 4 个大圆角，布置在这些区域的卫生间便有了钝角相交的墙体（图 4-3-5）。一层运动员区边上的无障碍卫生间和三层观众无障碍卫生间中，在坐便器后墙上处控制中心点与侧墙距离为 450mm。但因为后墙和侧墙钝角相交，越往前端，坐便器与侧墙的距离加大，与 L 形安全抓杆的距离也在增大。要解决这一问题，L 形安全抓杆不应采用标准件，而是要在竖杆一段将支撑件的长度加长。这个场馆的情况比较特殊，但也证明了无障碍设施设计重在细节，需要仔细地考虑，也证明了提供详图的重要性。

此外，"门槛存在室内外高差"这一问题也较常见。《设计规范》3.5.3-7 规定"门槛高度及门内外地面高差不应大于 15mm，并以斜面过渡"。于是，许多场馆的图纸上，在各个出入口都留了 15mm 的高差。设计以为只要高差不大于 15mm 就可以了，却忽略了还应该有一个过渡的斜面。另外，关于这个高差，《指导意见》要求"室内外通道地面应平整、防滑，路面相邻处高差不应大于 10mm"，提出了比《设计规范》更严格的要求。包括出入口在内的无障碍通行流线上，应以 10mm 为上限，而不是 15mm。

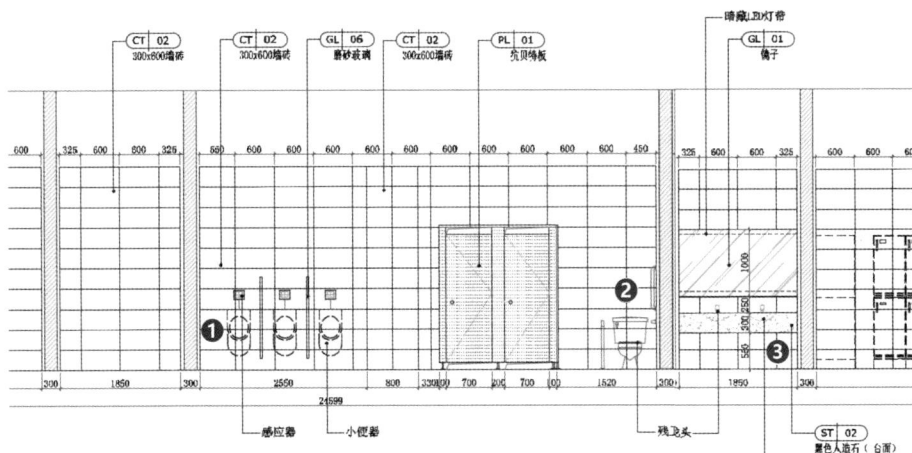

❶ 无障碍小便器未表达下口高度，缺少安全抓杆
❷ 无障碍坐便器定位、安全抓杆定位和尺寸、救助呼叫按钮未表达
❸ 容膝空间高度不足

图 4-3-4　某场馆卫生间详图
来源：该场馆无障碍专项设计文本。

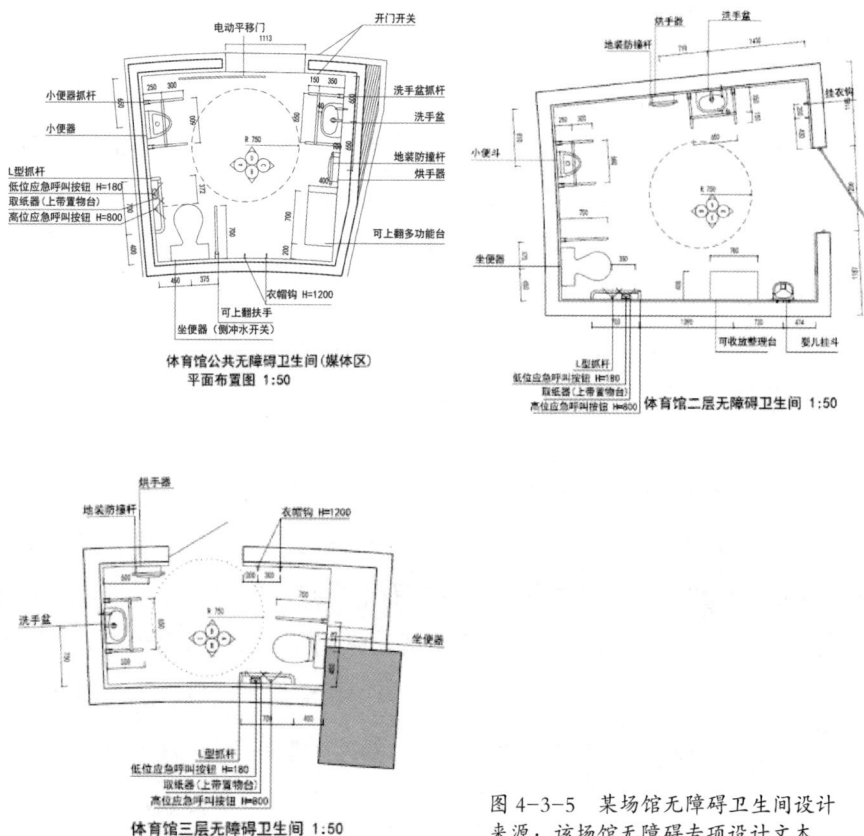

图 4-3-5 某场馆无障碍卫生间设计
来源：该场馆无障碍专项设计文本。

"缺少部分无障碍设施"。比较常见的是缺少盲道设计。多个有视障项目场馆的无障碍专项设计文本中，缺少《指导意见》要求的"运动员通道应设置行进盲道；应在场馆的出入口、无障碍电梯出入口、无障碍楼梯、通道路口、台阶处以及各类自助服务设施处等重要区域设盲文引导"，提示盲道也一并缺失。

"无障碍设施布局不合理"。如某场馆在看台区设置了50个轮椅坐席，占总坐席数的1.14%，远超过《设计规范》和《指导意见》的0.2%的要求。超标准设计是好事，但是实际上这些座位的设计并不合理。首先，这排座位呈线性布置，跨度50多米，仅一侧端部设置无障碍坡道，出入不方便，疏散更是问题；其次，轮椅坐席后方的通道宽度仅1.10m，不符合无障碍通道的宽度要求，一旦出现轮椅正面相对通行的情况，很难应对；某场馆中许多无障碍厕所内部存在同一种布局问题：坐便器和洗手盆呈 90°，且两者之间距离小，所以乘轮椅者使用洗手盆很容易被坐便器挡住（图 4-3-6）。

"无障碍设施数量配置不足"。以某场馆为例，根据《指导意见》，该类场馆"每个运动员休息室提供至少 2 个无障碍淋浴间和 1 个无障碍厕所"。但 49 轴、62 轴、69 轴三个运动员休息室 A1、B1、B2，内侧只有一个无障碍淋浴间，缺一个；49 轴、51 轴的 4 间"田赛运动员休息室"

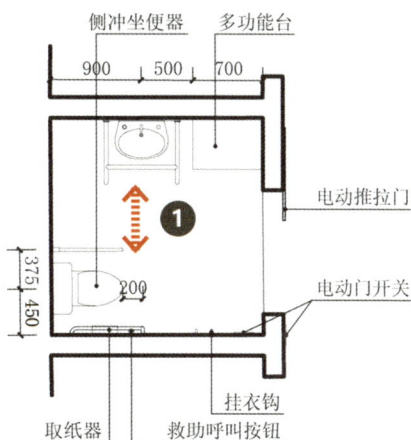

❶ 坐便器与洗手盆互相干扰

图 4-3-6　某场馆无障碍厕所平面详图
来源：该场馆无障碍专项设计文本。

内无卫生间及淋浴间。此外，根据《设计规范》"特级、甲级场馆每处观众区使用的男、女公共厕所均应进行无障碍设计且符合规定，或在每处男、女公共厕所附近设置 1 个无障碍厕所"，但三层观众区的无障碍厕所或厕位的配置比例并未满足要求。

"无障碍设施设计不合理"。这里的不合理，指的是已经符合规范要求，但是可以进行进一步优化，使其更加方便使用。

以某场馆的无障碍坡道为例。其观众区设置了三处 1∶10 的坡道。虽然最大高度和水平长度符合《设计规范》的要求，但是 1∶10 是困难地段才使用的坡度，而场地空间较为充裕，有机会延长坡道。1-A 轴交 1-1 轴和 1-A 轴交 1-16 轴的 L 形坡道（图 4-3-7），可以改为 1∶12 的直跑坡道，利用现在转弯平台的空间，整个坡道所用的空间和所需的改造量反而更少（图 4-3-8）。1-K 轴交 1-1 轴的无障碍电梯前的坡道（图 4-3-9），目前高差 150mm，长度 1.50m，其前方空余空间很多，可以改造为 1∶12，长度 1.80m 的坡道（图 4-3-10）。贵宾门厅和观赛区之间高差 200mm，设置了 1∶17 的坡道（图 4-3-11）。从坡度上看没问题，但是坡顶直接连接了防火门，缺少休息平台，不满足《设计规范》中"除平坡出入口外，在门完全开启的状态下，建筑物无障碍出入口的平台的净深度不应小于 1.50m" 的要求。在该场馆后续设计中，无障碍坡道得到了显著优化（图 4-3-12）。

某场馆因为运动员和贵宾流线上现有门的通行净宽不满足规范要求，所以进行改造。但是设计把原本内凹的门斗取消（图 4-3-13），改成与走廊墙面齐平的外开门，不但影响走道疏散宽度，还容易造成碰撞，尤其是该场馆还将容纳视力障碍运动员，更加有碰撞隐患。因此，图审建议保留门斗的设计，但是应将门洞加宽（图 4-3-14）。

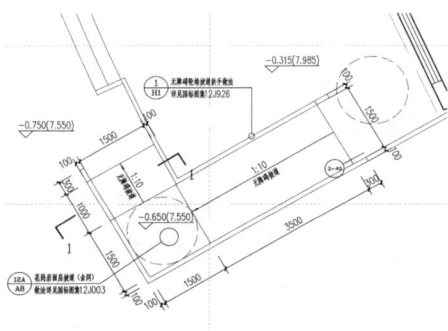

图 4-3-7 某场馆观众区某轮椅坡道（第一轮文本图纸）
来源：该馆无障碍专项设计文本。

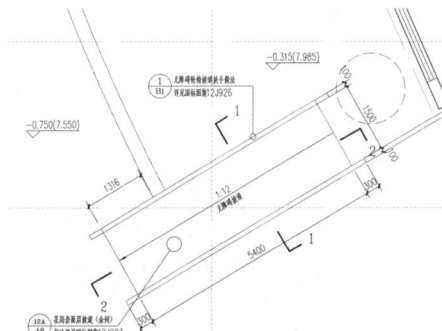

图 4-3-8 某场馆观众区某轮椅坡道（第二轮文本图纸）
来源：该馆无障碍专项设计文本。

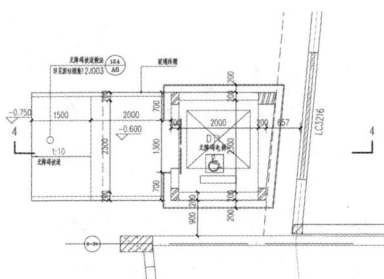

图 4-3-9 某场馆观众区某电梯前坡道（第一轮文本图纸）
来源：该馆无障碍专项设计文本。

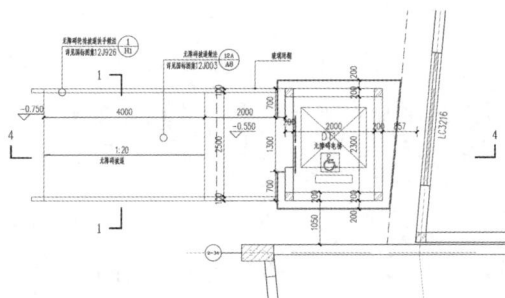

图 4-3-10 某场馆观众区某电梯前坡道（第二轮文本图纸）
来源：该馆无障碍专项设计文本。

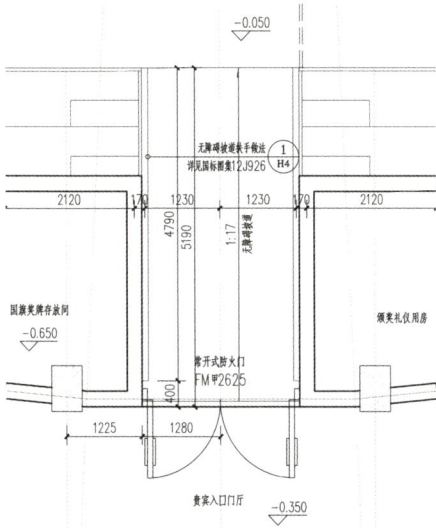

图 4-3-11　某场馆贵宾区某坡道（第一轮文本图纸）
来源：该场馆无障碍专项设计文本。

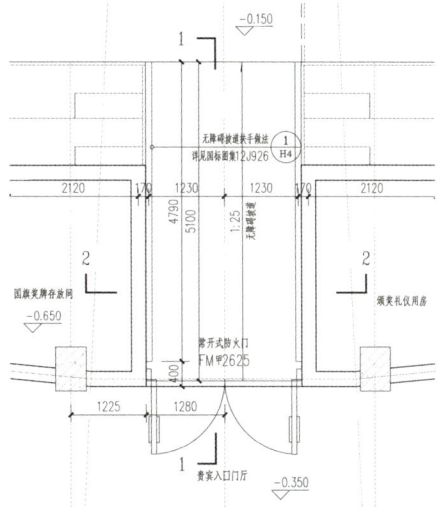

图 4-3-12　某场馆贵宾区某坡道（第二轮文本图纸）
来源：该场馆无障碍专项设计文本。

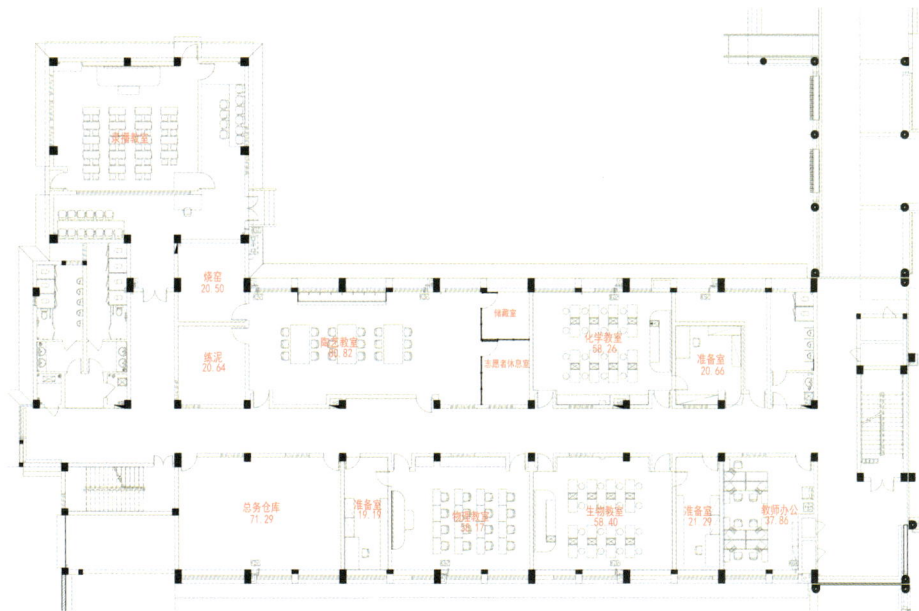

图 4-3-13　某场馆（运动员区）改造前平面图
来源：该场馆无障碍专项设计文本。

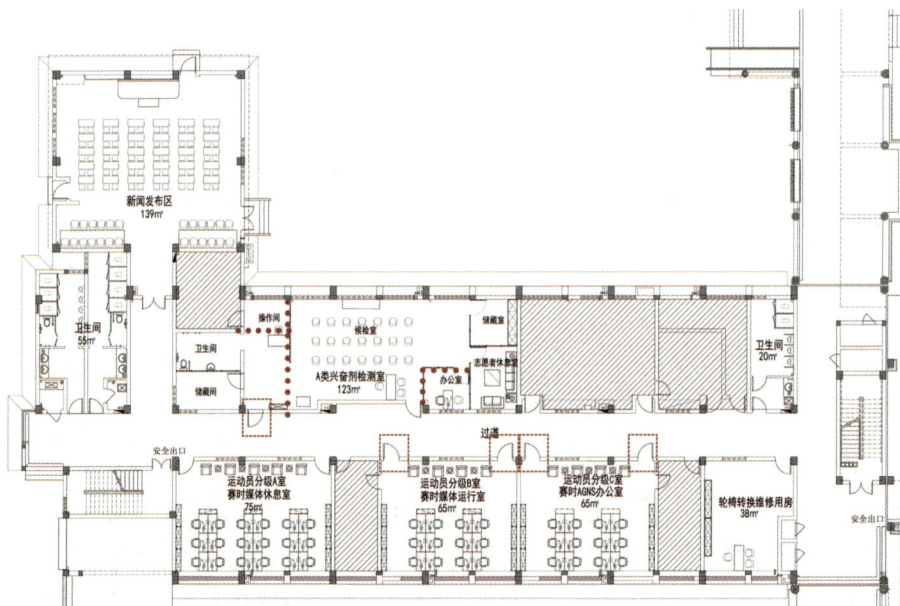

图 4-3-14　某场馆（运动员区）改造后平面图
来源：该场馆无障碍专项设计文本。

3. 设计深度不够

最显著的问题是缺少详图、直接引用图集。

许多场馆的卫生间、淋浴间缺少平面、立面详图，导致图审无法判断其内部设计是否符合无障碍规范、满足无障碍使用要求。也有许多场馆直接截取《无障碍设计》12J926 中缘石坡道、轮椅坡道、无障碍机动车停车位、卫生间（厕所）的详图，这些详图无法直接和场馆情况匹配。从设计上看，导致平面和详图不符，给设计和审查都带来不便；从施工上看，使施工人员无法参照图纸进行施工，更加容易导致无障碍问题。

部分场馆虽然有平面和立面详图，但是缺少和无障碍设计有关的表达。如某场馆运动员无障碍卫生间和淋浴间平面图，标注了洁具的定位，但未标注无障碍厕位、无障碍淋浴间尺寸、隔间门尺寸、安全抓杆的定位和长度；提供的立面，只是一面白墙，上面没有任何无障碍设施，其实这个立面无需在无障碍专项设计中出现；相反，与无障碍坐便器、无障碍小便器、无障碍洗手盆以及无障碍淋浴间各类设施有关的立面却没有体现。

部分场馆的图纸尺寸标注不明确。最常见的也是发生在卫生间内。比如无障碍厕所虽然画了平面详图，但洁具的定位、安全抓杆的定位和长度标注不全。也有发生在其他部位的。比如某场馆的门洞口只有土建尺寸，图审无法判定完成后是否满足通行净宽要求。

基于这些问题，无障碍所和场馆部通过讨论决定，所有的无障碍专项设计文本，不得引用图集，必须画出无障碍设施的详图。

4. 缺少转换方案

部分场馆未提供无障碍转换方案，甚至有几个场馆的无障碍专项设计文本上写着"本项目在亚运会与亚残运会转换期无需进行转换施工"。亚残运会期间的无障碍使用需求高度集中，远超于日常，亚残组委不会要求场馆按照概率小、标准高的做法实施无障碍改造，这是不经济的，场馆本身也不可能这么做。这样一来，势必要求在亚运会和亚残运会期间有所转换，增加临时的无障碍设施，所以转换是不可缺少的。

5. 设计说明与无障碍无关或关系弱

部分场馆的设计说明与无障碍无关或关系弱。如某场馆文本开头的说明花较大篇幅介绍了项目的一般情况，如建筑面积、占地面积、主要功能布局等。引用的 25 项设计依据中，只有 2 项与无障碍有关，即《设计规范》和《指导意见》。说明中的"无障碍建设或改造部分"与无障碍冲突或未体现关系。如描述的"观众通过南侧的大台阶达到二层平台"，并不符合无障碍使用需求；"运动员流线：通过首层北侧运动员门厅进入各自队伍的运动员休息区""贵宾流线：通过首层贵宾入口进入贵宾区域"，并未说明进入场馆的过程是否无障碍。

6. 引用规范错误

部分场馆引用了错误的规范，且都是集中在轮椅坡道部分。说明中写着依据为《无障碍设计规范》GB50763-2012，但采用了《方便残疾人使用的城市道路和建筑物设计规范》JGJ50-88 的具体条文："坡度为 1/8 的坡道的每段允许高度为 0.35m""应在坡道中间设休息平台，休息平台的深度不应小于 1.20m。"

7. 未按照《指导意见》的提高要求来执行

考虑到亚残运会场馆使用者的特殊性，《指导意见》对部分设施的要求是高于《设计规范》的。比如，对于门内外地面的高差和缘石坡道高出车行道的高差，《设计规范》允许的上限为 15mm，《指导意见》允许的室内外通道地面的高差上限为 10mm，且这个是上限而不是要求要有这样的高差。但数个设计文本中将高差都设计为了 15mm。对于门的通行净宽，《设计规范》要求"平开门、推拉门、折叠门开启后的通行净宽度不应小于 800mm，有条件时，不宜小于 900mm"，《指导意见》要求"运动员、贵宾、观众进入无障碍功能区的门应满足无障碍要求，供轮椅使用者通行的门净宽应≥ 0.8m；对于使用竞赛轮椅的场馆，运动员准备区的门宽需要增加到 1.0m，以便于运动员乘坐比赛轮椅进入"。某个需要使用到竞赛轮椅的场馆，其文本中运动员流线上的门还是按照通行净宽不小于 800mm 来设计。

二、第二轮无障碍专项图审情况

第二轮图审中，第一轮图出现的问题基本上得到了修改。

无障碍通行流线上标注了无障碍设施，4 种流线采用了国际惯例的颜色，布局得到了优化，连续性也得到了加强（图 4-3-15、图 4-3-16）。

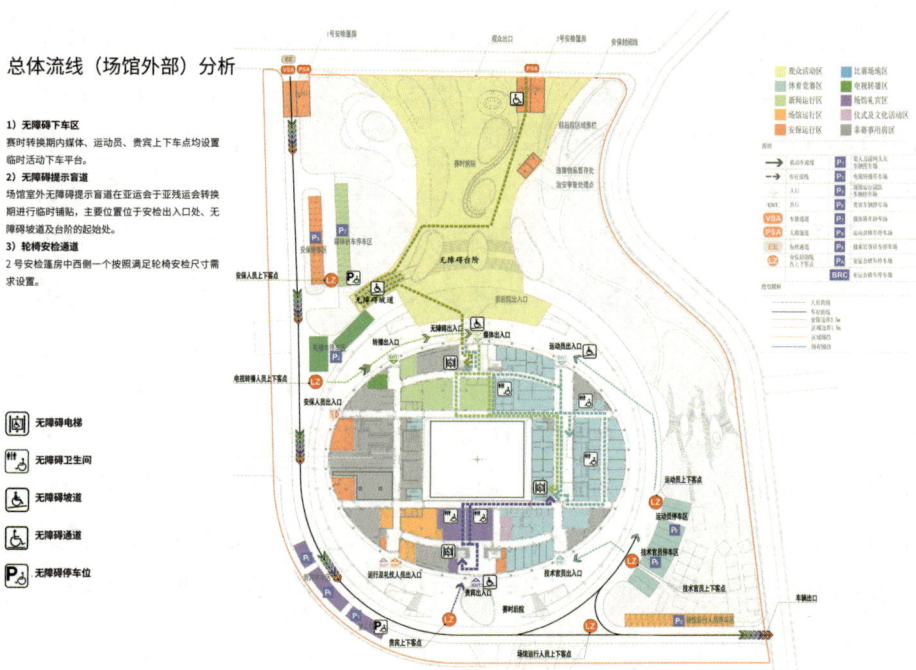

图 4-3-15　某场馆无障碍专项设计（总图流线）
来源：该场馆无障碍专项设计文本。

运动员
一层平面流线

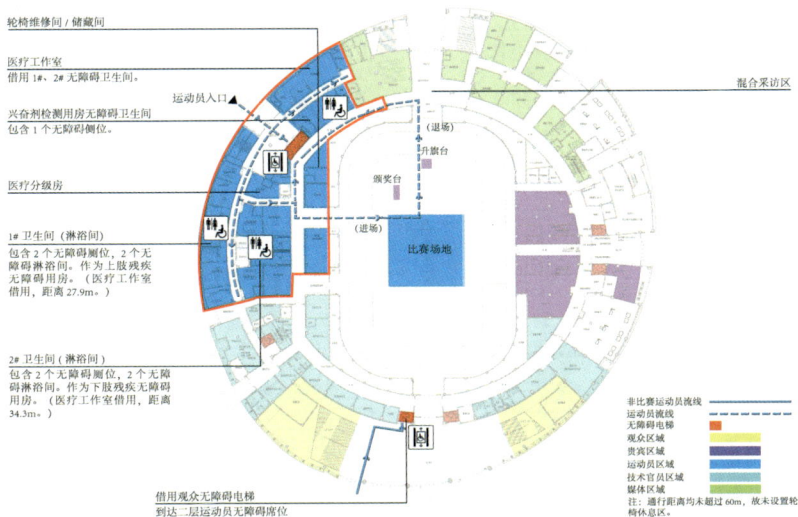

轮椅维修间 / 储藏间

医疗工作室
借用 1#、2# 无障碍卫生间

兴奋剂检测用房无障碍卫生间
包含 1 个无障碍厕位

医疗分级房

1# 卫生间（淋浴间）
包含 2 个无障碍厕位，2 个无
障碍淋浴间。作为上肢残疾
无障碍用房。（医疗工作室
借用，距离 27.9m。）

2# 卫生间（淋浴间）
包含 2 个无障碍厕位，2 个无
障碍淋浴间。作为下肢残疾无障碍
用房。（医疗工作室借用，距离
34.3m。）

借用观众无障碍电梯
到达二层运动员无障碍席位

运动员入口

混合采访区

（退场）
升旗台
颁奖台
（退场）
比赛场地

非比赛运动员流线
运动员流线
无障碍电梯
观众区域
贵宾区域
运动员区域
技术官员区域
媒体区域
注：通行距离均本超过 60m，故未设置轮椅休息区。

图 4-3-16　某场馆一层运动员无障碍通行流线规划
来源：该场馆无障碍专项设计文本。

　　无障碍设施的设计得到了优化，布局更加合理，设施符合规范（图 4-3-17 至图 4-3-19）。此外，一些场馆考虑到了更多，如某场馆在图纸上表达了无障碍标识的布局（图 4-3-20、图 4-3-21），某场馆在图纸上表达了盲道布置图（图 4-3-22）。

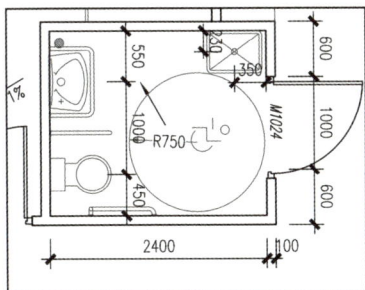

图 4-3-17　某场馆贵宾区卫生间平面（第一轮图审）
来源：该场馆无障碍专项设计文本。

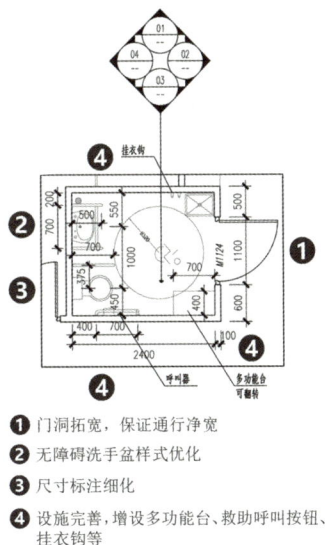

❶ 门洞拓宽，保证通行净宽

❷ 无障碍洗手盆样式优化

❸ 尺寸标注细化

❹ 设施完善，增设多功能台、救助呼叫按钮、挂衣钩等

图 4-3-18　某场馆贵宾区卫生间平面（第二轮图审）
来源：该场馆无障碍专项设计文本。

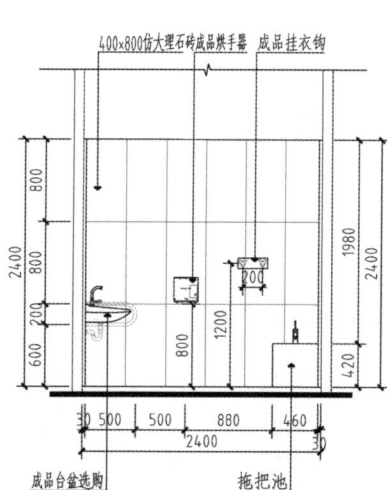

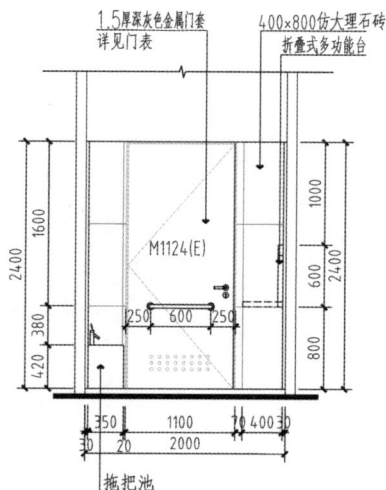

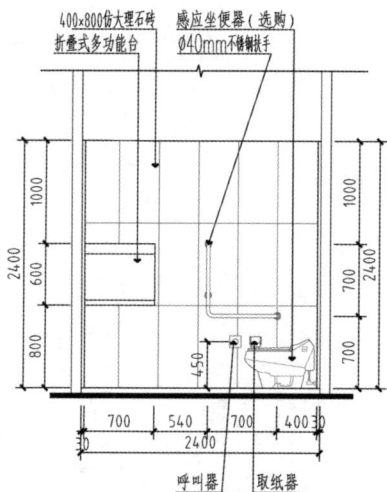

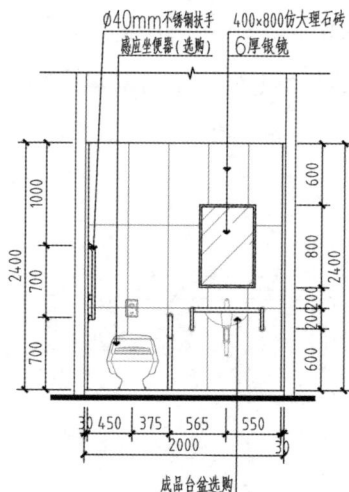

图 4-3-19　某场馆贵宾区卫生间补充里面详图（第二轮图审）
来源：该场馆无障碍专项设计文本。

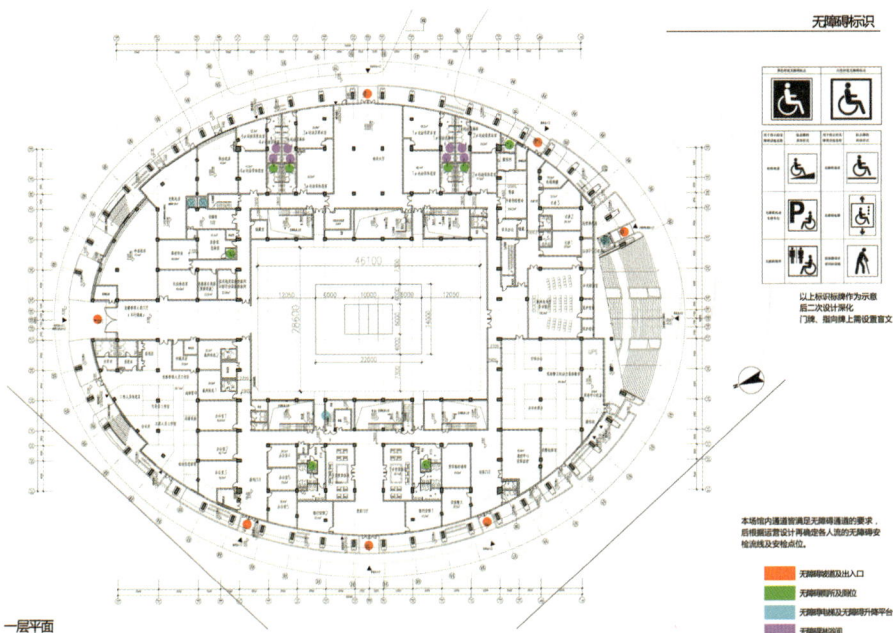

图 4-3-20　某场馆一层平面无障碍标识点位规划图（第二轮图审）
来源：该场馆无障碍专项设计文本。

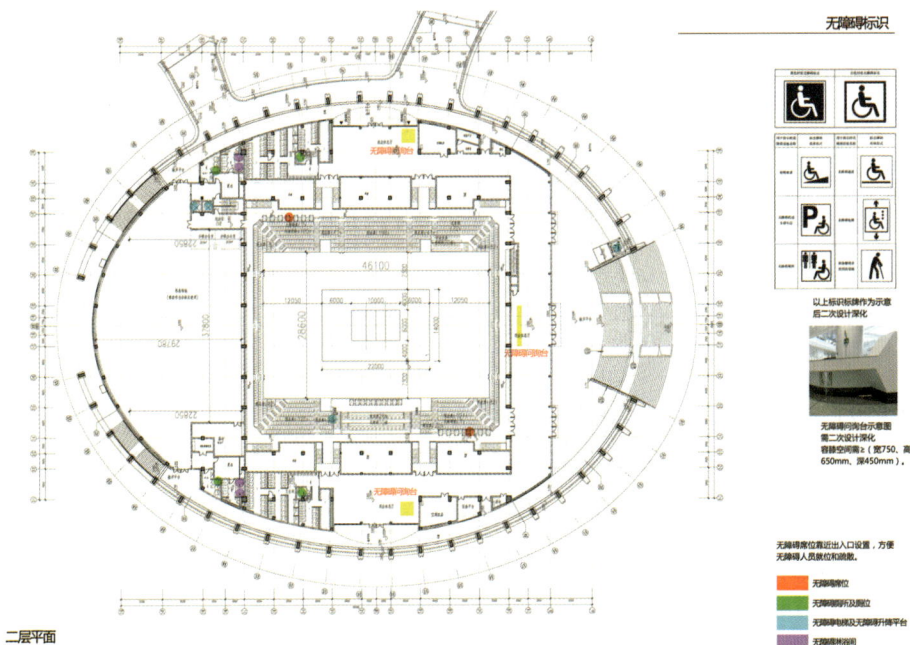

图 4-3-21　某场馆二层平面无障碍标识点位规划图（第二轮图审）
来源：该场馆无障碍专项设计文本。

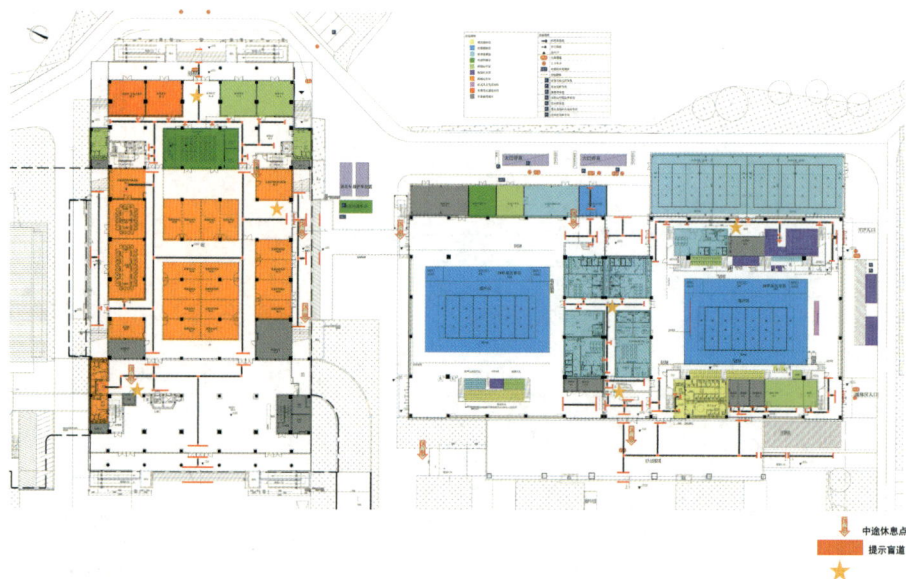

图 4-3-22　某场馆平面盲道布置图
来源：该场馆无障碍专项设计文本。

设计深度明显提高。各场馆都提供了符合施工图审查的深度要求的详图。

补充了转化方案。如某场馆的无障碍专项设计文本，提供了完整的转换期改造清单（表 4-3-1）和改造方案，确定了轮椅坐席临时搭建的位置和做法；某乒乓球馆无障碍淋浴间的门通过转化为浴帘，确保 1.00m 的通行净宽；热身馆的 6 个普通淋浴间合并为 2 个无障碍淋浴间（图 4-3-23）；二层观众区现有两处无障碍厕位相距 70m，因此增加 4 个临时无障碍卫生间（图4-3-24）；某五人制足球场增设临时盲道（图 4-2-25）、盲文标识和语音提示等。

某场馆增加了"改造说明和工作内容"。这是一个详细的表格（表 4-3-2），列出了赛前和运行转换期的改造内容，涉及总图及各馆共同内容、T1 决赛馆、T2 半决赛馆、T3 临时半决赛馆、T4 预赛馆、T5 练习场和 T6 室内网球馆，并且用不同颜色表示出哪些改造牵涉到土建、机电类改造。通过这个表格，可以清晰显示改造内容、工程量和改造难易程度。

表 4-3-1　某场馆无障碍转换清单

转换区域	转换项目	亚残运会前状态	转换内容	是否转换期改造	备注
体育竞赛区运动员区	无障碍坡道	有	无	否	
	无障碍颁奖台	无	增设无障碍颁奖台	是	转换期 15 天内布置完成
	运动员无障碍坐席	无	增设无障碍坐席与陪护席	是	详见无障碍转换方案
	无障碍卫生间	有	无	否	
	医学分级用房及轮椅维修用房	无	功能用房转换	是	转换期 15 天内更换房间功能
	低位服务设施	无	增设低位服务设施	是	转换期 15 天内布置完成
	无障碍电梯	有	无	否	
	热身区无障碍淋浴间	无	增加无障碍淋浴间	是	详见无障碍转换方案
	无障碍安检通道	有	无	否	
贵宾区	无障碍坡道	有	无	否	
	无障碍卫生间	有	无	否	
	低位服务设施	无	增设低位服务设施	是	转换期 15 天内布置完成
	无障碍安检通道	有	无	否	
	无障碍电梯	有	无	否	
	无障碍坐席	有	增设无障碍坐席陪护席	是	详见无障碍转换方案
	无障碍停车位	无	原停车位改造	否	
观众区	无障碍坡道	有	无	否	
	无障碍卫生间	有	增加临时无障碍卫生间	是	转换期 15 天内布置完成
	低位服务设施	无	增设低位服务设施	是	转换期 15 天内布置完成
	无障碍坐席	有	无	否	
	提示盲道	无	增设临时提示盲道	是	转换期 15 天内布置完成
	无障碍安检通道	有	无	否	
	无障碍电梯	有	无	否	
媒体区	无障碍坡道	有	无	否	
	无障碍卫生间	有	无	否	
	低位服务设施	无	增设低位服务设施	是	转换期 15 天内布置完成
	无障碍安检通道	有	无	否	
	无障碍电梯	有	无	否	
	无障碍坐席	无	增设无障碍坐席陪护席	是	详见无障碍转换方案
标识系统	设置无障碍标识	有	根据需求进行设置	是	转换期 15 天内布置完成

来源：该场馆无障碍专项设计文本。

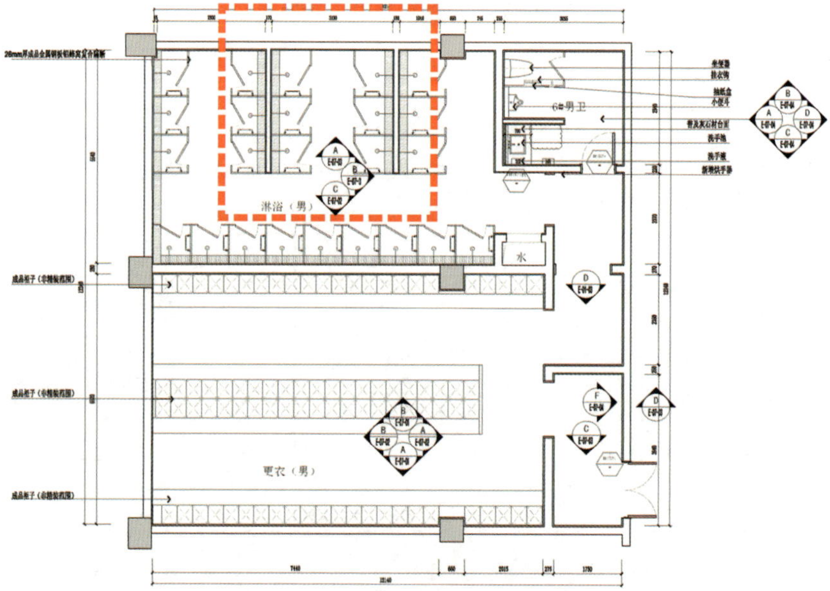

6# 淋浴间转换前

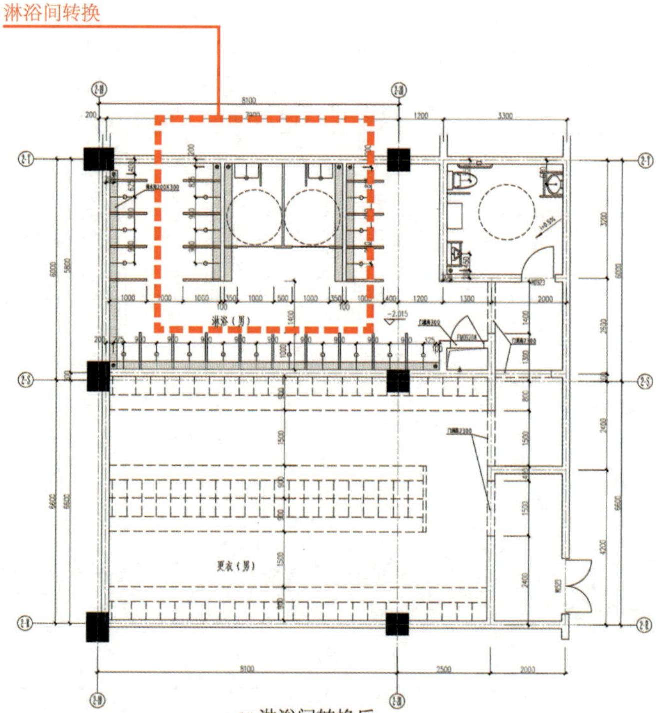

淋浴间转换

6# 淋浴间转换后

图 4-3-23　某场馆淋浴间无障碍转换方案
来源：该场馆无障碍专项设计文本。

临时无障碍卫生间转换

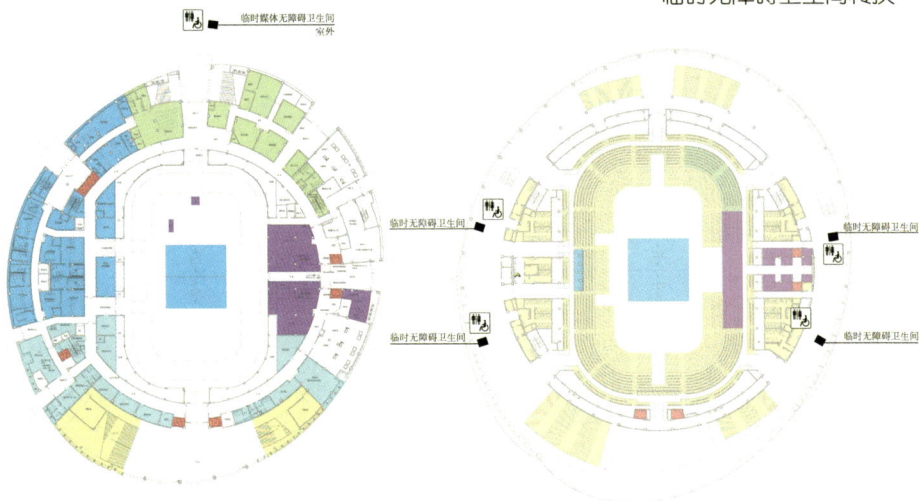

图 4-3-24　某场馆临时无障碍卫生间转换方案
来源：该场馆无障碍专项设计文本。

五人制足球场
无障碍卫生间平面图

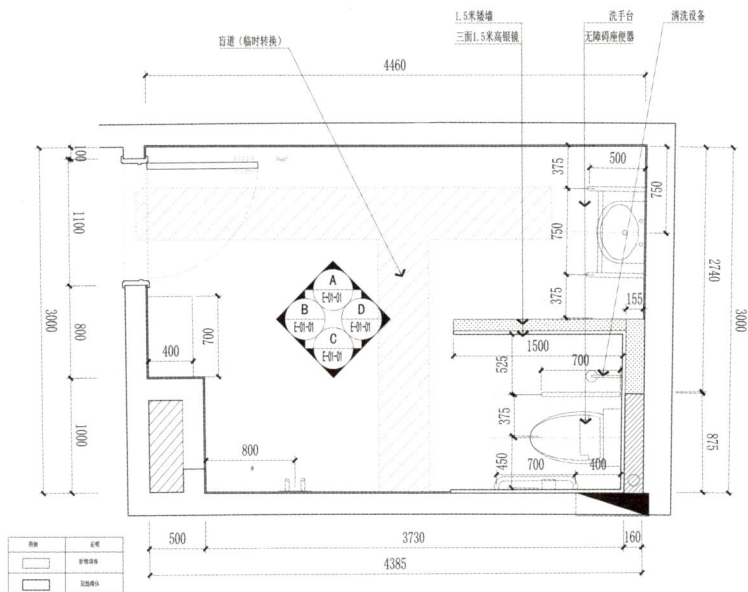

图 4-3-25　某场馆无障碍卫生间临时盲道转换方案
来源：该场馆无障碍专项设计文本。

表 4-3-2　改造说明和工作内容

子项	序号	亚运会已改造项目内容（亚残需求）			序号	亚残会运行转换期需改造内容		
		内容	类型	备注		内容	类型	备注
总图及各馆共同内容	1	询问中心及失物招领（含低位设计）	土建改造		1	路面增设盲道	临时运行设施	不连续，方向性提示
	2	无障碍电梯	土建改造		2	增加室外无障碍卫生间	临时运行设施	数量及位置具体见各馆列项及图纸
	3	室外服务点及低位设计	土建改造		3	T1/T2馆观众、运动员、贵宾上下车区确定，增加地面上下车标志	临时运行设施	
	4	T1/T2/T6馆是否需要进行无障碍楼梯间改造？	土建改造		4	T1/T2馆观众、运动员、贵宾增加安检区及至少1条无障碍安检通道	临时运行设施	
	5	所有无障碍线路上雨水沟盖板撤换为不锈钢穿孔盖板	土建改造		5	T1馆新闻发布厅低位设计	临时运行设施	家具设计
	6	无障碍车位	土建改造					
	7	观众入口区缘石坡道	土建改造					
T1决赛馆	1	运动员区所有门通行净宽满足≥1.0m	土建改造	门洞改造、换门	1	运动员门厅增设轮椅休息区	临时运行设施	
	2	兴奋剂检测中心无障碍设施已满足	土建改造		2	一处13.3m过道增设单向行驶标识	临时运行设施	
	3	贵宾看台区主席台改造	土建改造		3	无障碍领奖台	临时运行设施	临时设施，考虑空间是否足够
	4	2层观众区无障碍卫生间改造	土建改造		4	二层观众区公共走廊增设6处轮椅休息区	临时运行设施	设椅子及轮椅空间
	5	运动员区所有门通行净宽满足≥1.0m	土建改造	门洞改造、换门	5	分级用房/轮椅储藏、维修室	临时运行设施	临时功能转换（分级用房错时使用）
	6	女运动员休息区无障碍洗手池安装扶手、改换隔位隔板满足门通行宽度1.0m	土建改造	满足1x无障碍厕位，满足1x无障碍淋浴	6	女运动员休息区无障碍淋浴2改1	轻拆改	满足1x无障碍厕位，满足2x无障碍淋浴
	7	男运动员休息区无障碍厕位改造（马桶位置、隔板、砌墙、安全扶手）	土建改造	满足2x无障碍厕位，满足1x无障碍淋浴	7	男运动员休息区无障碍淋浴间2改1	轻拆改	满足2x无障碍厕位，满足2x无障碍淋浴
	8	贵宾区无障碍设施改造	土建改造	在首在VVIP休息室满足1x无障碍厕位，1x无障碍洗手池	8	入口附近增加2个临时无障碍卫生间	临时运行设施	满足T1馆男女运动员休息室各2套无障碍设施。位置见方案示意

续表

子项	亚运会已改造项目内容（亚残需求）				亚残会运行转换期需改造内容			
	序号	内容	类型	备注	序号	内容	类型	备注
T2 半决赛馆	1	运动员区所有门通行净宽满足≥1.0m	土建改造	门洞改造	1	（观众区）平台层在场馆东侧增设临时无障碍卫生间	临时运行设施	位置见方案示意
	2	贵宾区卫生间无障碍改造	土建改造	满足2X无障碍设施	2	媒体区入口处增设临时无障碍卫生间	临时运行设施	位置见方案示意
	3	女运动员休息区无障碍设施改造（厕位、安全扶手、砌墙、拆墙）	土建改造	满足2X无障碍厕位1X无障碍淋浴	3	女运动员淋浴区无障碍淋浴间3改1	轻拆改	满足2X无障碍厕位，2X无障碍淋浴
	4	男运动员休息区无障碍设施改造（厕位、安全扶手、砌墙）	土建改造	满足2X无障碍厕位1X无障碍淋浴	4	男运动员淋浴区无障碍淋浴间3改1	轻拆改	满足2X无障碍厕位，2X无障碍淋浴
T3 临时半决赛馆	1				1	观众坐席下增设2处独立无障碍卫生间	临时运行设施	位置见方案示意
	2				2	观众区域平台层靠近无障碍出入口设无障碍设施（无障碍卫生间）	临时运行设施	位置见方案示意
T4 预赛馆	1				1	平台层运动员通行宽度不足1.8m处借场地入口临时避让（2处）	临时运行设施	位置见方案示意
	2				2	平台层运动员区域增设临时无障碍卫生间设施	临时运行设施	位置见方案示意
	3				3	平台层观众区靠近无障碍出入口处增设无障碍设施（无障碍卫生间）	临时运行设施	位置见方案示意
T5 练习场	1	改造卫生间内无障碍洗手池	土建改造	增加1个无障碍洗手池	1	观众区域需设无障碍卫生间	临时运行设施	位置见方案示意
	2	优化无障碍卫生间内无障碍使用空间	土建改造	调整马桶、洗手池位置				
T6 室内网球馆	1	优化无障碍卫生间内无障碍使用空间	土建改造	调整马桶、洗手池位置。	1	B2层中庭附近增设1处轮椅休息区	临时运行设施	设椅子及轮椅空间

说明：

1. 本表蓝色字体为土建机电类改造内容，黑色字体为临时运行设施内容。原则上亚残需求土建机电类改造内容应在亚运改造期间完成。

2. 本表所列项目为亚残会改造需求下，需要在亚运会改造期间内容，以及运行转换期间需增设的运行设施内容。不包含已经满足亚残需求的现状设施内容。

来源：该场馆无障碍专项设计文本。

除了在图上标出无障碍通行流线和相应的设施，该场馆还整理了无障碍通行流线索引和空间设施的关系，以 T1 决赛馆运动员流线为例，通过梳理流线上各功能区所对应的无障碍设施，对无障碍通行流线进行深化和复核（表4-3-3）。

表4-3-3 无障碍通行流线与无障碍设施对照表

无障碍通行流线索引	无障碍设施
上下车区	无障碍上下车平台
安检区	无障碍安检通道
出入口	无障碍坡道、门
通道	无障碍通道、楼电梯
休息区	无障碍卫生间、淋浴间、更衣室
比赛场地	无障碍卫生间／厕位
运动员席位	轮椅坐席
兴奋剂检查站	无障碍卫生间
混合区	采访区无障碍到达
新闻发布厅	低位服务
颁奖仪式区	无障碍领奖台
医疗中心	无障碍卫生间／厕位

表格来源：该场馆无障碍专项设计文本。

设计说明全面、详细地阐述了项目中和无障碍有关的设计内容，引用了最新无障碍规范，也按照《指导意见》对一些特定设施进行了更高标准的设计。

某场馆对于转换期无障碍改造的考虑也相当细致，提供转换期无障碍改造汇总表、与流线结合的设施改造点位图（图4-3-26至4-3-27）和相应的改造方案。

本轮出现的问题数量明显少于第一轮，且其产生的影响不再是"能不能用"，而是"好不好用"。

■ 综合馆转换期需落实点位

增设轮椅休息区及提示盲道，余同

增设卫生间安全抓杆
增设轮椅维修室

增设兴奋剂卫生间安全抓杆
增设运动员卫生间安全抓杆及调整隔板
增设运动员场内无障碍坐席区，余同

无障碍颁奖台

增设贵宾卫生间安全抓杆及调整隔板

综合馆一层平面

图 4-3-26　综合馆转换期无障碍设施改造点位图（射击）
来源：该场馆无障碍专项设计文本。

■ 射箭比赛转换期需落实点位

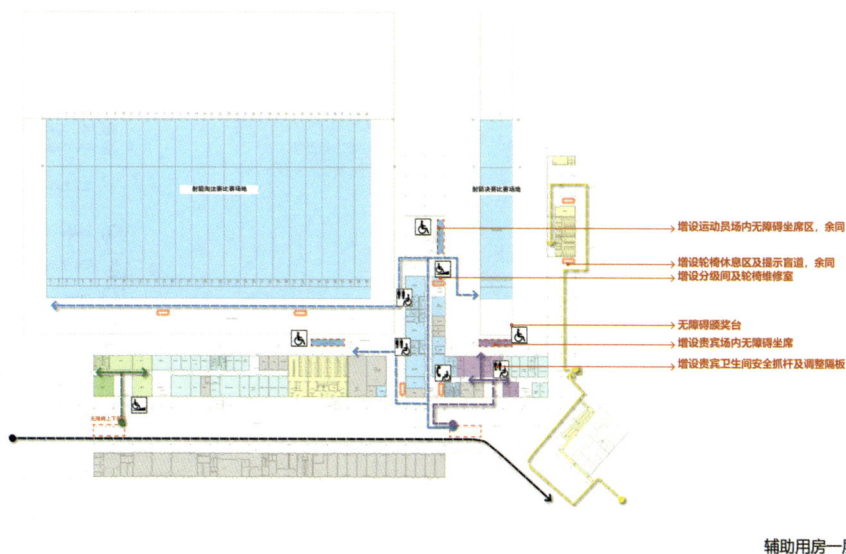

增设运动员场内无障碍坐席区，余同

增设轮椅休息区及提示盲道，余同
增设分级间及轮椅维修室

无障碍颁奖台
增设贵宾场内无障碍坐席
增设贵宾卫生间安全抓杆及调整隔板

辅助用房一层平面

图 4-3-27　辅助用房转换期无障碍设施改造点位图（射箭）
来源：该场馆无障碍专项设计文本。

无障碍通行流线的问题可以归结为流线长度和设施位置的不匹配。比如，某场馆的流线"短了"。其一层平面观众流线只有从场地连接无障碍电梯的一小段，但是场馆的四角各有一个观众使用的无障碍厕所。无障碍通行流线未表达观众可以如何达到这些无障碍厕所（图4-3-28）。当然，有各种可能性来解释。比如，实际上这些无障碍厕所都能无障碍到达，只是图纸上未表达无障碍通行流线；或者另外3个无障碍厕所在赛时不用也无所谓；或者多改造的3个无障碍厕所是为了未来考虑的。另一个场馆则是流线"长了"。二层平面上的观众无障碍通行流线布满整个平面（图4-3-29）。但是观众轮椅坐席仅位于体育馆南侧局部位置，连接无障碍电梯、轮椅坐席和无障碍厕所只需要其中约1/3的长度。从资源节约角度来讲，作为改造项目，没必要过于延长无障碍通行流线的范围，既增加改造量，又无法确保是不是整条流线都已经整改到位。而从使用角度讲，无障碍卫生间与轮椅坐席距离过长，若能把无障碍卫生间镜像设置于南侧对应的直饮水机的位置，可减少残障观众去卫生间的通行长度，相对来说更加合理。

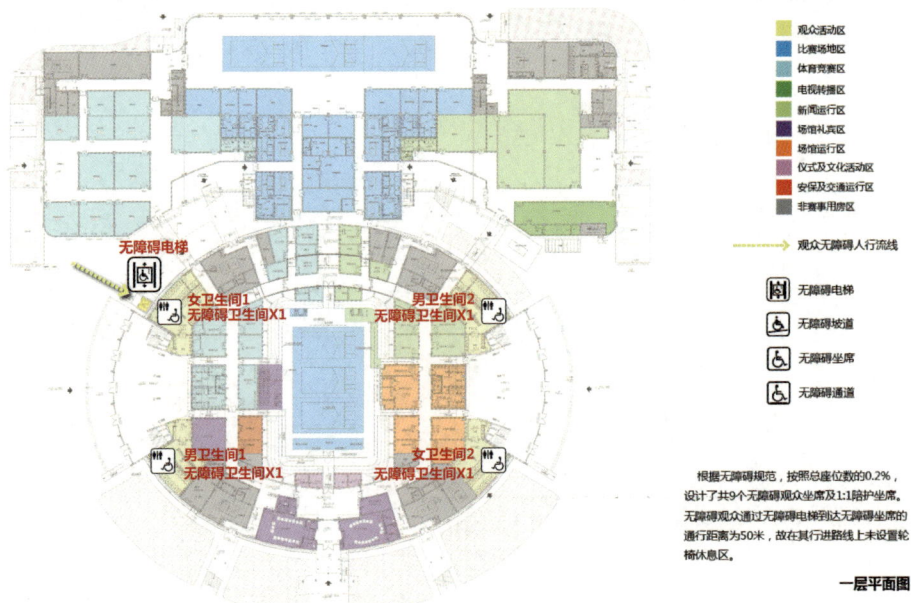

图4-3-28 某场馆一层观众无障碍通行流线规划
来源：该场馆无障碍专项设计文本。

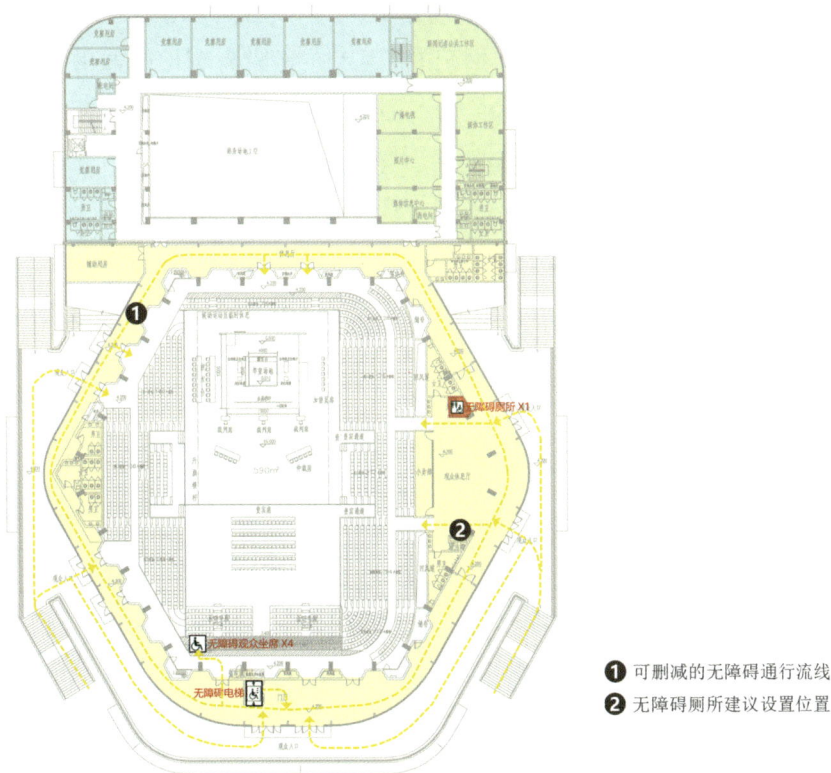

❶ 可删减的无障碍通行流线
❷ 无障碍厕所建议设置位置

图 4-3-29 某场馆二层观众无障碍通行流线规划（第二轮图审）
来源：该场馆无障碍专项设计文本。

在无障碍设施的设计中，虽然还是有部分场馆存在问题，但其对使用的影响是明显降低的。首先，每个场馆中实际设计错误的设施数量少了很多。在第一轮中，可能是某一类甚至某几类设施普遍都设计错误，在第二轮，是个别设施设计没有到位。其次，因为第二轮中，大的、系统性问题已经得到解决，无障碍所可以更加关注细节的设计，所以容易在"鸡蛋中挑出骨头"。再次，因为图纸深度加深，所以本来看不出来的问题也暴露出来了。

三、无障碍专项图审工作总结

无障碍专项图审对于各设计单位包括无障碍所都是一个新的事物。通过将近两年的努力，设计单位摸索并验证了无障碍专项设计的路径、无障碍专项图审的方法，也显著提高了亚（残）运会场馆无障碍专项设计水平和无障碍环境建设质量。

当然，也存在一些遗憾。以某场馆 10#、14#、15# 和 19# 卫生间内的无障碍厕位（图 4-3-30）为例。该场馆采用了在无障碍厕位改造中常见的二并一的做法，将原本的 2 个厕位合并。虽然尺寸满足了《设计规范》不小于 1.80m×1.00m 的要求，但因为坐便器位置靠外侧，所以使用上并不方便。这个问题，在审查中没有被发现，直到现场检查时才被关注到。因为坐便器一直是这个位置，所以虽然没有增加改造工作量，但是还是给设计和图审一个很好的提醒：不能照搬规范，而是要理解规范内在的含义，才能避免出现实际使用问题。

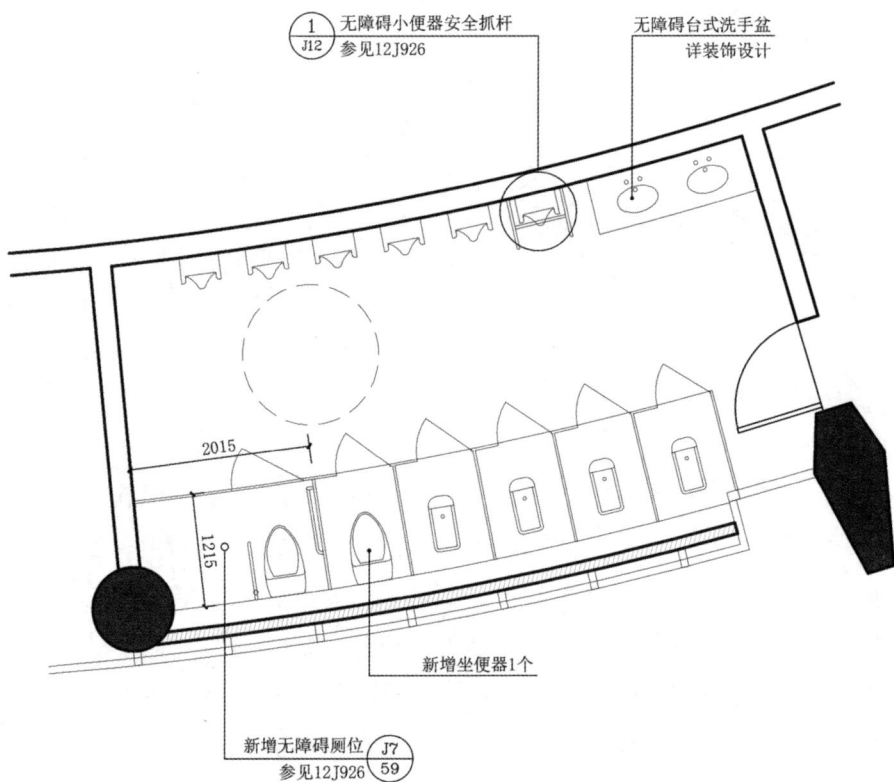

图 4-3-30 某场馆 10#、14#、15# 和 19# 卫生间平面图
来源：该场馆无障碍专项设计文本。

第五章
现场与难点：无障碍设施建设

再好的设计，都必须落实到施工的过程中，一砖一瓦地建设完成。施工现场不同于设计和设计管理，总是具体的、琐碎的、不可预知的。施工过程中涌现出来的难点问题，对建设过程中而言虽然是负面的，然而在总结经验时，这些在具体的实践中所遇到的问题，都是非常宝贵的经验。

第一节　亚运会无障碍设施建设

一、场馆

亚运场馆建设与改造工作始于 2018 年，虽然运动员为健全人，但考虑到观众的无障碍使用需求，观众区应按照《设计规范》进行无障碍设施建设。主要包括无障碍出入口、无障碍电梯、无障碍厕所和轮椅坐席。

建设过程中，场馆部对亚运场馆的无障碍设施进行了多轮实地检查，并以工作联系单形式反馈意见。在竣工验收前，各场馆邀请残障者进行体验，对无障碍设施提出整改意见，整改完成后再进行正式的工程验收。

二、亚运村

亚运村分为杭州亚运村和各地的亚运分村。杭州亚运村，包含运动员村、技术官员村、媒体村、国际区和公共区。

2018 年 6 月，杭州亚运村建设工程开工。作为新建项目，其无障碍设施建设体现了如下的特点：（1）完善的整体设计已经实现了无障碍功能。如园区场地全平设计，因此无需建设轮椅坡道。（2）无障碍设施与项目主体设施同步施工。如进行市政道路建设时，各个路口按照图纸建设了缘石坡道，井盖也已经避开了盲道路径，因此，盲道路径顺畅，施工也更加简便。（3）无障碍设施的配置数量按国家规范即可，无须提高配置比例。

后续，各园区又针对重点部位进行了无障碍提升，主要为公共空间的无障碍出入口、无障碍电梯和无障碍厕所的建设。期间，亚组委及相关部门组织残障者对亚运村进行体验，对有问题无障碍设施提出改进意见。

第二节 亚残运会场馆无障碍设施建设

一、亚残运会场馆无障碍设施建设特殊要求

因比赛项目的特殊性，亚残运会场馆的部分无障碍设施有特定的使用场景，也有特殊的建设要求见表 5-2-1。

表 5-2-1 亚残运会场馆无障碍设施的特定使用场景和建设要求

无障碍设施	使用场景与建设要求
无障碍大巴的上落客平台	这是本次亚残运会特有的无障碍设施，与无障碍大巴配套，用于运动员的无障碍上下车。建议平台入口高度为300mm，坡道长度不小于3600mm，坡道宽度不小于1500mm，轮椅进入公交车车门处平台宽度不小于2000mm；坡面应使用防滑材料。上落客平台可采用固定式和活动式，如采用活动式建议采用可拆卸、移动方便的设施器材。具体做法和材料由场馆团队根据场馆自身情况、运动员上落客具体位置进行针对性设计实施，应确保安全可靠，美观实用
无障碍机动车停车位	在车位一侧设置无障碍通道，为残障人士的上下车提供额外空间。因场馆不考虑观众自驾入场，所以观众区内无须设置无障碍机动车停车位
盲道	提示盲道：对重点区域进行提示，如出入口，台阶和梯段的起止位置，无障碍电梯的按钮处以及各类自助服务设施处。行进盲道＋提示盲道：用于盲人足球和盲人柔道场馆的运动员流线，方便视力障碍运动员的通行
无障碍出入口	为运动员、贵宾和观众等所有客户群提供便捷通行的出入口。大部分场馆都是采取了平坡出入口的形式
轮椅坡道	主要用于出入口和观众席两个区域。部分场馆因空间有限，无法设置平坡出入口，所以设置了轮椅坡道，如萧山体育中心体育馆
无障碍通道	用于从上下车区到无障碍出入口，再到各个功能区的无障碍通行。场馆中特有的部分是安检通道，运动员、贵宾及观众流线应各设置至少1条宽度不小于1.0米的轮椅使用者安检通道，且不安装磁力装置

无障碍设施	使用场景与建设要求
门	用于运动员、贵宾和观众等所有客户群从一个空间进入另一个空间。对于赛时一些保持常开状态的门，考虑到改造的一些难度，会将其考虑改为通道，这是要求放宽的部分。也有要求提高的部分，如"对于使用竞赛轮椅的场馆，运动员准备区的门宽需要增加到1.0米，以便于运动员乘坐比赛轮椅进入"，这样的场馆包括轮椅篮球、轮椅击剑、轮椅网球、羽毛球和乒乓球场馆等
楼梯、台阶	楼梯和台阶的无障碍设计，是为在一定程度上补充无障碍电梯的运输量，为挂拐杖和视力障碍者提供方便。在运动场馆中，大台阶是常见的元素，多数场馆通过增设扶手、提示盲道、安全警示条等方式，对其进行无障碍改造
无障碍电梯	为残障人士上下楼层提供方便
升降平台	部分场馆因空间有限无法加设坡道，只能通过升降平台。如塘栖盲人门球训练基地设置了垂直升降平台，临平体育中心体育馆设置了斜向升降平台
扶手	用于协助残障人士通行，主要用于室外轮椅坡道、室外大台阶和电梯轿厢内，室内走廊未设置
无障碍卫生间／厕位	无障碍卫生间配备坐便器、洗手盆、安全抓杆、多功能台、救助呼叫按钮和挂衣钩等设施，部分还设置小便器。无障碍厕位设置坐便器和安全抓杆，部分还设置了小便器和洗手盆
无障碍淋浴间	运动员休息区根据不同比赛的要求设置无障碍淋浴间。部分比赛项目，无须设置淋浴间，如草地掷球、射箭、射击和棋类比赛
轮椅坐席	方便乘轮椅者观看比赛。需要1∶1设置陪护坐席
低位服务设施	方便乘轮椅者接受服务
无障碍颁奖台	为方便乘坐轮椅的残障运动员领奖而定制的临时设施
无障碍标识标牌	用于指引无障碍设施的方向和位置。亚残运会场馆的无障碍标识在亚运会基础上进行转换增加

表格来源：作者整理。

二、施工常见问题及解决方案

在亚残运会场馆的无障碍环境建设过程中，场馆部定期对场馆建设情况进行检查，无障碍设计研究所作为图审单位也会赴现场指导，发现了诸多施工常见问题。发现问题后，场馆部以施工联系单方式要求现场进行整改。针对相同的问题，不同场馆可能会采取不同的解决方式，有些场馆甚至会有些很有意思的创新，然后推广到其他场馆中，这些创新做法往往好用又便宜，响应了节俭办赛的要求。

从部位看，现场发现的主要问题为以下几类。

1. 坡道

（1）坡道上缺少安全阻挡措施。对此，部分场馆在栏杆下部距离坡道小于 100mm 处增设了一道横杆（图 5-2-1）；部分场馆通过植筋增设混凝土翻边，如某场馆运动员从休息区通向比赛场地的出口处（图 5-2-2）。

图 5-2-1　某场馆的坡道栏杆下部做法
来源：作者拍摄。

图 5-2-2　某场馆坡道的翻边
来源：作者拍摄。

（2）宽度不满足要求或者有的轮椅使用者密集的场馆中没有考虑轮椅双向通行。部分场馆在施工时，因未考虑到要扣除翻边、双层扶手的宽度，导致完成后净宽不到 1.20m。

（3）扶手安装问题。包括高度不规范、扶手形状不适合抓握，扶手的起点和终点缺少水平延伸段等。有一个比较特别的问题值得关注，为改善扶手的热惰性，往往会采用金属龙骨外套热惰性材料的做法。但是部分场馆因为施工质量问题，外包裹的材料与龙骨贴合不够。

2. 通道

（1）通道坡度问题。这个问题不能直接归咎于设计，和赛事运行管理也有一定的关系。如某场馆从城市道路至场馆建筑入口有一段很长的道路，坡度为 1∶12—1∶16。这段坡道对于车行没有问题；但是因为赛时观众的车辆不能进入场馆，所有观众必须步行通过这段坡道，对于乘轮椅者是较为不便的。考虑到整体改造工程量大，而且赛后乘轮椅者可以坐车直接进入场地内的无障碍机动车停车位，所以未进行改造。

（2）井盖／箅子孔隙尺寸过大。大多数场馆成品购买的雨水箅子或排水沟盖板，孔隙宽度往往会达到 20mm 以上，无法满足《设计规范》"3.3.2-2 室外地面滤水箅子的孔洞宽度不应大于 15mm"的要求；而当《通用规范》发布后，2.2.4 要求的标准又有所提高"无障碍通道上有井盖、箅子时，井盖、箅子孔洞的宽度或直径不应大于 13mm，条状孔洞应垂直于通行方向"。对此，一般的整改做法是缩小孔洞宽度或将条状孔洞改为网格型。但不管是采取何种措施，都需要更换原来的盖板，造成一定浪费。杭州文汇学校的塑胶场地周围一圈盖板的条状孔洞宽度都过大，如果更换盖板，还会影响上面的塑胶。在确定各类人群的无障碍流线以后，建设方将流线经过区域的盖板孔洞上用同色塑胶填实（图 5-2-3），避免了地面开挖的问题。富阳水上运动中心则直接在盖板上覆盖一层空隙小于 13mm 金属网（图 5-2-4），简单直接，而且有一定设计感。

3. 盲道

盲道的主要问题是位置。哪些地方要设置，与障碍物的距离应该是多少，如何拐弯等等。绝大多数场馆只需设置提示盲道，而且基本上都采用了铺贴 PVC 的方式（图 5-2-5、图 5-2-6），整改方便，所以问题并不突出。

图 5-2-3　杭州文汇学校无障碍坡道
来源：作者拍摄。

图 5-2-4　富阳水上运动中心无障碍坡道
来源：作者拍摄。

图 5-2-5　临平体育中心体育馆提示盲道
来源：作者拍摄。

图 5-2-6　拱墅运河体育公园体育场提示盲道
来源：作者拍摄。

4. 楼梯和台阶

（1）大多数场馆踏步都有直角形突缘，容易绊到脚。石材突出踢面是比较普遍的装修做法，全部敲掉工程量大。萧山临浦体育馆采用了"加法"，在突缘下面贴了截面为三角形的橡胶条（图5-2-7），整体效果较好。

（2）踢面和踏面颜色接近。这其实是正常的，一般情况下踏面和踢面会采用相同的装饰材料。但因为多数场馆都会有室外的大台阶，有时因为光线缘故，连续的台阶会看不清。同时，考虑到可能会有瞬时的大人流，所以一旦有人摔倒，危害性大。所以，能醒目区分踢面和踏面对于残障者和健全人来说都是极有必要的。临平体育中心体育馆在台阶起止处贴了黄黑色警示条（图5-2-8），另外，每隔一级台阶，在踢面贴了亚运宣传内容。既对踢面和踏面进行了区分，又契合亚运主题，避免了过多安全警示条造成的乏味感。此外，针对观众区的台阶，部分场馆，如浙江塘栖盲人门球基地，在踏面端部增加了防撞条，一方面可以减少碰撞产生的危险，另外，也在一定程度上起到了踢面踏面区分的作用。

图5-2-7 萧山临浦体育馆台阶
来源：作者拍摄。

图5-2-8 临平体育中心体育馆台阶
来源：作者拍摄。

5. 无障碍电梯

（1）轿厢内的问题包括呼叫按钮过高，轿厢正面没有安装镜子，扶手不连续，按钮上没有盲文标识等。轿厢外问题包括未设置抵达音响，提示盲道未设置在按钮前等。

（2）对于室外电梯，一般门前都设置排水沟，有些盖板的孔洞为长条形且比较宽，容易卡住轮椅。如杭州电子科技大学体育馆，电梯在二层平台出口处原本为条形孔洞的排水沟盖板（图5-2-9），超过规范允许的宽度。后来，选用了圆形孔洞的盖板（图 5-2-10）。

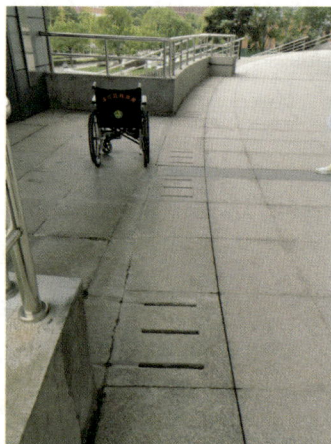

图 5-2-9　杭州电子科技大学体育馆电梯
前排水沟盖板（整改前）
来源：作者拍摄。

图 5-2-10　杭州电子科技大学体育馆电梯前
排水沟盖板（整改后前）
来源：作者拍摄。

6. 门

（1）门的通行净宽不够。《指导意见》中要求的特定场馆的运动员流线上的门，通行净宽不到 1.0m，其余流线上的门，通行净宽不到 800mm。19 个场馆和 1 个开闭幕式场馆，几乎所有的原来通行净宽不足的门都进行了改造。工程量很大，体现出了各场馆优化无障碍环境的极大决心。

（2）无障碍厕所 / 厕位门关门方向没有装横杆。这个问题原本比较普遍，但是随着亚组委将要求明确以后，所有场馆很快改造到位。

（3）无障碍厕所 / 厕位的门缺少从外侧紧急开启的措施。针对这个问题，无障碍厕所一般是配置通用的锁，或者门边上设一个盒子，内部放置备用钥匙（图 5-2-11），如浙江塘栖盲人门球基地。无障碍厕位则是配置可以用硬币打开的门锁（图 5-2-12），如杭州电子科技大学体育馆。

7. 无障碍厕所 / 厕位

（1）不满足数量要求。《设计规范》对于特级、甲级，乙级、丙级的场馆在无障碍厕所 / 厕位有不同的数量配置要求。部分场馆面临如下的问题：首先，原先一些用于举办地区性和全国性比赛的场馆要提升到能举办亚运会，建筑等级提高到了特级，需要配置更多的无障碍厕所 / 厕位。其次，虽然理论上可以通过二并一的方式，将普通厕位改造为无障碍厕位，但是整个场馆总

图 5-2-11　浙江塘栖盲人门球基地门球馆无障碍厕所外放置备用钥匙的盒子
来源：作者拍摄。

图 5-2-12　杭州电子科技大学体育馆门球馆无障碍厕位门锁（可用硬币打开）
来源：作者拍摄。

体的厕位数量是要按照人数进行测算的，如果原本的数量已经没有余量，二并一的改造势必会使厕位总数无法满足规范要求。当然，最后所有的场馆还是克服了各种客观条件限制，提供了足够的厕位数量，足够的无障碍厕所／厕位数量。

（2）无障碍设施安装不满足要求。如安全抓杆位置、尺寸错误；缺少呼叫按钮或位置安装错误；镜子高度错误；缺少挂钩和多功能台；台盆没有容膝空间；坐便器距墙距离过大等。场馆通过重新安装、在靠近台面处补镜子、台下石材切割（图 5-2-13、图 5-2-14）等方式解决上述问题。

图 5-2-13　滨江体育馆无障碍厕所的镜子和洗手台
来源：作者拍摄。

图 5-2-14　富阳银湖体育中心无障碍厕所的镜子和洗手台
来源：作者拍摄。

（3）无障碍厕所不满足直径 1.50m 的回转空间要求；或者虽然有回转空间，但是回转空间与洁具的对应位置不合适，台盆、坐便器或小便器依然使用不便。

（4）无障碍厕位的位置不方便进入；尺寸小于改造项目中 1.80m×1.0m 的要求，或虽然尺寸够，但是坐便器位置不合理导致不好用；门通行净宽不满足要求。

这些问题也基本得到整改。因卫生间的改造是大多数场馆都遇到的一个难点，具体内容将在下一节中详细介绍。

8. 无障碍淋浴间

（1）不方便进入。一些空间比较局促的场馆，会把无障碍淋浴间设在端头，以利用走道空间扩大淋浴间，这样便延长了通行的流线。还有比如某场馆受原本布局限制较大，进门就需要在宽度不到 1.50m 的区域内拐弯 180°，然后通过一处最窄宽度约 1.02m 的通道，更加增加了通行的难度。

（2）尺寸过小。部分淋浴间无法满足短边 1.50m 的规范要求。

（3）门通行净宽未达到 800mm。

以上（1）—（3）为土建问题，场馆多通过敲墙解决。

（4）安全抓杆尺寸和位置错误，安装不够牢固（图 5-2-15）。

（5）淋浴喷头位置过高。针对这个问题，考虑到通用性，可设置可上下调节的手持喷头（图 5-2-16），其最低点不大于 1.20m。

以上（4）—（5）为安装问题，场馆通过重新安装基本能解决。

（6）坐凳设置问题。部分场馆设置的可折叠坐台不够牢固，或者坐台位置正好在控制开关前，使用者操作开关不方便。关于淋浴间内坐台/坐凳，《设计规范》"3.10.2-2 浴间坐台高度宜为 450mm，深度不宜小于 450mm"，未明确固定还是可移动；《通用规范》"淋浴间坐台应安装牢固，高度应为 400mm—450mm，深度应为 400mm—500mm，宽度应为 500mm—550mm"，并在条文说明中明确"为了保证安全，一般情况下不宜使用移动座椅"。在场馆中，考虑到使用的灵活性，可使用带有靠背和扶手的座椅，但是要求购买的产品必须足够牢固安全（图 5-2-17）。

9. 轮椅坐席

（1）位置不合理。有的场馆把所有轮椅坐席设置在内场，没有做备选方

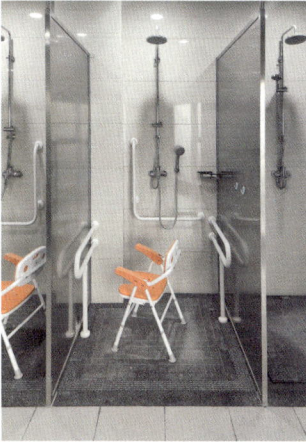

图 5-2-15　滨江体育馆淋浴间
来源：作者拍摄。

图 5-2-16　拱墅运河体育公园体育馆淋浴间
来源：作者拍摄。

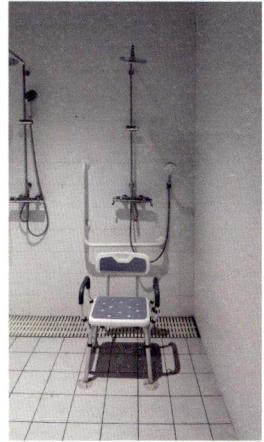

图 5-2-17　杭州奥体中心游泳馆淋浴间
来源：作者拍摄。

案，存在被技术代表否定的风险。有的场馆的轮椅坐席数量多且位置集中，无法快速疏散到室外或开敞空间，存在安全隐患。

（2）未设置陪护坐席，或者陪护坐席在前排或后排，与轮椅坐席之间有高差，不方便照顾。

三、施工常见难点

因为大多数是既有场馆改造，即使是一些新建的场馆，也因为举办亚残运会的决定相对滞后，必须在原有方案基础上进行改造。所以设计单位、建设单位和施工单位也反馈了诸多施工改造难点。

2022 年 3 月 29 日至 4 月 8 日，杭州亚残运会组委会与有关部门组成专项小组，赴亚残运会场馆进行实地无障碍体验活动。无障碍所作为图审单位，也参与其中，并借此机会进行了一次无障碍设施施工难点的现场调研与访谈。根据在图审和前期现场指导时发现的一些问题，先预设了场馆中常见设施可能存在的难点，并整理成问卷。在活动中，与场馆建设的主要负责人进行交流，填写问卷。问卷涉及缘石坡道、盲道、无障碍出入口、轮椅坡道、门、无障碍电梯、卫生间、浴室、轮椅坐位和低位服务设施（表 5-2-2）。其他设施如无障碍机动车停车位、上落客区和领奖台等，根据前期掌握资料，施工难度小，所以问卷未涉及。

表 5-2-2　无障碍设施施工难点调研

场馆名称:			
比赛类型:			
缘石坡道			
本轮无障碍改造是否涉及？	A 是	B 否	
是否遇到如下困难？	A 放坡长度不够	B 与井盖冲突	C 未与车行道 0 高差衔接
	D 其他	无困难	
上述问题是如何解决的？			
是否遇到过反复整改的情况	A 是	B 否	
什么内容反复整改？			
盲道			
本轮无障碍改造是否涉及？	A 是	B 否	
盲道使用材料	A 块材	B 盲道钉	C PVC 铺贴
是否遇到如下困难？	A 缺少明确规范	B 路口处分叉难以处理	C 与人行横道难以对位
	D 与障碍物间距无法满足规范要求	E 与井盖冲突	F 购买的材料不符合规范要求
	G 其他	无困难	
上述问题是如何解决的？			
是否遇到过反复整改的情况	A 是	B 否	
什么内容反复整改？			
无障碍出入口			
本轮无障碍改造是否涉及？	A 是	B 否	
形式	A 平坡出入口	B 同时设置台阶和轮椅坡道	C 同时设置台阶和升降平台
是否遇到如下困难？	A 坡道设置空间不足	B 坡道与门冲突，门的开启影响轮椅通行	
	C 其他	无困难	
上述问题是如何解决的？			
是否遇到过反复整改的情况	A 是	B 否	
什么内容反复整改？			
轮椅坡道			
本轮无障碍改造是否涉及？	A 是	B 否	
是否遇到如下困难？	A 坡道设置空间不足	B 坡道与门等其他设施冲突	C 扶手难以安装牢固
	D 其他	无困难	
上述问题是如何解决的？			

是否遇到过反复整改的情况	A 是	B 否	
什么内容反复整改？			
门			
本轮无障碍改造是否涉及？	A 是	B 否	
是否遇到如下困难？	A 净宽不足	B 无障碍通道上有防火门，防火门开启不方便	C 门上的扶手难以安装
	D 其他	无困难	
上述问题是如何解决的？			
是否遇到过反复整改的情况	A 是	B 否	
什么内容反复整改？			
无障碍电梯			
本轮无障碍改造是否涉及？	A 是	B 否	
是否遇到如下困难？	A 按钮高度超过 1.10m	B 电梯外盲道设置错误	C 轿厢正面镜面材料上难以安装扶手
	D 报层音响、抵达音响设置有困难		
	E 其他	无困难	
上述问题是如何解决的？			
是否遇到过反复整改的情况	A 是	B 否	
什么内容反复整改？			
卫生间			
本轮无障碍改造是否涉及？	A 是	B 否	
是否遇到如下困难？	A 无障碍厕所数量不够且难以增加	B 无障碍厕所面积不够	C 无障碍厕位数量不够且难以增加
	D 无障碍厕位面积不够	E 通向无障碍厕所/厕位的通道不便于轮椅通行	F 安全抓杆难以设置
	G 安全抓杆难以安装牢固	H 无障碍洗手盆容膝空间不足	
	I 其他	无困难	
上述问题是如何解决的？			
是否遇到过反复整改的情况	A 是	B 否	
什么内容反复整改？			
浴室			

本轮无障碍改造是否涉及？	A 是	B 否	
是否遇到如下困难？	A 无障碍淋浴间数量不够且难以增加	B 无障碍淋浴间面积不够	C 通向无障碍淋浴间的通道不便于轮椅通行
	D 安全抓杆难以设置	E 安全抓杆难以安装牢固	
	F 其他	无困难	
上述问题是如何解决的？			
是否遇到过反复整改的情况	A 是	B 否	
什么内容反复整改？			
轮椅坐席			
本轮无障碍改造是否涉及？	A 是	B 否	
是否遇到如下困难？	A 轮椅坐席与无障碍通道连接	B 轮椅坐席视线被前排观众或栏杆遮挡	C 轮椅坐席或后侧通道尺寸不够
	D 其他	无困难	
上述问题是如何解决的？			
是否遇到过反复整改的情况	A 是	B 否	
什么内容反复整改？			
低位服务设施			
本轮无障碍改造是否涉及？	A 是	B 否	
是否遇到如下困难？	A 现有低位服务设施难以改造	B 改造完了以后不达标	C 没有合适位置新增低位设施
	D 其他	无困难	
上述问题是如何解决的？			
是否遇到过反复整改的情况	A 是	B 否	
什么内容反复整改？			

表格来源：作者整理。

通过问卷调研，整理了各场馆在建设过程中遇到的无障碍改造施工难点。在克服难点过程中，也涌现了诸多优秀的施工做法。

萧山瓜沥文体中心体育馆将举办跆拳道比赛。这个项目的运动员是上肢障碍的。更衣柜门内凹式的把手不方便用脚开启（图5-2-18）。这个问题是2022年4月25日上午提出的，通过咨询多位专家和上肢障碍者，决定增加外凸的门把手，而且通过实验确定采用横向安装的方式（图5-2-19）。到了下午，全部更衣柜改造到位。此外，为了方便上肢障碍者穿脱裤子，建设方委托无障碍所设计一个实用又美观的装置。无障碍所对此投入专门研发人员进行设计，并用3D打印制作。这个装置对于上肢障碍者，可以用来帮助穿脱衣服，对于所有用户，可以作为置物架（图5-2-20、图5-2-21）。

图5-2-18 萧山瓜沥文体中心体育馆衣柜（改造前）
来源：作者拍摄。

图5-2-19 萧山瓜沥文体中心体育馆衣柜（改造后）
来源：作者拍摄。

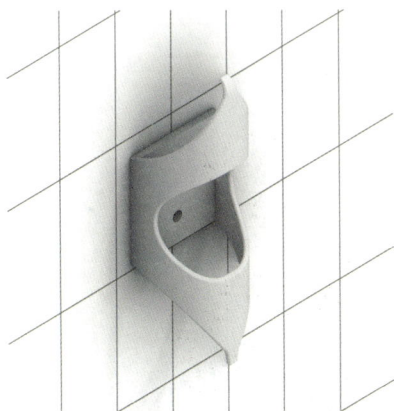

图5-2-20 多功能穿脱衣钩设计图纸
来源：作者绘制。

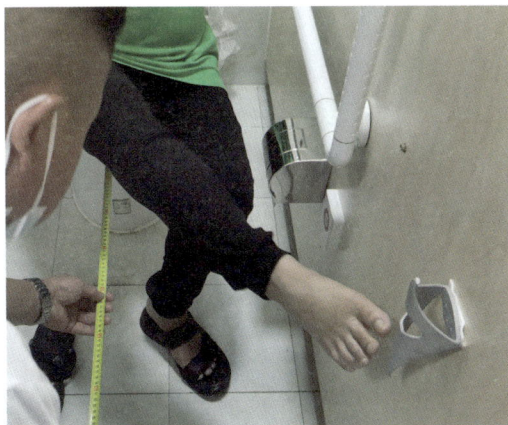

图5-2-21 多功能穿脱衣钩应用照片
来源：作者拍摄。

浙江塘栖盲人门球基地有许多针对视力障碍运动员的贴心设计。首先在重要的节点空间，如门厅、电梯厅、运动员休息室、卫生间等位置，都设置了语音提示。此外，还在运动员流线上提供了一个导盲犬休息处（图5-2-22）。该场馆的无障碍厕所也高标准完成建设（图5-2-23），尤其是在安全抓杆的选材与安装上。为保证牢固度，使用了一体化的设计（图5-2-23）。骨架与墙面的每个连接处用4根长度不小于80mm的碰撞螺栓固定（图5-2-24）。这样的做法，牢固度高。如3月29日调研浙江塘栖盲人门球基地时，两位成年男性坐在坐便器的可上翻安全抓杆上（图5-2-25），并未产生任何晃动。一些未采用这一产品的场馆也通过各种方式进行安全抓杆的加固。

文汇学校的无障碍厕所建设也有一些优秀做法。已安装的坐便器的冲水

图5-2-22　浙江塘栖盲人门球基地导盲犬休息处
来源：作者拍摄。

图5-2-23　浙江塘栖盲人门球基地门球馆无障碍厕所
来源：作者拍摄。

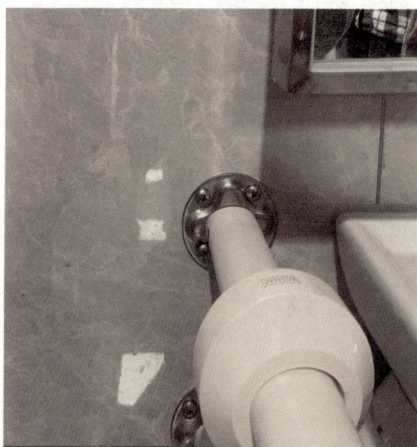

图5-2-24　安全抓杆固定节点
来源：作者拍摄。

图5-2-25　两位成年男性坐在可上翻安全抓杆上
来源：作者拍摄。

按钮都在顶上。为了便于手部残疾的人冲水，建设方在按钮顶上外加了一个凸起的白色盖子（图 5-2-26）。好用，而且也不难看。节约了更换坐便器的费用。其安全抓杆虽为有接口的款式（图 5-2-27），连接处采用全螺纹膨胀螺栓固定。一位成年男性坐在可上翻安全抓杆上（图 5-2-28），也未产生任何晃动。

图 5-2-26　文汇学校坐便器冲水装置
来源：作者拍摄。

图 5-2-27　文汇学校无障碍厕所坐便器与安全抓杆
来源：作者拍摄。

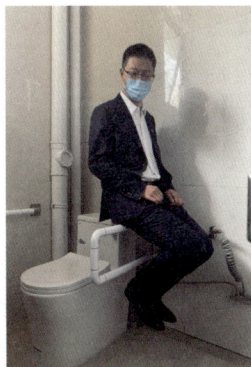

图 5-2-28　一位成年男性坐在可上翻安全抓杆上
来源：作者拍摄。

　　临平体育中心体育馆针对运动员下车设计了两个方案。一个方案是用一个较矮的台子加两段坡道，分别连接车辆和地面，以解决部分车辆底座较高的问题。另一个方案是一个台子加一段坡道，台子下设置液压千斤顶，以解决大巴车辆高度不同问题。建设单位用这个方案分别申请了专利。方法虽然简单，但是却透露出了建设者极大的无障碍环境建设热情。该体育馆洗手盆安全抓杆的创意也非常有意思。洗手盆前方的横向安全抓杆做成了可活动的（图 5-2-29）。可拧开螺丝，根据使用者身材和偏好对横杆位置进行调整。而且现场体验发现，这个活动的做法也没有影响抓杆的牢固程度。

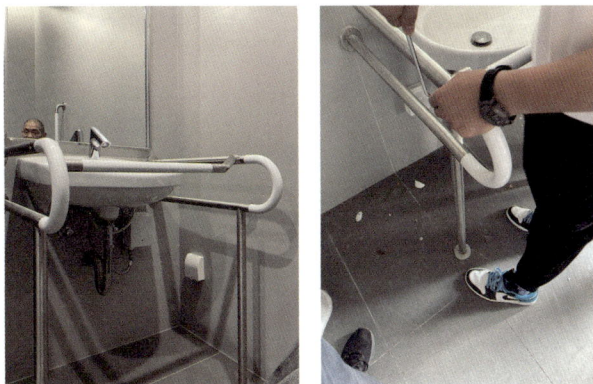

图 5-2-29　临平体育中心体育馆洗手盆安全抓杆
来源：作者拍摄。

富阳水上运动中心的淋浴间做得特别好。首先，在设计上提供了足够大的浴室面积，使 5 个淋浴间尺寸都能满足无障碍要求。第二，淋浴间内配置了顶喷的花洒和一个手持花洒，手持花洒又能调节高度。第三，整个淋浴间地面采用毛面花岗岩，防滑性能好，而且整体性强（图 5-2-30）。其无障碍服务台的改造是比较成功的。在原来白色人造石服务台两侧对称加设了木质服务台，既满足无障碍使用要求，外观上又非常和谐，看不出改造的痕迹，反而像原来就是这样设计的（图 5-2-31）。

图 5-2-30　富阳水上运动中心淋浴间
来源：作者拍摄。

图 5-2-31　富阳水上运动中心低位服务台
来源：作者拍摄。

杭州奥体中心体育场部分无障碍厕位，因为平面布局关系，可上翻安全抓杆无法安装在土建墙体上，而如果安装在抗倍特板隔墙上，难以保证强度。于是，建设单位在坐便器边上特别设置了一个不锈钢立柱用于安装安全抓杆，保证了牢固度（图 5-2-32）。在改造过程中，原墙面地面上的瓷砖和石材难免留下安装孔洞，建设单位采用石材填缝补伤的办法，修补瓷砖和石材，能做到基本上看不出原来的痕迹，既降低投入，又避免了不同批次瓷砖或石材有色差的问题（图 5-2-33），是一个可以在各类无障碍改造工程中推广的做法。

黄龙体育中心建设了一个黄龙智慧大脑。场馆内所有的报警信息，包括卫生间和淋浴间内的，除了发送给场馆工作人员，还会传输到智慧大脑中，如果场馆人员没有及时接收到，智慧大脑会将信息反馈回来，形成双保险。此外，黄龙体育中心无障碍厕所的挂衣钩选了圆形的款式（图 5-2-34），既好看，又避免常规挂衣钩比较尖锐的缺陷。

图 5-2-32　杭州奥体中心
体育场安全抓杆立柱
来源：作者拍摄。

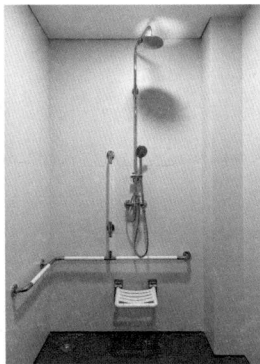

图 5-2-33　杭州奥体中心体育场淋浴
间墙面效果
左：远看
右：近看
来源：作者拍摄。

图 5-2-34　黄龙体育中
心挂衣钩
来源：作者拍摄。

第三节　亚残运村无障碍设施建设

2018 年 6 月 30 日，媒体村率先开工。10 月，明确亚残会住宿在媒体村解决。杭州亚残运会参赛运动员预计不超过 3800 人，参赛代表团官员、教练员、工作人员、辅助人员预计 1500 人。上述两类人员约 5300 人左右，其中有 1200 名肢体重度残障者和 300 名视力重度残障者。

一、亚残运会住宿方案

按"最小干预"和满足亚残会残疾人特殊住宿要求，提出亚残运会住宿方案。

将轮椅使用者安排在 6 层以下，最大限度减少单楼栋使用层数，从而减少电梯服务人数；各代表团人员相对集中，且每层轮椅使用者及普通人员混合住宿以方便互相照应。

媒体村 90m² 户型，因户门出入口平台宽度、户内通道宽度、卫生间空间尺寸等设计条件受限，无法满足无障碍住房要求，且无法通过改造满足轮椅使用者需要，考虑该类户型不作为轮椅使用者住宿客房。

40m² 户型及 115m² 户型，改造有相当的难度，受户型布局所限，局部回转空间略小，但能基本满足实际使用要求。为满足轮椅使用者低层住宿要求，此两类户型改造后作为乘轮椅者住宿客房。

60m² 户型和 130m² 户型，通过调整入口平台宽度和套内格局，改造后可基本满足无障碍住房功能需求，改造难度相对较小，此两类户型改造后作为轮椅使用者住宿客房。

部分户型因空间所限，各平开门开启门前回转空间按推侧 1.2m、拉侧 1.5m 设置。

二、无障碍设施问题及解决方式

1. 园区室外环境

总的来说，公共区域整体情况还是比较好的。原始的景观设计已经采用了坡化设计，无论是进组团还是进入建筑，绝大多数都是用缓坡连接（图 5-3-1）。采用的铺地材质 PC 砖，防滑性能也很好。所以没有大的需要改造的问题。

图 5-3-1　户空间缓坡过渡
来源：绿城房地产建设管理集团有限公司萧山分公司。

相对突出的问题是盲道铺设的一些细节问题。个别地方道路两侧盲道没有对位，如 M5 组团外道路与技术官员村衔接的部分。盲道结束部分，提示盲道缺少一块，未形成 T 形收头，或盲道错误延伸（图 5-3-2）。个别铺设于井盖上的盲道，因为施工单位井盖方向盖错，导致盲道没有连续（图 5-3-3）。这些问题通过个别盲道砖的替换即可解决。此外，部分井盖的把手凸起过高，容易将行人绊倒，这个通过施工调整来解决。

图 5-3-2 盲道收头问题
来源：作者拍摄。

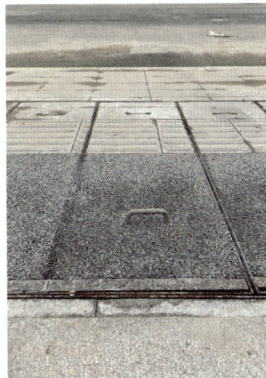

图 5-3-3 井盖处盲道不连续、把手凸起
来源：作者拍摄。

2. 建筑公共区域

出入口问题。从园区室外进入室内有两处高差，高度分别为 10mm—30mm。通过半室外段垫层放坡，消除高差，以缓坡连接室内外。公共建筑因为门下横挡产生约 20mm—30mm 的高差，或虽然使用地弹门但门槛石高出室外地面 10mm—20mm。解决方式是当高差超过 15mm 时，通过垫层加高将高差减少至 15mm 内，所有的高差处增设橡胶坡板过渡。

无障碍厕所问题。首先是内部设施配置问题。M1、M2、M4 和 M8 的无障碍厕所，原设计中的安全抓杆和救助呼叫按钮位置有误，立柱式洗手盆容膝容脚空间相对较小。因现场还是毛坯，所以只需完善图纸再按图施工即可，不涉及现场改造。其次是无障碍厕位的数量问题。地块中的商业中心在赛时作为餐厅使用。考虑到亚残运会期间，可能会有大量乘轮椅者同时就餐，原来按照《设计规范》配置的每层 1 个无障碍厕所无法满足这么大的使用量。通过综合考量，设计单位利用现有卫生间边上的地下车库坡道上方空间，增设了一个公共卫生间，配置了 8 个无障碍小便器，8 个无障碍厕位（男）和15 个无障碍厕位（女）。

无障碍电梯问题。候梯厅缺少抵达音响，呼叫按钮缺少盲文标识，前方缺少提示盲道。这些问题都得到了有效改造。

3. 乘轮椅者客房

因为 6 套样板房具有相似性，以下以条件最有限的 $40m^2$E1 户型的无障碍设施建设情况进行介绍（表 5-3-1）。

表 5-3-1　E1 户型无障碍设施建设

入口玄关、通道		
	现状问题	解决方案
1	防盗门存在门槛，不便于轮椅出入	门槛两侧设置橡胶坡板
2	门扇缺少横向抓杆，不利于坐轮椅的残疾人在走廊一侧关门	与门把手同高处，设置横向抓杆，且风格与门的设计协调
3	入户门缺少低位猫眼	增设电子猫眼，与户内可视对讲系统结合使用
4	洗手盆位置对入口遮挡较大，且柱盆形式的洗手盆，影响轮椅的靠近	洗手盆位置调整，减少对通道的影响；建议选用墙排式的洗手盆；或尽可能选择立柱较小的柱盆
5	洗手盆前缺少镜子，且目前洗手盆后侧为窗户，难以加装镜子	洗手盆上设置镜子，并向外倾斜 5 度
6	门套净宽 800mm，扣除门扇净宽 750mm。残障者可以通行，但比较局促	门洞拓宽 50mm
卧室与阳台		
	现状问题	解决方案
1	床垫高度 500mm，不利于残疾人使用	调整床垫高度，H=450mm
2	床头灯按钮较小，不方便残障者按到	床头灯选择大按钮的款式
3	床边缺少救助呼叫按钮（高度 700mm），不利于使用	增设无线救助呼叫按钮，H=500mm
4	衣柜不方便开启，衣柜内挂衣杆过高	衣柜门选用有拉手的款式，拉手高度不大于 1200mm，便于开启，且根据轮椅友好型客房的规定，配置挂衣杆
5	小冰箱位置太低，不方便坐轮椅者使用	将小冰箱搁置在一个高 500mm 的边几上，残运会结束后边几可继续利用
6	阳台有门槛，室内外有 40mm 的高差	用沥水板将阳台垫高，消除高差，所选材料孔隙不大于 15mm
7	波轮洗衣机不利于残障者取衣服	通过运营管理，提供统一的洗衣服务

续表

卫生间		
	现状问题	解决方案
1	内开的门影响轮椅在卫生间内回转	按照消防要求，此处为防火门，不能取消，门扇改为外开式
2	毛巾架位于坐便器上方，位置和高度都不利于坐轮椅者使用	1.20m 高度增加粘贴式免打孔的毛巾架
3	花洒高度约为 1600mm，使用不便	改用可上下移动，最低高度不大于 1.20m 的手持花洒
4	当前浴凳选样缺少扶手和靠背，坐垫和四脚不牢固	选用有扶手和靠背，且足够稳固的浴凳
5	截水沟存在高差，影响轮椅回转	淋浴区用沥水板垫高至与卫生间其他地面平，所选材料孔隙不大于 15mm
6	坐便器临空侧缺少安全抓杆	坐便器临空侧增设一字型可上翻安全抓杆，长度 700mm
7	坐便器靠墙侧只有横向安全抓杆，缺少竖向安全抓杆，缺少取纸架	坐便器靠墙侧安全抓杆改为 L 形 *，增加取纸架
8	救助呼叫按钮位于坐便器后墙上，难以使用	坐便器侧墙 700mm 高度安装救助呼叫按钮，距离后侧墙体 500mm；同时，坐便器对面墙体 150mm 高度安装救助呼叫按钮 *。根据现场卫生间结构梁情况，按钮高度可略有提高，但必须满足人摔倒时可以够到的要求

* 因为住宅空间在设计上比公共建筑紧凑，改造腾挪余地更小。

表格来源：作者整理。

无论是《通用规范》还是《设计规范》在条文设置上都考虑到住宅的特殊性，因此也允许一些灵活性的做法。如《通用规范》对于无障碍客房，并未要求 1.50m 的轮椅回转空间，并明确轮椅回转可利用家具、洁具下方的空间等。因此，在亚残运村客房的无障碍设计中，尝试了一些基于残障人士现场试验结果的灵活性做法。

坐便器侧墙和坐便器等长，后墙长度仅 700mm 左右，因此未完全按照规范的要求来规定尺寸。如坐便器中心点与侧墙距离为 425mm，略小于 450mm 的要求；L 形安全抓杆的竖杆无法距离坐便器前缘 150mm—250mm，只需在不影响门套的基础上尽量靠前即可；因救助呼叫按钮无法装在坐便器侧前方，所以在坐便器对面增设低位按钮，便于人摔倒时使用。

4. 视力障碍者客房

视力障碍者客房的无障碍设施建设晚于乘轮椅者客房。具体建设情况见表5-3-2。

表 5-3-2　视障户型无障碍设施建设

园区	各地块出入口设置组团的盲文导视图，体现无障碍通行流线及各楼栋位置
	无障碍通行路线上的阳角，如花坛等，设置护角条
	有高差处和建筑出入口处设置提示盲道
大堂	提供盲文小册子，介绍赛时信息、园区情况和房间情况等
	无障碍服务台设置盲文标识
入户大堂	门内外设置提示盲道
	设置单元导视图，展示平面布置，如电梯的位置
电梯厅和轿厢	呼叫按钮前设置提示盲道
	呼叫按钮增设盲文标识
	设置抵达音响和报层音响
视力障碍者客房所在楼层电梯厅	设置行进盲道，连接视力障碍者客房门口和电梯按钮处
	无障碍通行流线上的门，在门把手侧的墙面上，1.20m—1.60m 的高度，设置盲文标识，分别显示"疏散楼梯""×××客房"等信息
	电梯厅对面墙上，1.20m—1.60m 高度，设置楼层盲文地图
	视力障碍者客房外，1.20m—1.60m 高度，设置户内布局盲文地图
客房	户内家具阳角贴、装饰阳角护角条
	客房内各卧室门把手侧墙面上，1.20m—1.60m 高度，设置盲文标识，显示房间编号信息
	洗漱用品的放置位置上需增加盲文标识和大字体
	wifi 密码应有盲文版 / 大字版
	空调和电视机遥控器配置盲文标识
	床侧 / 餐桌侧 / 洗手台侧设置拐杖卡口

表格来源：作者整理。

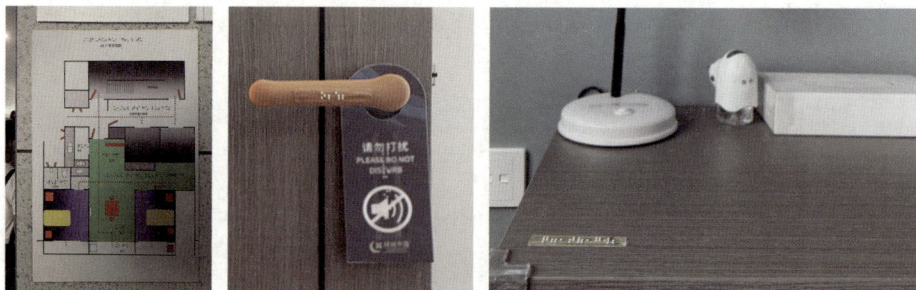

图 5-3-4　各类盲文标识
来源：作者拍摄。

三、施工常见难点

通过对主管建筑和精装修的两位负责人的访谈，了解到了亚残运村无障碍环境建设的最大难点为高差处理。

人行道与车行道之间的高差处理。在市政图纸上，人行道与车行道的高差统一设计为150mm，并且设计了1∶12的三面式缘石坡道，这个坡度符合规范要求。但实际施工时，市政道路的施工落后于建筑和景观施工，在衔接上容易出现问题。实际高差往往达到180mm左右，最高的甚至有200mm。此时，缘石坡道若仍按图纸上的长度放坡，导致坡度大于1∶12，会带来改造工程量。

人行通道上的高差处理。这个高差一般在3个位置产生。首先是每栋住宅楼入口的半室外过渡处。这里是景观施工与建筑施工的衔接点。因为是两套图纸，所以若两个专业没有协调好，按照经验来设计，这里就会留出15mm—50mm的高差。而即使是图纸上已经0高差衔接了，如果没有和施工单位强调清楚，他们还是会按照常规来留出高差。第二个位置是公共建筑的入口处。常规的铝合金外面需要门框，于是地面上就产生了约20mm—30mm的高差。而且如果要保证门能关闭，也无法通过地面找坡的方式，通过斜面来连接门框上缘。第三个位置是入户门处。原先，考虑防火和防盗的双重要求，所有的户门下方都有门框，而且门框下口本身有两个高度。即使通过两侧加坡板，解决了第一挡的高差，框本身还有一挡的高差。为了实现无障碍通行要求，并且要保证门的防烟性能，咨询单位、设计单位、代建单位和门的厂家经过多轮讨论，最终确定在门框上增加一个橡胶垫片，将高差减少至10mm。

其他室内外高差。有些公共空间，原本室内外设计为平接。但是精装修的时候，因为找坡找平时产生误差，导致施工完成后的标高和设计标高不同，又产生了高差，一般为10mm—20mm。

针对这些问题，两位负责人提出了两点建议。首先，建筑入口建议做地弹门，以避免门框。第二，施工前应有一个专门的无障碍施工交底，以协调建筑、精装修和景观三个专业的施工。

第六章

运维与转换：无障碍设施运行

建设完成并不是终点，对于一项大型赛事，运维与建设同样重要。而由于亚运会和亚残运会的相继举办，尤其是残障运动和残障运动员的加入，存在一个非常重要的无障碍"转换"环节。运维和转换的成功与否，决定了赛事能否顺利进行。

第一节　无障碍业务领域

"场馆运行（Venue Operation）"作为一种大型综合性体育赛会的组织管理方法，其概念来自于国际奥委会（International Olympic Committee，IOC），指赛时期间在场馆范围内围绕竞赛开展的，为各类客户群提供服务并为服务过程提供保障的全部工作。场馆运行是杭州亚残运会赛时运行的基本形式。这意味着，杭州亚残运会期间所有比赛、各项服务、各种活动都集中在场馆中进行，绝大多数工作在场馆中完成，绝大多数问题和矛盾在场馆中得到解决。

场馆运行是由"场馆运行团队"主责实施的。"场馆运行团队"也由多个"业务领域"构成。其中，无障碍方面的运行就由无障碍业务领域负责：组委会层面的无障碍业务领域负责制定本业务领域的服务标准、配置资源、通用程序和政策等，以"无障碍业务领域运行计划"的形式呈现；再由场馆团队层面的设施运维部分负责执行，即落实资源、执行程序和政策、实施标准化服务的执行，以"场馆无障碍运行计划"的形式呈现。

一、工作职责及目标

无障碍业务领域的职责是建设和完善亚残运会竞赛场馆和亚残运村的无障碍硬件设施，配合各业务领域做好无障碍运行服务保障工作，确保满足运动员、贵宾、观众等主要客户群的无障碍需求。通过客户群流线、空间、设施研究分析对各亚残运会场馆的无障碍环境进行设计、施工、验收和运行服务。

依据《设计规范》《指导意见》和《转换设计导则》要求，打造国际化、规范化、人性化亚残运会场馆和亚残运村，高质量满足亚残运会赛事运行服务需求。

二、业务领域客户群

无障碍业务领域面向的客户群包括运动员、贵宾、观众和媒体工作人员中的残障人士。

运动员包括但不限于肢体残障运动员和视觉障碍运动员。贵宾包括但不限于肢体残障者、听觉和语言障碍人士。观众则可能包括所有残障类型，也包括老年人、幼童等行动不便的人。其中残障者数量无法预计。

三、组织架构与工作机制

组织架构分为场馆化前和场馆化后及赛时两个阶段。

场馆化前的组织结构和职责划分如图 6-1-1。

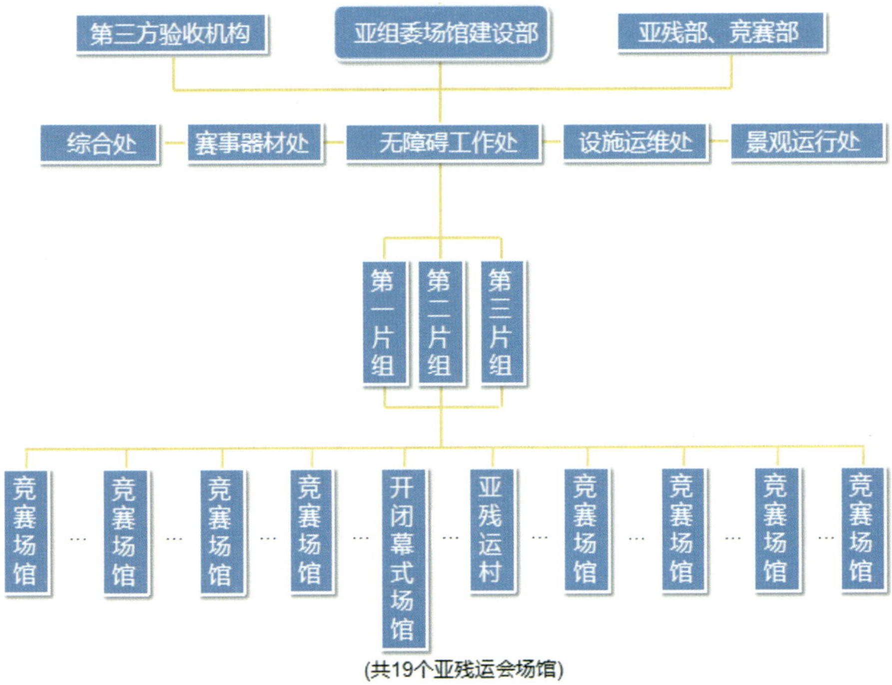

图 6-1-1　场馆化前的组织结构和职责划分图
来源：《杭州 2022 年亚运会和亚残运会（无障碍 ACE）业务领域运行计划》。

工作机制也分为场馆化前和场馆化后及赛时两个阶段（图6-1-2）。

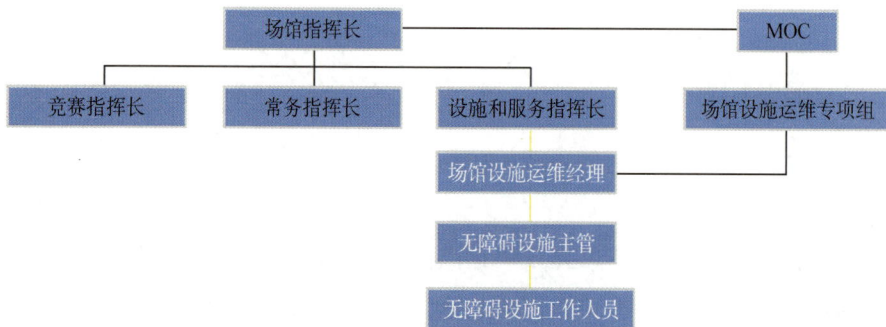

```
                    场馆指挥长 ─────────────── MOC
                        │
    ┌───────────┬───────────┴──────────┐          │
 竞赛指挥长    常务指挥长    设施和服务指挥长    场馆设施运维专项组
                                │                  │
                          场馆设施运维经理 ─────────┘
                                │
                          无障碍设施主管
                                │
                         无障碍设施工作人员
```

图6-1-2　场馆化后及赛时的组织结构和职责划分图
来源：《杭州2022年亚运会和亚残运会（无障碍ACE）业务领域运行计划》。

场馆化前工作机制是以委内各室工作职责为基础，以部室协调为主。一是建立工作协调机制。由无障碍业务领域牵头，对涉及多部门的无障碍建设事项进行综合协调。二是建立审查验收制度，对亚残运会场馆无障碍专项设计进行审查，对无障碍设施完成情况进行验收。

场馆化后，以团队化运行为主，按照各自团队所负责的项目或工作任务开展无障碍工作。以委内各项无障碍规范、要求及工作计划与方案为工作依据，各无障碍设施主管既服从所在团队指挥又受组委会无障碍业务领域的指导和协调。

四、主要工作任务

无障碍业务领域的主要工作分为赛前、转换期、赛时和赛后四个阶段。

赛前运行任务：（1）配合亚残组委工作部制定场馆无障碍环境建设设计要求；（2）组织各组委会部室做好场馆无障碍专项设计方案审查；（3）督促场馆按专项方案施工，组织组委会部室、相关部门及专家对场馆无障碍环境进行验收；（4）对场馆运行团队无障碍设施主管进行无障碍业务领域的培训指导工作。

转换期运行任务：（1）组织场馆运行团队落实转换期内需增加无障碍设施设备的安装就绪工作；（2）配合场馆和基础设施、引导标识、形象景观、赛事服务等业务领域，做好场馆无障碍转换工作。

赛时运行任务：组织场馆运行团队，协调相关业务领域做好场馆无障碍设施设备日常运行检查、维护等工作，及时响应及反馈，确保无障碍设施处于正常状况，并做好应急处置工作。

赛后运行任务：赛后临时无障碍设施设备拆除。

第二节 场馆无障碍运行计划

一、指挥体系

杭州亚运会、亚残运会赛时运行指挥体系由杭州亚组委、亚残组委统一制定，拟实行战略决策层、协调指挥层、运行执行层"三级设置"。

（1）战略决策层：成立国家层面的领导小组，统一领导亚运会和亚残会赛时运行各项工作，及时研究决策赛时需要处理的重大问题，从国家层面统一统筹调度、整合资源、指导和保障相关领域赛时运行工作。

（2）协调指挥层：对外称主运行中心（Main Operation Centre，MOC），是赛时运行指挥体系上传下达、内外沟通的枢纽。主运行中心包含调度中心、竞赛指挥中心等若干中心和专项工作组。

（3）运行执行层：也就是各场馆运行团队。各场馆（场所）实行场馆指挥长负责制，在赛时由场馆指挥长组织整个运行团队，对本场馆（场所）内的各类工作进行统筹、协调和执行、落实。场馆指挥长对场馆的日常运行及应急处置负总责，确保完成各项既定运行任务，使绝大部分问题可以在场馆层面就得以解决。

二、场馆组织结构

指挥体系为场馆运行团队指挥长—设施与服务副指挥长—设施运维主任—无障碍主管—无障碍工作人员。在竞赛场馆运行团队中，无障碍设施日常维护由场馆设施运维主任负责（无障碍业务领域人员与设施运维业务领域领域人员部分合用）。

第三节　无障碍运行转换计划

一、无障碍设施转换期时间

原则上转换期为亚运会任务结束时间至亚残运会场馆开放时间之间或运动员进入场馆分级之间。具体转换时间以场馆竞赛单元日安排为准，为8—14天。

与亚运会不同，为了体现公平竞赛的原则，亚残运会比赛之前要进行运动员医学和功能分级，即根据运动员残障情况对运动员身体进行评估，以便于将残疾程度相近的运动员设在同一组别进行比赛，分级工作的地点为亚残运村与场馆。对于本项目运动员在亚残运村分级的场馆，转换的时间相对较长，即亚运会任务结束时间至亚残运会场馆开放之间；对于本项目运动员需要在场馆分级的场馆，转换的时间相对较短，即亚运会任务结束时间到运动员进入场馆分级之间。

二、无障碍设施转换原则

场馆无障碍设施是转换期工作的重点。亚残运会竞赛场馆运行团队应根据场馆转换期日程安排，编制转换期方案，落实转换期内需增加和转换的无障碍设施，确保满足运动员、贵宾、观众、媒体（少量）等主要客户群的无障碍需求。转换原则如下。

1. 永久无障碍设施应在亚运会赛前全部安装到位

根据国家无障碍设计规范的相关要求，体育建筑必须具备一定的无障碍设施，这些规范要求的内容是针对所有比赛的，因此必须在亚运会前安装到位。

2.临时无障碍设施材料、施工队伍、演练应在亚运会前全部准备到位

亚残运会有要求但在亚运会期间就安装到位可能会对亚运会赛事造成影响的无障碍设施，虽然在转换期安装到位，但这些设施材料必须在亚运会前就准备到位，在合适的位置存放妥当。相应的施工人员应该在亚运会前就明确，并进行演练工作。

3.设施设备采购应同步考虑无障碍客户群需求

亚运会前的设施设备采购应考虑到无障碍使用的需求，避免到亚残运会进行二次采购。比如贵宾看台使用的桌子，应考虑有足够的轮椅使用者的容膝空间，这样可以同时满足两个赛事的要求，否则会导致在转换期需要更换桌子，造成不必要的浪费。

三、无障碍设施转换工作内容

1.亚运亚残运会共用竞赛场馆的转换工作

须针对不同的客户群，针对其流线进行系统性的转化。

（1）针对贵宾客户群。

抵离：亚残运会期间无障碍车辆数量将增加，因此在转换期可能增加无障碍机动车停车位，这需要对原有的停车区进行整合重新划分。应设置无障碍上下客区域，建议交通部门为贵宾配置无障碍贵宾车。

通行：根据实际情况，确保路面无高差，整个流线通行无障碍。如须设置临时无障碍坡道，应在亚运前完成，并注意临时坡道与地面或其他设施连接处是否平滑。如设置安检门，应确保通行净宽大于1.0m，无磁力。

观赛：根据实际情况设置贵宾轮椅坐席和陪护席。贵宾休息区家具应适合残障者使用，不应采用高位家具，应设有无障碍卫生间。

颁奖礼仪：根据体育展示与颁奖部门要求设置无障碍颁奖台。

新闻发布：新闻发布厅主席台如有高差应设有无障碍坡道，如有独立发言台应可升降，主席台桌子应有容膝空间。

（2）针对运动员客户群。

抵离：亚残运会运动员使用的车辆为无障碍公交车，该车辆需要借助上落客平台的辅助使轮椅运动员自如自主的上下车（图6-3-1）。由于上落客平台需要的空间比较大，可能会占据运动员流线上或入口处的空间，对亚运会

造成影响，因此大部分场馆会采取在亚残运会期间才摆放投入使用。对于上落客平台的参数也应满足无障碍设计规范等相关要求，一是休息平台尺寸能满足 1.5m 回转直径空间的要求，二是坡度应不大于 1：12。杭州亚残运会运动员使用的低地板无障碍公交车车厢地面高度离地 300mm—350mm，因此上落客平台的休息平台高度定为 300mm。

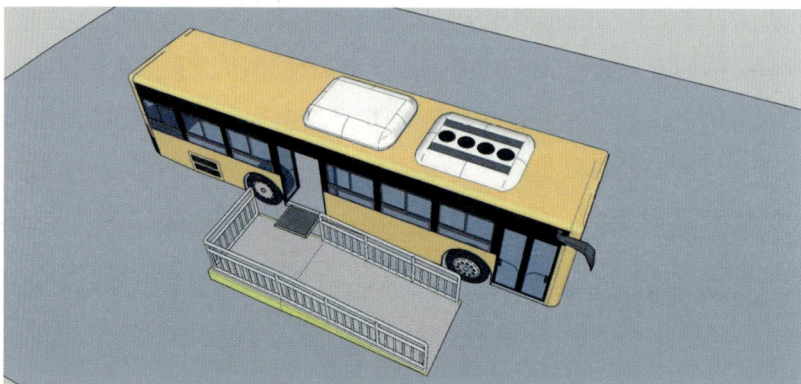

图 6-3-1　无障碍大巴与上落客平台
来源：《关于落实杭州亚残运会运动员无障碍公交车上落客平台的通知》。

通行：根据实际情况，确保路面无高差，整个流线通行无障碍。如须设置临时无障碍坡道，应在亚运会前完成，并注意临时坡道与地面或其他设施连接处是否平滑。如设置安检门，应确保通行净宽大于 1.0m，无磁力。

视力残疾项目：一般场馆在该区域没有铺设永久盲道的需求。考虑赛后恢复，杭州亚残运会大部分场馆采用临时铺贴盲道贴的方式，在转换期根据运动员的流线设置盲道系统。这需要在亚运会之前就设计规划好盲道路径，购置足够数量的盲道板。

休息区：运动员休息室、更衣室应设置便于残障运动员使用的家具（低位更衣柜和挂衣杆）。运动员卫生间、淋浴室内转换根据《2022 年第 4 届亚残运会竞赛场馆无障碍建设指导意见》各竞赛项目要求增设无障碍厕位、淋浴位（配置安全抓杆、扶手、淋浴凳等）。

由于同一场馆亚运会与亚残运会项目对无障碍淋浴间数量要求不同，在转换期需要增加无障碍淋浴间的数量。具体做法是将原有的两间普通淋浴间合并为一间无障碍淋浴间，这要求亚运会之前就将无障碍安全抓杆等固定设施安装到位，购置活动淋浴座椅，转换期主要做拆除淋浴间隔板等工作。对于一些有视力残障运动员的场馆，转换期需要将原有的淋浴间隔板替换为浴帘，以防止运动员撞伤。

一般场馆运动员休息室内的更衣柜挂衣杆设置高度适用于运动员站立的状态，因此在转换期应采取措施降低挂衣杆高度或在更衣柜内配置撑衣杆。

比赛区：主要针对运动员。亚运会的颁奖台按金、银、铜牌设置了台阶式颁奖台，而亚残运会有大量轮椅运动员，因此需要带坡道或与地面没有高差的颁奖台，因此在转换期需要换掉亚运会的颁奖台。

服务区：分级区、检录区、轮椅维修区等应设置低位服务台（建议一次性建设到位），混访区设低位隔离栏杆。

颁奖礼仪：根据体育展示和颁奖部门要求设置无障碍颁奖台。

新闻发布：常规的新闻发布台都是高于新闻发布厅门地平标高的，亚残运会期间，如果该发布台没有设置坡道轮椅运动员将无法进入，因此在转换期需要在新闻发布台侧边设置坡道，坡道坡度需要符合规范要求。该坡道应在亚运会前制作完成并存放。

混合采访：混合采访区是运动员赛后接受媒体采访的区域，通常会在媒体与运动员之间设置隔离栏杆，亚运会期间使用的隔离栏杆是针对运动员站立接受采访的状态而设置，高度在 1m 以上，而亚残运会有大量使用轮椅的运动员，如果沿用亚运会的隔离栏杆会导致采访话筒可能够不到运动员，因此在转换期需要更换为 60cm 高的隔离栏杆。

观赛：根据运行设计和防疫政策，增设、调整运动员轮椅席位和陪护席。

（3）针对观众客户群。

观赛：亚运会轮椅坐席的数量按照《无障碍设计规范》GB50763-2012 为总坐席数的 0.2%，但亚残运会的轮椅坐席数量远高于此，根据亚残奥委会的要求需要设置到总坐席数的 1%。增加轮椅坐席的方式有在原有看台基础上搭设适合轮椅观赛的平台和在内场边设置轮椅坐席区这两种方式。由于搭设平台的方式耗时相对较长，部分场馆选择在亚运会赛前就将平台搭设到位，但由于在看台搭设平台会减少原有坐席的数量，为保障亚运会坐席数量要求，部分场馆选择在转换期搭设该平台，这需要亚运会前做好搭设方案并进行演练，并存放搭设材料。

卫生间：由于亚残运会残障人员数量远大于亚运会，对无障碍卫生间的需求也相应增大，部分场馆内的固定无障碍卫生间数量无法满足使用需求，因此需要在转换期增设临时无障碍卫生间。这些临时无障碍卫生间设置的位置应结合流线，设置在方便使用的位置。

（4）针对媒体客户群（视媒体报名情况而定）。

抵离：根据实际情况调整媒体无障碍机动车停车位。应设置无障碍上下客区域，建议交通部门为媒体配置无障碍车，否则要设置无障碍上下车平台。

通行：根据实际情况，确保路面无高差，整个流线通行无障碍。如须设置临时无障碍坡道，应在亚运前完成，并注意临时坡道与地面或其他设施连接处是否平滑。如设置安检门，应确保通行净宽大于1.0m，无磁力。

观赛：根据实际情况设置媒体轮椅坐席和陪护席。

工作区：不应采用高位家具，增加无障碍卫生间（可租赁）。

2. 亚残运会开闭幕式场馆的转化工作

亚残运会开闭幕式涉及大量残障贵宾、运动员、观众、媒体及部分演职人员，应根据导演团队演出方案和客户群特点单独分析另行制定转换方案。

3. 亚残运村（分村）的转换工作

应根据入住残障运动员的活动需求另行制定。

四、转换方案具体要求

无障碍转换工作时间紧任务重，应根据相关文件政策认真编写转换期工作方案。

第一，要明确运行团队的无障碍设施主管和工作人员，明确转换期和运行期相关工作职责。每个场馆都有运行团队，内设设施运维业务领域，在该业务领域下应设置无障碍设施主管并配备相应的工作人员，工作人员分为通用设施设备运维人员和专业设施设备运维人员。通用设施设备运维人员专指木工、电工、焊工、水泥工等运维人员，专业设施设备运维人员工作主要为无障碍升降平台、安全抓杆扶手等专用无障碍设施的运维人员。转换期人员工作需要定岗定责，明确具体无障碍设施转换的具体工作人员以及相关工作内容。

第二，要委托专业单位根据前期无障碍专项设计方案，结合运行设计残障客户群流线，编制亚残运会无障碍设施平面布置图、转换图。

第三，要根据无障碍设施平面布置图编制无障碍设施清单（分为固定设施清单和临时转换设施清单），含无障碍上下客平台、活动无障碍坡道、无障碍颁奖台、无障碍电梯、铺贴式提示盲道、抓手栏杆、低位服务设施等。

第四，要根据转换设施清单制定详细预算，确保资金落实到位，确保无障碍设施转换实施部门或单位落实到位。

第五，要根据转换期日程和转换期总体任务，细化量化工作清单，分解每日任务，配备好相应的人、材、机，形成包括责任人、平面图、物资清单、预算表在内的完整方案。确保顺利完成转换期工作。

五、保障措施

在资金方面，须提前对转换期各项改造任务做好物料清单和预算工作。

在转换材料方面，考虑部分设施备用情况，以备赛时发生突发故障问题需要紧急更换。同时在场馆内预留各类备用物资的存储空间。

在人员方面，亚残运会场馆团队要将亚残运会人员编制计划和人员转场计划迅速落实，并尽快到位。合理安排运行团队人员的总结、休整、培训。

在实施方面，要做好方案和演习。规划详细的转换期工作方案，具体的工作安排需要精确到小时。根据方案进行至少2次的转换演练，同时要求亚残运会转换期及运行阶段的维保人员必须全程参加。

第四节　无障碍运行维护计划

一、无障碍运行维护政策

无障碍运行维护政策可分为三个部分：场馆无障碍运行培训政策、无障碍运行检查政策和无障碍设施报修政策。

1. 场馆无障碍运行培训政策

涉及客户群：工作人员。

政策相关业务领域：VNI、PEM、PGI、SPT。

适用范围：所有亚残竞赛场馆。

培训方法：与相关专家合作，制定适合整个亚残运会需要的培训方案。采用讲课和参观相结合的逐级培训方式。

培训对象：亚残竞赛场馆无障碍设施主管

培训内容：主要包括场馆无障碍流线、无障碍设施的位置、无障碍设施的使用方法、可提供的无障碍服务、特殊或紧急情况的处理预案等。

预期标准：全面提升场馆团队人员无障碍意识及赛事服务保障水平，积极营造场馆团队和谐氛围和适用顺畅安全包容的无障碍环境。

2. 无障碍运行检查政策

涉及客户群：工作人员。

政策相关业务领域：ALL FAs。

适用范围：所有亚残竞赛场馆。

内容：政策规定了实施无障碍运行检查维护的责任主体、检查维护内容和要求。

设施运行检查范围：竞赛场馆内的无障碍设施设备运行状况、备用物品存储情况。

预期标准：通过无障碍运行检查维护，及时发现和处理无障碍设施设备运行过程中存在的问题。确保赛时无障碍需求客户群（贵宾、运动员、观众等）能够及时获得安全顺畅的无障碍服务保障。

3. 无障碍设施报修政策

涉及客户群：工作人员。

政策相关业务领域：ALL FAs。

报修范围：亚残运会竞赛场馆内的无障碍硬件设施设备。

报修方式：无障碍报修专线。

报修主体：场馆无障碍运行团队。

预期标准：及时处理解决存在的和潜在的无障碍设施设备运行过程中存在的问题。确保赛时无障碍需求客户群（贵宾、运动员、观众、媒体等）能够及时获得安全顺畅的无障碍服务保障。

二、无障碍运行维护工作的实施

与政策相对应，运行维护工作也可分为三个部分实施：场馆无障碍运行培训、无障碍运行检查和无障碍设施报修。

1. 场馆无障碍运行培训

运行培训适用范围：所有竞赛场馆。

运行培训要求：相关涉及人员应积极开展、参与场馆无障碍培训工作，提高场馆团队人员无障碍意识和服务水平，为赛时提供一致性、标准化、人性化的无障碍服务保障。

运行培训的具体内容：

（1）场馆部组织无障碍专家对场馆经理进行无障碍培训。

（2）各场馆经理组织本业务领域人员的无障碍培训，必要时，可请无障碍专家团队给予支持。

（3）每次培训结束后填写培训工作记录表。

2. 无障碍运行检查

运行检查范围：竞赛场馆内的无障碍设施设备运行状况、备用物品存储情况。

运行检查的具体内容：

（1）每日开馆后，场馆无障碍工作团队举行晨间例会。会后至赛前 1.5 小时，场馆无障碍工作团队对场馆内所有区域进行检查，确定无障碍设施设备完好且正常运作，重点检查运动员流线、观众流线、媒体流线、颁奖流线等及公共区域无障碍设施设备的使用运行情况。

（2）当天所有单元比赛期间，场馆无障碍工作团队巡查场馆无障碍设施设备运行情况，指派专人在指定区域待命，用餐时采取轮流用餐制。若发生紧急情况，及时告知部门经理，并按应急预案所示流程进行处理。

（3）每一单元比赛结束至下一单元比赛半小时前，场馆无障碍工作团队对无障碍设施设备进行检查。

（4）每日比赛结束散场后，场馆无障碍工作团队对场馆内所有区域进行复查，确定各类无障碍设施完好。由场馆无障碍工作团队经理整理递交每日运维报告。

3. 无障碍设施报修

设施报修范围：竞赛场馆内的无障碍设施设备。

设施报修的具体内容：

（1）赛时场馆开馆至闭馆期间，设立无障碍报修专线，开启线上报修系统，协调赛时特殊服务保障工作。

（2）场馆无障碍设施主管接到报修信息后，填报设备故障修理单。根据需求情况联系相关维修工作人员，安排维修任务，交予报修单。

（3）维修人员到达现场后，首先维持现场秩序，并对维修作业区域采用警戒线进行维护隔离。其次对现场故障情况进行确认，确定设备故障维修复杂系数，对设备故障简单分类后，制定出维修计划。

（4）对于维修系数低的设备故障，由维修工作人员依据故障情况领用设备配件以及配备维修工具，直接进行现场维修。

（5）对于维修系数高的，或需要委外维修、加工的，由无障碍设施主管通知场馆运维经理进行维修流程审批。

（6）设备故障维修结束后，维修工作人员填写报修单，清晰列明设备故障原因及维修情况说明，然后由无障碍设施主管到现场对设备故障维修状况进行确认，确认设备故障解除后，签字确认。

（7）设备故障在维修中发现缺少维修零部件，需要联系购买时，维修工作人员要在设备报修单上注明设备需要待修，以及待修原因。由无障碍设施主管将情况及时报告场馆运维经理，并通知相关部门采购配件。待修设备要挂待修牌示意使用客户群。

（8）无障碍设施主管需向场馆运维经理汇报每日报修情况。每日清点存储设备情况，对于相关备用品库存紧张情况，及时报备补充。

第七章

辐射与延伸：亚运助力推动城市无障碍环境建设

在筹备亚运会和亚残运会期间，重大赛事对无障碍环境建设的推动作用辐射和延伸到了整个杭州市。无论是制度建设还是工程案例实践，杭州市多维发力，力图打造一个全方位的无障碍城市，迎接亚运会和亚残运会的到来。

第一节　无障碍设计的杭州标准

一、《杭州无障碍融合设计指南》简介

2020年，在"'迎亚（残）运'无障碍环境建设计划"的元年，杭州市城乡和建设委员会委托无障碍所编制一部无障碍设计导则，并要求该导则既能实现无障碍使用需求，又能凸显杭州的自然、人文和科技特色；既能全面覆盖各种城市空间和建筑类型，又能切实指导体育类建筑的无障碍设计与建设；既能高站位地提出设计标准，又能接地气地指导无障碍设计的具体实施。在双方共同努力下，2020年，《杭州无障碍融合设计指南（试行）》（以下简称《指南》）颁布。

（一）规范依据

《指南》严格遵守国家相关规范，同时根据杭州的经济文化发展水平，进行了切合实际的提升。此外，广泛参考了国内外的先进经验。因为《指南》编制时间为2020年，《通用规范》GB55019-2021尚未颁布，故并未以为依据。2022年，在修订过程中，依据《通用规范》对条文内容进行了更新。

1. 依据性文件

《无障碍设计规范》GB50732-2012。

《民用建筑设计统一标准》GB50352-2019。

《住宅设计规范》GB50096-2011。

《老年人照料设施建筑设计标准》JGJ450-2018。

《城市公共厕所设置标准》DB3301T 0235-2018。

《杭州市城市建筑工程机动车停车位配建标准实施细则（2015年6月修订）》。

2. 参考性文件

住建部定额司《无障碍建设指南》2009年出版（注：此书虽然出版时间比《无障碍设计规范》早，但其中部分内容的描述比《无障碍设计规范》更加详细，故也作为参考性文件之一）。

《天津市无障碍设计标准》DB/T29-196-2017。

《深圳无障碍设计标准》（征求意见稿）（注：《指南》编制时，该标准还在征求意见阶段）。

《深圳市公共场所母婴室设计规程》SJG54-2019。

《北京市无障碍系统化设计导则》。

《哈尔滨市无障碍系统化专项规划设计导则》。

中国残联《残联系统服务设施无障碍通用设计指南及图示》。

《澳门特区无障碍通用设计建筑指引》。

《多伦多无障碍导则》。

Americans with Disabilities Act and Architectural Barriers Act Accessibility Guidelines。

City of Toronto Accessibility Design Guidelines。

日本《关于促进老年人、残疾人和其他人行动便利的法律》。

Accessibility Guide：An Inclusive Approach to the Olympic&Paralympic Games。

（二）主要内容

《指南》主要内容为：1. 总则；2. 术语；3. 基本规定；4. 无障碍环境融合设计要求；5. 城市道路；6. 城市广场；7. 城市绿地；8. 公共建筑；9. 居住社区、居住建筑；10. 工业建筑；11. 村镇社区，以及附录A无障碍设计专篇（房建类）、附录B无障碍设计专篇（市政类）、附录C无障碍设计审查要点（房建类）、附录D无障碍设计审查要点（市政类）、附录E公共建筑信息无障碍设计要求。

在总则部分，《指南》提出应推进无障碍建设的全龄化、复合度和连续性，实现无障碍环境建设包容共享、共建共管；与《杭州市无障碍环境建设规划》形成很好的呼应；并创新性提出融合杭州智慧化、数字化优势，依托城市大脑，建立信息无障碍平台，提高信息无障碍建设水平。

在术语部分，《指南》在《设计规范》的术语之外，新界定了 21 个术语，并优化了"无障碍厕所"的定义，与"第三卫生间""母婴室"形成了很好的衔接。此外，结合杭州市政务改革契机，并根据《建筑资料集》定义了"政务公众服务场所"。

在基本规定部分，引入了中残联提出且被广泛认同的"逢棱必圆、逢台必坡、逢高必低、逢陡必缓、逢滑必涩、逢沟必盖、逢缝必接、逢碍必除、逢险化吉、逢源左右"的理念。

在无障碍环境融合设计要求部分，从通行类设施、功能类设施、导视类设施、其他类设施四个角度，对 31 个无障碍要素进行了详细的规定，明确了《设计规范》中许多模糊的做法，且增加了自动扶梯与自动人行道、第三卫生间、母婴室、更衣设施、无障碍机动轮椅车车位、救助呼叫按钮的无障碍设计要求。

为提高无障碍设计的连续性和系统性，《指南》在后续的每一章节都强调了无障碍通行流线的设计，这个要求贯穿城市道路，城市广场，城市绿地，公共建筑和居住社区、居住建筑，工业建筑、村镇社区每一个章节。而将无障碍设计的要求推广到工业建筑以及村镇社区，更是响应了促进就业以及美丽乡村建设的诉求。

（三）与规范的对比统计

本《指南》条文（按小条目统计）共 480 条。其中 60% 采用"宜"字条文，共 288 条，相对提高了标准，但执行时可以灵活掌握。"应"字条款 192 条，其中完全参照《设计规范》的，计 69 条，《指南》明确的，计 123 条。《指南》新增的"应"字条款，50% 左右为原则性意见，可为实际项目提供宏观的参考，如第 8 章公共建筑第一节的第 2 条，要求无障碍通行流线、标识引导系统进行规划；50% 左右为措施性条文，将《无障碍设计规范》内相对笼统的标准进行细化与明确，如 4.2.6 无障碍洗手盆安全抓杆的尺寸与位置、4.4.10 救助呼叫按钮的安装等，便于设计单位的具体落实与执行；仅 7 条为具体标准性条款。

《指南》在数据要求上较《设计规范》严格的条文共 7 条，具体内容见表 7-1-1。

表 7-1-1 《指南》与《设计规范》的对比

	《指南》		《设计规范》	依据
4.1.2-2	缘石坡道的坡口与车行道之间不应设高差	3.1.1-2	缘石坡道的坡口与车行道之间宜没有高差；当有高差时，高出车行道的地面不应大于10mm	市残联要求不应有高差
4.1.9-4	除平坡出入口外，在门完全开启的状态下，建筑物无障碍出入口的平台的净深度不应小于1.50m，大中型公共建筑、设有电梯的高层住宅及公寓建筑无障碍出入口的平台净深度不应小于2.00m	3.3.2-3	除平坡出入口外，在门完全开启的状态下，建筑物无障碍出入口的平台的净深度不应小于1.50m	《住宅设计规范》中要求"设有电梯的高层住宅及公寓建筑无障碍出入口的平台净深度不应小于2.00m"；同时，参照此要求，将对大中型公共建筑的要求也略作提高
8.2.4-1	建筑物公众使用的出入口应为无障碍出入口，无障碍出入口中应至少设1处平坡出入口	8.2.2-1	建筑的主要出入口应为无障碍出入口	考虑到政务公众服务场所是我市无障碍环境建设的重点内容，故对其出入口的要求略作提高
8.3.3-1	建筑物公众使用的出入口应为无障碍出入口，无障碍出入口中应至少设1处平坡出入口			对有对外办公服务的办公、科研、司法建筑的出入口的要求略作提高
8.3.5-1	公众使用的出入口应为平坡出入口，其他出入口宜为无障碍出入口			对残障者使用较多的办公、科研、司法建筑的出入口的要求略作提高
8.5.4-1	建筑主要出入口应为平坡出入口	8.4.2-3	主要出入口应为无障碍出入口，宜设置为平坡出入口	对医疗康复设施出入口的要求略作提高
8.6.4-1	建筑主要出入口应为平坡出入口	8.5.2-3	建筑物首层主要出入口应为无障碍出入口，宜设置为平坡出入口	对福利设施出入口的要求略作提高

表格来源：作者编制。

二、《指南》无障碍专项设计要求

《指南》首次对无障碍专项设计作出了探索。从广义上讲，是为了指导广大设计师如何在设计全过程融合无障碍设计；从狭义上讲，则是为了在各场馆和亚（残）运村在进行无障碍（改造）设计时能够全面且具有针对性地呈现无障碍设计内容。因为是创新性内容，范围、要求等都在摸索中，同时也因为指导性的《指南》不适合作出规范性的要求，因此，在无障碍专项设计上，《指南》的理念是尽量简化，并针对房建项目和市政项目，针对性地提出了应涵盖的内容。

以房建类为例，无障碍设计专篇应包括设计依据、项目无障碍设计类别、设计目标和无障碍设计四大板块。前三者是对通常无障碍设计的补充。看似补充的只是一些形式上的内容，却能分别产生如下三个作用：①提醒设计师翻阅现行相关所有的无障碍规范，这一点，在新的标准体系下不同建筑类型的无障碍配置要求设置于具体项目规范的情况下，尤其重要；②帮助设计师明确项目的无障碍使用需求程度，进行"适度"设计；③说明无障碍设计应从使用出发，而不是简单的设施堆砌。第四个板块，即无障碍设计，将无障碍通行流线提到关键位置，要求设计师以流线去检验室内外是否无障碍串联，所有设施是否无障碍环通。初看，虽然增加了设计师的工作量，但是若能因此形成从流线角度检验设施是否可达的设计习惯，可大大提高无障碍环境的系统性。

（一）房建类

1. 设计依据

（1）《无障碍设计规范》GB50763-2012。

（2）其他现行国家、地方的标准和规范及相关文件。

2. 项目无障碍设计类别

根据规划的要求，明确项目的无障碍类别。

3. 设计目标

完善的无障碍环境是社会文明和进步的标志。项目贯彻无障碍环境融合设计的理念，以提高无障碍环境的全龄化、复合度和连续性，使无障碍设施更好地服务于全体人民，改善人居环境。设计将无障碍环境建设与城乡建设相融合、无障碍设施与其他设施相融合，提高无障碍环境的利用效率和资金投入的使用效率；设计运用各种技术手段，打造物质环境和信息环境两个层面的无障碍，实现"平等、融合、共享"的目标。

4. 无障碍设计

（1）无障碍设施配建设计（若有）。

①无障碍机动车停车位；

②无障碍住房；

③无障碍宿舍；

④无障碍客房；

⑤轮椅坐席（看台、餐厅、观众厅、教室）。

（2）无障碍通行流线（要求在总平面的交通分析图中，增设无障碍通行流线）。

①从入口广场到建筑出入口；

②从无障碍停车场到建筑出入口；

③建筑无障碍出入口至各层主要活动空间及各类无障碍设施的线路。

（3）室外场地。

①无障碍出入口及室外无障碍设施；

②园区室外无障碍机动车停车位的设置；

③无障碍补充照明的设置。

（4）建筑设计。

①无障碍厕所、无障碍厕位、洗浴更衣设施设置（若有）；

②楼、电梯间无障碍设计；

③无障碍服务柜台、咨询台设计（若有）；

④室内无障碍机动车停车位的设置。

（5）信息无障碍设计（无障碍求助设施包括救助呼叫按钮、声光报警等）。

（二）市政类

1. 设计依据

（1）《无障碍设计规范》GB50763-2012。

（2）其他现行国家、地方的标准和规范及相关文件。

2. 项目无障碍设计类别

根据规划的要求，明确项目的无障碍类别。

3. 设计目的

完善的无障碍环境是社会文明和进步的标志。项目贯彻无障碍环境融合设计的理念，以提高无障碍环境的全龄化、复合度和连续性，使无障碍设施更好地服务于全体人民，改善人居环境。设计将无障碍环境建设与城乡建设相融合、无障碍设施与其他设施相融合，提高无障碍环境的利用效率和资金投入的使用效率；设计运用各种技术手段，打造物质环境和信息环境两个层面的无障碍，实现"平等、融合、共享"的目标。

4.无障碍设计

（1）无障碍设施配建设计（若有）。

（2）无障碍通行流线（要求在总平面的交通分析图中，增设无障碍通行流线）。

①道路、桥梁、隧道、立体交叉的人行道与周边建筑的无障碍衔接；

②过街天桥、人行地道与地面道路的无障碍衔接。

（3）无障碍设计。

①缘石坡道；

②盲道；

③道路坡度；

④路口设置；

⑤公交车站无障碍设计；

⑥过街天桥、人行地道的安全防护措施；

⑦无障碍补充照明的设置；

⑧公共厕所。

第二节　无障碍设计管理制度探索

一、背景

近年来，随着国家的深入重视和加大投入，北京冬奥会、冬残奥会，杭州亚运会、亚残运会等重大赛事的推动，我国无障碍环境建设水平得到提高，残疾人、老年人等特殊群体出行和融入社会生活更加便利[1]。但无障碍环境建设质量仍然不高，主要表现在无障碍设施不系统、设施不达标、设施不好用[2]三个方面。

对于造成上述问题的原因，已经有了诸多探索，如无障碍环境建设标准体系不够完善，无障碍设计被动响应规范，缺少无障碍认证措施等。杭州市在无障碍环境建设的摸索中，逐渐发现，在设计审查环节缺少监管，也是影响无障碍环境建设质量的重要原因之一[3]。若能切实督促项目建设单位和设计单位严格落实无障碍设计规范等有关要求，可有效消除无障碍的"增量"问题。

二、探索

杭州市住房和城乡建设委员会和浙大设计院无障碍研究所于 2020 年共同编制的《杭州市无障碍环境融合设计指南》，不仅探索了无障碍专项设计如何做，也摸索了如何在审查环节加强监管，协同设计师一起将问题在图纸阶段就得到解决。《指南》提出应建立无障碍专项图审机制，并列出无障碍设计专篇要求和审查要点，尝试从而在制度层面摸索出一套提升无障碍环境建设水平的机制。从一定程度上说，无障碍设计专篇要求也是为无障碍图审服务的，以格式化的设计文件，更加清晰呈现无障碍设计内容，使审查人员能够快速、精准、有效地找出问题。

无障碍设计审查要点也分为房建类和市政类。审查要求和设计专篇一脉相承，也首先关注无障碍设计的定性问题，即项目的无障碍设计类别和目标。进而重点关注无障碍通行流线是否贯通形成闭环，再由跟随流线，逐点检查相应的无障碍设施是否设计到位。此外，因为是首次探索无障碍图审机制，在开始阶段不宜一下子把要求提太高，所以无障碍所和杭州市建委经过多番讨论，对具体设施的要求，主要审查和强制性条文有关的内容，其他"应"和"宜"

---

[1] 中国残联、住房和城乡建设部、中央网信办、教育部、工业和信息化部、公安部、民政部、交通运输部、文化和旅游部、国家卫生健康委、国家广播电视总局、中国民用航空局、中国国家铁路集团有限公司等 13 部门. 无障碍环境建设 "十四五" 实施方案 [DB/OL]. http://www.gov.cn/xinwen/2021-11/05/content_5648989.htm, 2021-11-05/2023-01-29.

[2] 凌亢. 中国无障碍环境发展报告（2021）[M].北京：社会科学文献 2021：29-36.

[3] 杭州市人民政府办公厅.《杭州市人民政府办公厅关于印发〈杭州市"迎亚（残）运"无障碍环境建设行动计划（2020—2022 年）〉的通知》[Z].〔杭政办函〕202019 号.

的条款，暂时可以放宽。因为《杭州指南》发布于2020年底，早于《通用规范》GB55019-2021，当时，针对设计，主要使用的强制性条文仅有《设计规范》中的5条，数量极少。因此，能提供一个比较过渡缓冲阶段。

1. 房建类无障碍设计审查要点

见表7-2-1。

表7-2-1　房建类无障碍设计审查要点

1	设计依据	1.《无障碍设计规范》GB50763-2012 2.其他现行国家、地方的标准和规范及相关文件	□有 □无
2	设计类别	根据规划的要求，明确项目的无障碍分类	□有 □无
3	无障碍设计强制性条文	3.5.3-3 垂直升降平台的基坑应采用防止误入的安全防护措施	□是 □否 □不涉及
		3.5.3-5 垂直升降平台的传送装置应有可靠的安全防护装置	□是 □否 □不涉及
		4.4.5 人行天桥桥下的三角区净空高度小于2.00m时，应安装防护设施，并在防护设施外设置提示盲道	□是 □否 □不涉及
		6.2.4-5 在地形险要的地段应设置安全防护设施和安全警示线	□是 □否 □不涉及
		6.2.7-4 危险地段应设置必要的警示、提示标识及安全警示线	□是 □否 □不涉及
		8.1.4 建筑内设有电梯时，至少应设置1部无障碍电梯	□是 □否 □不涉及
4	无障碍设施配建设计（若有）	1 无障碍机动车停车位	□有 □无
		2 无障碍住房、客房、宿舍	□有 □无
		3 轮椅坐席（看台、餐厅、观众厅、教室）	□有 □无
5	室外场地	1. 室外无障碍通行流线（从入口广场到建筑出入口、从无障碍停车场到建筑出入口、视觉减速避让提示）	□有 □无
		2. 无障碍出入口及室外无障碍设施	□有 □无
		3. 园区无障碍机动车停车位及导示	□有 □无
		4. 无障碍补充照明的设置	□有 □无
6	建筑设计	1 室内无障碍通行流线（建筑无障碍出入口至各层主要活动空间及各类无障碍设施的线路）	□有 □无
		2. 无障碍卫生间、无障碍厕位、洗浴更衣设施、客房及住房	□有 □无
		3. 无障碍楼、电梯间	□有 □无
		4. 无障碍服务柜台、咨询台	□有 □无

续表

6	建筑设计	5. 室内无障碍机动车停车位	□有 □无
7	信息无障碍	无障碍求助设施（包括救助呼叫按钮、声光报警等）	□有 □无

注：在图审中，强制性条文部分应判断是否符合规范要求，其余部分须有相关内容（图或文字说明）。
表格来源：《杭州市无障碍环境融合设计指南（试行）》。

2. 市政类无障碍设计审查要点

见表 7-2-2。

表 7-2-2　市政类无障碍设计审查要点

1	设计依据	1.《无障碍设计规范》GB50763-2012 2. 其他现行国家、地方的标准和规范及相关文件	□有 □无
2	设计类别	根据上位规划，确定项目的无障碍分类	□有 □无
3	无障碍设计强制性条文	3.5.3-3 垂直升降平台的基坑应采用防止误入的安全防护措施	□是 □否 □不涉及
		3.5.3-5 垂直升降平台的传送装置应有可靠的安全防护装置	□是 □否 □不涉及
		4.4.5 人行天桥桥下的三角区净空高度小于 2.00m 时，应安装防护设施，并在防护设施外设置提示盲道	□是 □否 □不涉及
		6.2.4-5 在地形险要的地段应设置安全防护设施和安全警示线	□是 □否 □不涉及
		6.2.7-4 危险地段应设置必要的警示、提示标识及安全警示线	□是 □否 □不涉及
		8.1.4 建筑内设有电梯时，至少应设置 1 部无障碍电梯	□是 □否 □不涉及
4	无障碍设施配建设计（若有）		□有 □无
5	场地设计	1. 道路无障碍通行流线（与周边建筑的无障碍衔接、过街天桥、地道与地面道路的无障碍衔接）	□有 □无
		2. 缘石坡道	□有 □无
		3. 盲道	□有 □无
		4. 道路坡度	□有 □无
		5. 路口设置	□有 □无
		6. 公交车站无障碍设计	□有 □无
		7. 过街天桥、人行地道的安全防护措施	□有 □无
		8. 无障碍补充照明的设置	□有 □无
		9. 公共厕所	□有 □无
6	信息无障碍	无障碍求助设施（包括触摸及音响一体化信息服务设施等）	□有 □无

注：在图审中，强制性条文部分应判断是否符合规范要求，其余部分须有相关内容（图或文字说明）。
表格来源：《杭州市无障碍环境融合设计指南（试行）》。

三、实践与完善

《指南》发布不久，无障碍所便参与到了亚残运会场馆无障碍专项图审工作中，在《指南》中初探的理念和理论，得以在实践中进行检验。2021年9月，《通用规范》发布，并于2022年4月施行。结合实践总结的经验和新的规范要求，无障碍所在亚组委、杭州市建委、杭州市残联和杭州市无障碍环境建设领导小组办公室的帮助和指导下，不断对无障碍设计管理制度进行完善。

第三节　无障碍设计管理制度杭州实践

一、无障碍检查机制建立

为从制度上帮助无障碍环境建设"控增量"，杭州市逐步推出了施工图图纸检查、现场情况检查和试验体验结合的无障碍检查机制。这一检查机制和亚残运会场馆的无障碍图审工作有一定的相似性，都是引入第三方的力量，从过程上，对无障碍工程进行检查和监督，从而提升无障碍环境建设质量。

以2021年为例，4月12—16日，市无障碍办联合市建委，邀请检察机关、无障碍环境建设专家，对全市新建项目开展联合大检查。检查对象为2020年12月29日至2021年3月20日期间已竣工并具备试用体验条件以及完成施工图审查程序的新建项目。共抽查已竣工项目和完成施工设计审查项目42项。

二、2021年无障碍检查成果

1.施工图图纸检查情况

在合格率方面（表7-3-1）：8个区（县）的总合格率为100%，分别为萧山区、滨江区、原钱塘新区、桐庐县、建德市、西湖区、原余杭区、临安区；4个区（县）总合格率在80%—100%之间，分别为原江干区、原拱墅区、富阳区、原上城区；2个区（县）总合格率在80%以下，分别为原下城区、淳安县。主要问题体现为：一是部分设计存在无障碍整体系统性缺陷，导致新建无障碍设施无法投入使用；二是无障碍设计施工图不规范，存在要素缺项、立面图缺少、节点详图缺少、尺寸缺标、过于简略等问题。检查总结的重点经验为：针对在建施工阶段的项目设计图纸，即使完成施工图审查，各城区均要开展无障碍专项审核"回头看"，确保设计正确、施工正确。

表7-3-1　新建项目无障碍建设图纸检查情况表

序号	区、县（市）	项目名称	元素总数	合格数	合格率
1	萧山区	萧政储出(2018)4号地块代建道路（规划二路）工程	24	24	100.0%
2	滨江区	长河路（闻涛路—滨康路）整治提升	24	24	100.0%
3	原钱塘新区	开发区环线景观提升工程	24	24	100.0%
4	桐庐县	白云源路（龙潭路—河湾路）工程	24	24	100.0%
5	建德市	明镜小学改扩建工程	27	27	100.0%
6	西湖区	杭州花园电子有限公司创新用地项目	40	40	100.0%
7	原余杭区	余二高改扩建项目	45	45	100.0%
8	临安区	滨湖幼儿园及锦城街道青龙社区邻里中心项目	40	40	100.0%
9	原江干区	迎亚运道路整治—钱江路（解放东路—御临路）等道路工程	24	23	95.8%
10	原拱墅区	长乐路地块六号路二期（红建河西侧—上塘路）道路工程	16	15	93.8%
11	富阳区	场口综合便民服务大楼及执法中心项目	35	31	88.6%
12	原上城区	望江单元始版桥直街（东宝路—婺江路）道路工程	16	14	87.5%
13	原下城区	石桥单元石横路（机二路—重工路）道路工程	16	12	75.0%
14	淳安县	青溪新城银泰二期配套道路工程	16	12	75.0%

表格来源：作者根据杭州市无障碍环境建设领导小组办公室提供资料整理。

2. 现场检查情况

各区现场检查情况（表7-3-2）：4个区（县）项目总合格率90%以上，分别为萧山区、滨江区、富阳区、原上城区；4个区（县）项目总合格率在80%—100%之间，分别为桐庐县、淳安县、建德市、原下城区；3个区（县）项目总合格率在60%—80%之间，分别为原江干区、原余杭区、西湖区；3个区（县）项目总合格率在60%以下，分别为原拱墅区、原钱塘新区、临安区。主要问题：一是道路工程盲道铺设错误、缘石坡道坡度超标、坡口高差超标等；二是房建工程无障碍电梯按钮位置错误，无障碍坡道扶手不规范等；三是无障碍卫生间内坐便器安全抓杆、报警装置等安装错误；四是施工材料不规范，无障碍卫生间安全抓杆多为网上订购，尺寸不符等。原因分析：一是业主单位、监理、施工等工程建设相关人员对无障碍设施建设理念和知识缺乏，为什么要做、怎么做不知晓；二是施工图不详尽，缺少大样图，需要施工单位另外查找图集，要素设计不系统、不规范；三是施工人员没有按图施工，存在随意发挥的现象；四是无障碍成品、半成品市场缺乏监管，产品进场没有很好把关。

表7-3-2　新建项目无障碍建设现场检查情况表

序号	区、县（市）	项目名称	元素总数	合格数	合格率	总合格率
1	萧山区	瓜沥镇光明小学迁建工程项目	30	30	100.0%	98.36%
		南阳街道第三幼儿园工程（一期）	31	30	96.8%	
2	滨江区	滨盛路—钱江二路（七甲闸—之江西路）工程	16	16	100.0%	94.55%
		国家毒品实验室浙江分中心	39	36	92.3%	
3	富阳区	大家金钰府西侧配套道路	15	15	100.0%	92.86%
		东洲中学风雨操场3号教学楼新建及原有建筑外立面改造工程	55	50	90.9%	
4	原上城区	望江单元凯旋路四期（东宝路—婺江路）道路	16	14	87.5%	90.20%
		望江单元SC0403-A33-11地块48班九年一贯制学校	35	32	91.4%	
5	桐庐县	桐庐县退役军人服务中心改造提升工程	38	33	86.8%	88.89%
		富春未来城桑园路、七里山路工程	16	15	93.8%	

序号	区、县（市）	项目名称	元素总数	合格数	合格率	总合格率
6	淳安县	淳安县妇幼保健院业务综合楼	46	36	85.7%	87.88%
		坪山区块道路建设工程	24	22	91.7%	
7	建德市	建德两馆两中心	42	35	83.3%	87.84%
		培智学校迁建项目	32	30	93.8%	
8	原下城区	杭政储出〔2017〕93号地块商业和商务用房	31	30	96.8%	87.72%
		杭政储出〔2015〕21号地块商务兼容商业用房	26	20	76.9%	
9	原江干区	景芳三堡单元JG1202-37地块钱江苑二期配套幼儿园	37	33	89.2%	79.31%
		彭埠单元A33-08地块30班中学设计采购施工（EPC）总承包工程	50	36	72.0%	
10	原余杭区	小黄山幼儿园（超山区块幼儿园）项目	23	15	65.2%	68.09%
		凌寒街（莲花港路—五号路）道路工程	24	17	70.8%	
11	西湖区	翠苑单元XH0903-G1/S42/R22-25地块文化服务设施、公共绿化及地下公共停车库	25	9	36.0%	63.27%
		墩余路（绕城公路西侧—良祥路）道路工程	24	22	91.6%	
12	原拱墅区	祥符东单元道路六（祥园路—星桥街）道路工程	16	11	68.8%	56.25%
		杭政储出〔2013〕47号地块公共服务设施及商业商务用房	32	16	50.0%	
13	原钱塘新区	景苑小学综合教学楼及地下停车库扩建工程	20	11	55.0%	56.06%
		杭政储出〔2007〕18号2-F、2-G地块项目	46	26	56.6%	
14	临安区	临安体育文化会展中心体育馆亚运改造工程	37	18	48.6%	45.28%
		杭州市临安区於潜镇双溪桥及人民医院周边道路改造工程项目	16	6	37.5%	

表格来源：作者根据杭州市无障碍环境建设领导小组办公室提供资料整理。

3. 试用体验情况

各区试用体验情况：5 个区（县）试用体验完成率 100%，分别为原下城区、原江干区、萧山区、富阳区、淳安县；5 个区（县）试用体验完成率在 50%—100% 之间，分别为滨江区、原上城区、原拱墅区、桐庐县；3 个区（县）试用体验完成率在 50% 以下，分别为西湖区、原钱塘新区、临安区。另，原余杭区、建德市没有具备试用体验条件的新建项目。主要问题：无障碍环境试用体验机制不完善，一是具备条件但未组织试用体验的项目覆盖率高；二是部分项目建设主体虽组织了试用体验，但对残障人士代表体验后提出的整改建议，反馈落实成效不明显。

三、机制完善

通过 2021 年的检查实践，杭州市积累了相当的经验，并在 2022 年的工作中进行了如下三个方面的完善：

首先，项目建设时序不同容易影响无障碍环境建设完整性，建议后期项目应对无障碍设计和无障碍设施施工进行系统考虑，无障碍设施宜一次性建成并发挥作用。

其次，施工图审查的系统性和准确性有待加强，相关责任部门要严格审图，避免因设计不完善，导致施工结果不完善。此外，宜加强建设无障碍图审人才队伍。

再次，无障碍环境试用体验机制应进一步完善，强化无障碍要素验收；应打通辖区、属地等管理因素，使无障碍试用体验的范围可以覆盖所有公共建筑和公共场所。

第四节　无障碍城市建设

一、无障碍普查

1. 基本情况

自 2019 年 10 月 25 日至 11 月 24 日，根据杭州市委领导对清河坊历史街区无障碍存在问题批示精神和市政府分管领导要求，为规范和提高全市区域内无障碍环境建设与管理水平，确保 2022 年亚运会、亚残运会顺利召开，提升杭州美丽文明国际形象，杭州市残联发出《关于开展全市无障碍环境建设现状调查的通知》。依据《无障碍设计规范》GB50763–2012，杭州绿能信息科技有限公司、嘉兴天眼信息科技有限公司、中国中建设计集团有限公司（中国宜居环境无障碍研究中心）三家第三方机构分别联合杭州市残疾人无障碍环境促进会、杭州市肢残人协会，组织专业技术人员、残疾人代表、助残志愿者赴现场实地勘查测量，采用杭州绿能信息科技有限公司研发的无障碍管理系统、手机 APP、坡度仪等工具，对 14 个区（县、市）城市道路、城市交通、公共建筑、赛事场馆、场所及其周边等 17 个类别、16 个无障碍要素（包括：缘石坡道、盲道、无障碍出入口、轮椅坡道、无障碍厕所、低位服务设施、无障碍机动车停车位等）、3550 个调查单位、22944 处设施点位进行了无障碍设施状况勘查采集、拍照、整理。

2. 摸底调查结果

经过 1 个月的调查，查出问题设施 123 种、问题设施点数 57228 个（表7-4-1），最终形成全市无障碍环境现状数据负面清单，为下一步无障碍环境提升改造提供真实参考依据和打造数字化无障碍管理系统奠定基础。

表7-4-1 杭州市无障碍建设现状摸底调查汇总

区县	口径	合计	缘石坡道	盲道	无障碍出入口人口	轮椅坡道	无障碍通道、门	无障碍楼梯、台阶	无障碍电梯、升降平台	扶手	公共厕所、无障碍厕所	无障碍客房	无障碍住房及宿舍	轮椅席位	无障碍机动车停车位	低位服务设施	无障碍标识系统、信息无障碍
00.交通运输	设施数	607	12	61	2	68	137	0	125	15	93	0	0	0	3	91	0
	问题数	1629	27	67	2	152	120	0	348	27	725	0	0	0	4	157	0
02.上城区	设施数	2543	565	670	201	218	256	19	68	4	202	8	0	3	79	241	9
	问题数	6139	975	1947	245	476	339	49	374	7	1275	27	0	4	97	308	16
03.下城区	设施数	1862	266	458	114	180	186	12	93	4	258	7	0	2	79	199	4
	问题数	4664	375	1250	114	363	269	35	356	6	1464	8	0	2	97	320	5
04.江干区	设施数	1325	353	392	59	79	86	7	61	8	125	7	0	3	44	101	0
	问题数	3455	732	1065	71	118	107	12	361	9	752	19	0	5	42	162	0
05.拱墅区	设施数	1588	329	496	77	124	166	14	40	4	150	4	0	2	65	110	7
	问题数	3774	575	1336	88	151	224	25	227	1	882	4	0	3	86	161	11
06.西湖区	设施数	1336	316	450	90	100	78	6	34	7	100	0	0	1	35	119	0
	问题数	3121	553	1266	95	250	105	15	180	6	461	0	0	1	36	153	0
07.西湖景区	设施数	348	5	21	0	65	103	23	5	0	79	2	0	0	26	19	0
	问题数	953	8	44	0	82	150	114	24	0	463	7	0	0	39	22	0
08.滨江区	设施数	3015	945	977	94	97	222	7	94	13	104	20	5	5	208	224	0
	问题数	8456	2484	3401	134	280	265	13	419	21	768	29	9	11	208	414	0

续表

区县	口径	合计	缘石坡道	盲道	无障碍出入口	轮椅坡道	无障碍通道、门	无障碍楼梯、台阶	无障碍电梯、升降平台	扶手	公共厕所、无障碍厕所	无障碍客房	无障碍住房及宿舍	轮椅席位	无障碍机动车停车位	低位服务设施	无障碍标识系统、信息无障碍
09.萧山区	设施数	1534	517	316	158	86	77	1	75	4	133	3	1	4	47	112	0
	问题数	3699	1188	867	224	250	89	1	207	6	632	3	1	9	51	171	0
10.余杭区	设施数	943	643	74	30	39	70	2	12	4	12	0	0	0	20	32	5
	问题数	1923	1562	85	34	71	84	2	20	6	23	0	0	0	20	10	6
11.富阳区	设施数	1044	212	281	111	91	77	0	45	1	76	1	0	3	58	88	0
	问题数	2527	601	637	117	221	103	0	264	1	420	6	0	3	55	99	0
12.临安区	设施数	1000	442	140	79	72	65	2	36	1	71	1	0	5	32	54	0
	问题数	2170	944	261	74	190	112	6	143	1	349	2	0	5	27	56	0
17.钱塘新区	设施数	1643	394	643	100	96	133	3	36	0	108	3	0	2	57	67	1
	问题数	3713	785	1646	130	214	182	7	196	0	399	5	0	3	60	84	2
22.桐庐县	设施数	940	451	162	52	46	41	4	26	1	63	4	0	10	35	42	3
	问题数	2646	1472	315	58	115	86	14	102	1	376	6	0	8	39	51	3
27.淳安县	设施数	2195	853	925	74	54	60	0	26	0	67	4	0	7	52	73	0
	问题数	5950	2098	2948	74	131	112	0	136	0	326	12	0	6	33	74	0
82.建德市	设施数	1021	254	223	86	97	68	11	28	10	84	4	0	8	63	85	0
	问题数	2409	539	608	94	192	87	17	161	22	509	14	0	10	65	91	0
合计	设施数	22944	6557	6289	1327	1512	1825	111	804	76	1725	68	6	55	903	1657	29
	问题数	57228	14918	17743	1554	3256	2434	310	3518	114	9824	142	10	70	959	2333	43

表格来源：杭州市残疾人联合会。

3. 综合评价

由于本次无障碍环境建设现状摸底调查时间紧、任务重、要求高，仍存在调查不全或遗漏等问题，以后将予以查补。但是从本次摸底调查的总体情况来看，我市无障碍设施建设已初具规模，无障碍环境基本格局已初步形成。具体结果：

（1）覆盖面广。城市道路范围的盲道、缘石坡道覆盖率约为92%，城市交通范围的无障碍设施覆盖率约为87%，公共建筑范围的无障碍设施覆盖率约为76%。

（2）合格率低。依据《设计规范》，除杭州萧山国际机场、杭州火车东站部分无障碍设施，杭州火车站重点旅客候车区、中国工商银行解放路支行、地铁站内盲道符合规范要求外，城市道路、城市交通设施和工具、公共建筑等范围的无障碍设施合格率约为13%。

（3）存在问题。一是公共场所无障碍总体水平不高，无障碍设施不到位、不规范、不系统的问题还普遍存在；二是交通出行无障碍建设仍是短板弱项，公交车辆上不去、下不来；三是社区、村镇无障碍建设发展还不均衡，与群众生活息息相关的居住区道路、公共卫生间，以及小餐饮、小超市、小发廊等小门店的无障碍设施设置率明显偏低。

二、"迎亚（残）运"无障碍环境建设行动计划（2020—2022年）

为进一步高质量推进杭州市无障碍环境建设和管理，全面提升城市无障碍环境品质，确保亚（残）运会顺利召开，杭州市制定了"迎亚（残）运"无障碍环境建设行动计划（2020—2022年）。

1. 工作目标

全面推进无障碍环境建设，有效补齐既有短板，强化落实长效管理，不断优化环境体验，确保到2022年亚（残）运会前，形成全市统筹推进、多元协同治理、社会共建共享的工作格局，建成政策齐备、标准健全、设施完善、信息通畅的国内一流、国际领先的城市无障碍环境。

2. 工作机制

为便于工作推进，杭州市采取了一系列的措施。行动计划为包括城管局、发改委、财政局等26个部门制定了明确的责任分工。成立由市长牵头、

11 个部门具体负责的杭州市无障碍环境建设领导小组，打通部门壁垒，统筹开展各项无障碍环境建设工作。

3. 基本原则

（1）严控增量，化解存量

严格抓好各类新建（改建、扩建）无障碍设施建设的各个环节，确保新增的无障碍设施符合相关规范标准。开展地毯式排查，结合前期形成的排查问题清单，落实整改销号工作，逐步解决无障碍设施存量问题。

（2）突出重点，兼顾全面

以亚（残）运会场馆所在区、县（市）为重点区域，以城市道路、公共交通、体育场馆、公共服务场所及信息交流等领域为重点，补齐无障碍设施短板，营造无障碍信息交流环境，全方位、系统性推进全市域无障碍环境建设。

（3）市区联动，条块结合

强化全市一盘棋理念，建立"块抓条保，以块为主"的市、区协作工作体系。市级行业主管部门要认真履职，按照"谁主管，谁负责"的要求，协调落实市级责任主体做好市属设施无障碍环境建设和管理，督促指导区级行业主管部门开展相关工作。属地政府要发挥主体作用，统筹区域内各方面力量，将无障碍环境问题解决在属地，做到守土有责、守土尽责。

（4）严守标准，体现特色

严格执行国家相关标准规范，对标国际理念，结合杭州特点，体现地方特色，形成各领域、各行业实用化、系统化、智慧化、国际化的无障碍环境建设"杭州标准"。

4. 重点任务

（1）推进法规标准建设

强化法治保障。以无障碍建设从设施向环境延伸为契机，扩大无障碍建设范围，修订现有《杭州市无障碍设施建设和管理办法》，为无障碍环境建设和管理工作提供法治保障。

加强规划引领。重新编制与国际接轨、具有前瞻性的《杭州市无障碍环境建设规划》，为杭州无障碍环境建设提供长期性、方向性的政策依据。

突出因地制宜。结合杭州市实际，对特殊行业、特殊区域的无障碍环境建设，采取"一事（一类）一议"专家评审等方式，总结提炼形成与城市定位相匹配、与杭州特色相协调的无障碍环境建设地方标准。

（2）提升硬件设施水平

规范新建设施。严格执行无障碍设施建设相关标准和规范要求，强化规划、设计、施工、验收各环节的监管，进一步提高无障碍设施的建设质量。

强化试用体验。新建（改建、扩建）项目竣工验收前，重点检查无障碍设施配套情况，组织开展试用体验，对存在的问题按照相关标准落实整改销号工作。

消除既有短板。对全市重点区域开展无障碍环境建设问题大排查，结合杭州市无障碍环境建设现状摸底调查情况负面清单中的问题，分批落实问题整改销号工作。

（3）优化信息交流环境

增强媒体服务功能。对政府网站、重点网站、手机应用软件等全面实施信息无障碍建设和改造，逐步增加电视节目配播字幕和新闻节目配播手语翻译的比例。

提升生活服务品质。积极推进水、电、气、热、通信、金融、医疗卫生等公共服务，以及电子导航、相关电商平台等信息无障碍建设和改造。

（4）完善管理工作机制

健全闭环处置机制。将市民热线电话反映的公共场所无障碍环境问题，与数字城管采集的问题一并建立无障碍环境负面清单，做到问题实时上报、限时处置、反馈销号，形成"问题发现—整改—反馈"的闭环处置机制。

建立长效管理机制。无障碍环境全面整治提升完成后，市无障碍环境建设领导小组办公室要强化监督检查，抓好考核问效；市级行业主管部门、属地政府要落实长效管理责任，明确工作要求，督促无障碍设施的产权人或管理单位做好日常养护管理工作，确保无障碍设施功能完善、使用安全。

完善队伍培育机制。积极培育无障碍专家队伍、专业队伍、社会督导员队伍等"三支队伍"，推动、监督无障碍环境建设工作。建立无障碍环境建设专家库；支持各级建立无障碍促进会等专业协会；邀请"两代表一委员"加入社会督导员队伍，通过大讲堂、报告会、新闻媒介宣传等形式，动员全体市民志愿参与社会督导，形成公众参与的良好社会氛围。

5. 实施步骤

（1）前期筹备阶段（2020 年 5 月底前）

成立杭州市无障碍环境建设领导小组及相应工作机构，召开全市无障碍环境建设工作推进会议，建立日常工作机制，落实各项经费保障。

（2）全面攻坚阶段（2020 年 6 月—2021 年 12 月）

按照相关标准要求，以点带面完成重点区域及周边城市道路、公共交通、体育场馆、公共服务场所及信息交流等方面的无障碍环境建设提升工作；地毯式排查无障碍环境建设不规范、不到位问题，结合前期市残联排查发现的问题，一并进行整改销号。

（3）验收提升阶段（2022 年 1—6 月）

对已完成无障碍环境建设提升的项目组织开展验收评估，查漏补缺，巩固提升全市无障碍环境品质，提炼先进经验，完善长效机制，形成了无障碍环境建设改造的"杭州模式"。

三、无障碍专项规划

响应"迎亚（残）运"无障碍环境建设行动计划（2020—2022 年），杭州市规划设计研究院编制了《杭州市无障碍环境建设规划》，这项工作时间紧、任务重，编制单位高度重视，在短时间内拿出了高质量的成果。

《杭州市无障碍环境建设规划》编制工作始于 2020 年 6 月，杭州市规划和自然资源局组织招投标，杭州市规划设计研究院中标。经过 2 个月的集中编制和多轮的内部讨论，《杭州市无障碍环境建设规划》在 2020 年 8 月进行专家部门评审，9 月其报批稿进行公示，11 月得到市政府简复。

四、无障碍城市环境建设

1. 亚运场馆周边区域

《杭州市无障碍环境建设规划》将亚残运会场馆设施所在地及周边地区设为无障碍环境建设的一类重点区域。该区域需要对标国际，高标准建设亚残运会无障碍环境。参考奥运会、残奥会的标准要求，针对大量相关建筑物、设施、交通工具等各环节进行全面和系统的无障碍化，使杭州的城市环境适应办好亚残运会的要求，体现残健共融理念，向世界展示杭州的文明、开放、和谐。

对此，杭州市城管局牵头，组建工作专班，大力推进亚（残）运会场馆（村）"最后一公里"体验区建设。2021年底，完成"指南编制"；并进一步明确29个亚运场馆（村）"最后一公里"体验区的建设内容（包括无障碍环境建设）；已有27个体验区项目完成专项方案评审。

2. 全市范围

自从杭州市开展"迎亚（残）运"无障碍环境建设行动计划（2020—2022年）以来，根据市委、市政府统一部署，并按照市人大常委会、市政协的督查要求，市无障碍办紧盯目标任务，全力推动全市域无障碍环境建设，努力为亚（残）运会提供坚实保障。在各区、县（市）及市直相关部门的艰苦努力下，截至2021年底，全市无障碍问题"减存量、控增量"、信息无障碍建设、无障碍类民生实事项目等重点工作，基本实现年内完成，各项攻坚任务取得阶段成效，并产生实际效益。

一是负面清单"减存量"基本完成。截至11月底，全市累计排查无障碍存量问题负面清单8.2万余件，完成整改76730件，完成率93%。其中，各区、县（市）负面清单为72796件，完成68958件，完成率95%。全部整改工作将于今年底前完成。当前，市无障碍办正在开展清单销号的现场核实、专项督办等工作。该负面清单覆盖城市道路、公厕、地铁、公交站、火车站、机场、学校、医院、商场、酒店、银行、旅游景区、文化场馆、行政服务中心等各领域。通过"清单销号"，全市无障碍环境的规范化水平明显提升。

二是新建项目"控增量"力度明显。市无障碍办对13个区、县（市）和市本级的市政、房建等公共设施新（改、扩）建项目，已组织2轮全市域、集中式大检查，累计现场抽查项目74项，检查项目图纸28项。全市开展无障碍环境建设体验活动30余次，无障碍环境建设验收机制逐步完善。通过强化管控，全市新（改、扩）建项目无障碍环境建设的压力传导、规范意识、施工质量均积极好转，无障碍设施新建项目要素平均合格率由70%提升至90%。

三是信息无障碍建设实现2.0突破。全市所有市属医院实现在线手语翻译、语音电子病历等信息无障碍服务全覆盖，全市范围"120紧急呼救"实现文字报警功能；杭州市人民政府、重要政府部门等网站无障碍改造完成40家

（另 4 家因区划调整延期）；全市已有 11 家区级行政服务中心安装在线手语翻译设备，覆盖率达 80% 以上；全市党群服务中心、革命烈士纪念馆、博物馆、展览馆、图书馆等公共场所信息无障碍建设全面跟进。临安区"青小服"无障碍"数治"平台，实现直达社区、直达群众等场景应用区域全覆盖；西溪医院试点 AI 交互挂号、语音电子病历等无障碍应用场景，让听障、视障人士和年长者就医"听得见、看得见"。

四是无障碍类民生实事项目超额完成。涉及"75 条段城市道路、35 座城市人行天桥、25 座人行地道、50 座公厕"的无障碍类民生实事项目，市城管局通过系统推进、突出重点、辐射带动，以"一路、一桥（地道）、一厕一方案"，打造精品亮点，城管系统无障碍民生实事项目实际完成"97 条段城市道路、47 座人行天桥、36 座人行地道和 63 座公厕的无障碍环境提升"。涉及"规范提升 66 家星级残疾人之家和 20 家残疾儿童康复机构、创建 14 个省级无障碍社区"等民生实事项目，市残联高标准推进，全部超额完成。

五是无障碍环境示范点建设全部完成。为发挥示范引领作用，市无障碍办将各区、县（市）打造 100 项无障碍环境建设示范点项目纳入年度考核。目前，包括行政服务中心、市政道路、商场、银行、学校、公园、医院、社区等各要素的无障碍环境建设示范点建设全部完成，并同步完成验收。

六是无障碍旅游专线同步提升。市无障碍办、市文广旅游局印发《关于按期完成无障碍旅游线路整改提升保障任务的通知》，开展游览路线无障碍问题大排查、大整改。西湖景区、湘湖、国际博览中心、良渚博物院、宋城等无障碍旅游专线保障工作基本完成。西湖核心景区无障碍旅游专线得到省、市两级人大常委会点赞。2021 年，《杭州西湖景区无障碍旅游服务标准化试点》项目，获得国家级服务业标准化试点立项（无障碍领域首个国家级服务业标准化试点项目）。

七是无障碍信息平台搭建全力推动。在富阳区试点经验基础上，市残联牵头，通过数据采集录入，搭建"杭州市无障碍公共服务平台"，并依托城市大脑，建立"杭州无障碍环境"数字驾驶舱。市无障碍办推动各区、县（市）工作专班积极配合，并纳入年度考核。区、县（市）正在委托"第三方"开展无障碍设施普查和数据录入工作，并在 2021 年底前完成。

八是无障碍管理试点纳入长效。市城管局在全市范围开展侵占无障碍设施专项整治行动，自 2021 年 7 月 15 日以来，共上报、结案无障碍设施问题 7000 余件，查处无障碍执法案件 10 万余件（罚款额 1445 万元）；针对非机动车停放无序侵占盲道问题，探索在盲道地面张贴"零侵占"标识标牌方式，提醒市民规范停车，取得较好成效。市城管局还将无障碍问题纳入各区、县（市）"美丽杭州"长效管理排名考核。围绕"保长效"，市体育局制定无障碍环境建设长效管理实施意见；市住保房管局将"开展住宅小区无障碍设施提升改造"纳入"美好家园"建设验收标准并单独作为加分项；市建委结合"老旧小区改造"同步改善无障碍设施。

3. 亚运"城市行动"标志性成果

杭州市无障碍环境建设领导小组办公室牵头，各部门、各区共同选择了50 项打造亚运"城市行动"标志性成果，如表 7-4-2。

表 7-4-2　杭州市打造亚运"城市行动"标志性成果汇总表

序号	名称	单位	类别
1	城市阳台公厕	上城区	公厕类
2	德寿宫遗址	上城区	旅游景区类
3	杭州钱江新城万豪酒店	上城区	酒店类
4	湖滨步行街	上城区	城市道路、广场类
5	解放东路（秋涛路—之江路）	上城区	城市道路、广场类
6	浙江大学医学院附属邵逸夫医院	上城区	医疗卫生类
7	红梅社区	上城区	社区类
8	德胜社区	拱墅区	社区类
9	运河中央公园	拱墅区	公园类
10	亚运公园	拱墅区	公园类
11	武林商圈	拱墅区	商贸类
12	阳光社区幸福家园	西湖区	社区类
13	黄龙体育中心	西湖区	体育类
14	小百花越剧场	西湖区	文化教育类
15	杭州少年儿童图书馆	西湖区	文化教育类
16	高新区（滨江）党群服务中心	滨江区	政务服务类
17	西兴街道社区卫生服务中心	滨江区	医疗卫生类
18	江南大道（含公厕）	滨江区	城市道路、广场类
19	银泰百货	萧山区	商贸类

续表

序号	名称	单位	类别
20	湘湖景区	萧山区	旅游景区类
21	萧山体育中心	萧山区	体育类
22	杭州奥城凯豪大酒店	萧山区	酒店类
23	建行萧山分行	萧山区	商贸类
24	良渚博物院	余杭区	旅游景区类
25	良渚古城遗址公园	余杭区	旅游景区类
26	梦想小镇景区	余杭区	旅游景区类
27	余杭区第三人民医院	余杭区	医疗卫生类
28	人民大道	临平区	城市道路、广场类
29	临平妇保院	临平区	医疗卫生类
30	艺尚小镇	临平区	旅游景区类
31	盲人门球馆	临平区	体育类
32	知行社区（文体中心）	钱塘区	体育类
33	义蓬街道便民（文体）服务中心	钱塘区	体育类
34	金沙湖公园景观区	钱塘区	公园类
35	前进农贸市场	钱塘区	商贸类
36	黄公望景区	富阳区	旅游景区类
37	富阳行政服务中心	富阳区	政务服务类
38	钱王街无障碍示范街区	临安区	城市道路、广场类
39	临安博物馆	临安区	文化教育类
40	临安区第一医院	临安区	医疗卫生类
41	临安区政务服务中心	临安区	政务服务类
42	鼓山塘生态公园	淳安县	公园类
43	淳安县档案馆	淳安县	文化教育类
44	望湖社区	淳安县	社区类
45	建德市图书馆	建德市	文化教育类
46	桐庐县城市展示中心	桐庐县	文化教育类
47	桐庐县行政服务中心	桐庐县	政务服务类
48	桐庐县中心广场	桐庐县	城市道路、广场类
49	杭州萧山国际机场三期项目新建航站楼	市交通局	交通运输类
50	市二医院	市卫健委	医疗卫生类

表格来源：杭州市无障碍环境建设领导小组办公室。

五、无障碍环境建设亮点工程

近三年，杭州市建设了众多的无障碍亮点工程，出现了众多优秀的无障碍设计案例。这里以浙江省残疾人之家改造项目和弯湾·爱生活残疾人社会融合共享体为例。前者是浙江省重点工程，集中展示浙江省残疾人事业和无障碍环境建设事业的成就；后者体量虽小，但预计在亚残运会期间将招待各国的"夫人团"。

（一）大同理念 融合设计——浙江省残疾人之家

1. 缘起

浙江省残疾人之家位于杭州市西湖区马塍路 1 号，原为浙江慈爱康复医院。2019 年底，省残疾人联合会启动对这组始建于 1970 年代的老建筑进行改造，拟在杭州亚残运会期间，接待亚洲各国来宾；赛后作为面向全省残障者的综合服务机构，容纳展示、宣教、体验和办事等功能（图 7-4-1 至图 7-4-3）。

在迈向共同富裕、全面小康的大背景下，城市无障碍设施的普及率已达到一定水平，今后工作重点将聚焦于提高完成度和融合度，打造"大美无障碍"的人居环境，"无障碍设计过于特殊"这一问题因此凸显：无障碍设计被动响应规范[1]，与整体相割裂；无障碍设施多呈附加状态，形象生硬不协调；

图 7-4-1　无障碍停车位和北楼无障碍出入口
来源：作者拍摄。

---

[1] 陆激，周欣，吕淼华. 无障碍融合设计与应用［M］. 沈阳：辽宁人民出版社，2021：14-61.

图 7-4-2　残疾人之家入口与街道关系
来源：作者拍摄。

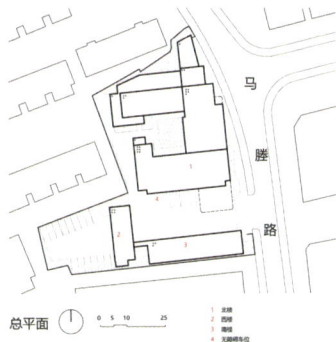

图 7-4-3　总平面
来源：作者绘制。

无障碍环境碎片化[①]，造成实际使用困难，形成新的"障碍"等。

消解无障碍设计的特殊性，使残障者没有心理负担地与健全者共享社会发展成果，促进社会融合，成为本项目的核心目标；在空间狭小、腾挪余地有限的情况下，既保证老建筑的结构和使用安全，又满足新功能新形态的要求，成为思考的重点。

2. 理念：从普同到大同

理念革新推动设计创新。

回顾历史，人们对残障的认知大致经历了三个阶段，对待残障的态度也因此分为三种模式。早期，残障被视为个人身体的生物学医学缺陷和缺损，因此被称为残障的"医疗模式"或"个人模式"[②]；20 世纪中叶，障碍被意识到在本质上是社会造成的，残障的"社会模式"[③]成为主流意识；20 世纪 80 年代，人们认识到障碍是每个人都可能遭受的经历，因此残障者与非残障者是社会平等的一员，"人权模式"或称"普同模式[④]"出现了。

"普同模式"的提出，无疑是社会的进步；但在理论转化为实践的过程

---

① 邵磊 . 通用无障碍设计 [M]. 北京：中国建筑工业出版社，2022.

② Mike O., Zarb G. The Politics of Disability: A New Approach [J]. Disability, Handicap and Society 1989, 4 (3): 221-239.

③ Mike O., Zarb G. The Politics of Disability: A New Approach [J]. Disability, Handicap and Society 1989, 4 (3): 221-239.

④ Irving Kenneth Zola. Bringing Our Bodies and Ourselves Back In: Reflections on a Past, Present, and Future 'Medical Sociology' [J]. Journal of Health and Social Behavior, 1991, 32 (1): 1-16.

中，却存在着一定的工具主义倾向，在抹平差异的同时，却又不自觉地开始"创造"障碍。平等的个体并非人人相同的个体，过于把目光局限于人体功能，未能正视差异以及人文因素影响无障碍环境的可能。在"中国式现代化"进程中，有必要探索一条属于中国的无障碍之路，打造无障碍的"大同模式"。

"大同模式"源自儒家传统的大同理想。"各美其美，美人之美，美美与共，天下大同 ①"。大同不是普同，不是人人相同，而是"和而不同"，这种圆融和包容的智慧，正是中国思想的特色和精髓所在。所谓无障碍的大同模式，旨在构建个人和社会间的统合，通过社会服务的均等化、社会环境的系统性，以实现融合共享的社会发展目标。

3. 方法：从通用到融合

在个人模式时期，无障碍理念处于萌芽阶段。社会模式推动了现代无障碍理念的提出，出现了强调消除物理环境障碍的 Barrier-free Design（无障碍设计）；之后又发展到将空间、信息、服务等广泛纳入设计范围的 Accessible Design（无障碍设计）②。普同模式则进一步催生了 Universal Design（通用设计），以"无须改良或特别设计就能为所有人使用的产品、环境及通讯"为宗旨。

通用设计重视在无障碍设计中为障碍者去除心理"歧视和排斥"，但有时却存在刻意回避或轻视残障行为特殊性的倾向。过度强调"通用"，难免远离"便利""舒适"和"安全"，有因噎废食之嫌。有鉴于此，无障碍"大同模式"倡导在无障碍环境建设领域，推行属于中国特色的无障碍"融合设计"。

融合设计的核心任务和诉求，在于求大同，存小异；不强调障碍的特殊性，但也不刻意回避其存在，倡导把"特殊性"作为激发创意的基础，将原本显眼并"碍眼"的无障碍设施融入到日常环境中，在消除障碍者"差异感"的前提下，满足不同残障人群的需求。

4. 实践：浙江省残疾人之家设计

残疾人之家共有北、南和西三栋楼。其中北楼体量最大，服务对象包括

---

① 费孝通 . 人的研究在中国——个人的经历 [J]. 读书，1990（10）：3-11.
② 邵磊 . 通用无障碍设计 [M]. 北京：中国建筑工业出版社，2022.

健全人和肢体障碍、视觉障碍、语言和听力障碍等残障人群（图7-4-4、图 7-4-5）。

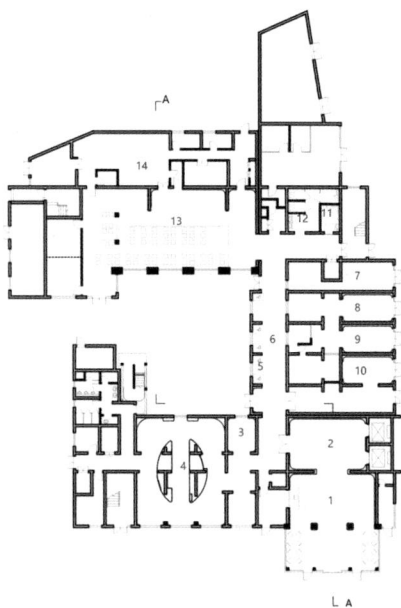

图 7-4-4　北楼一层平面
来源：作者绘制。

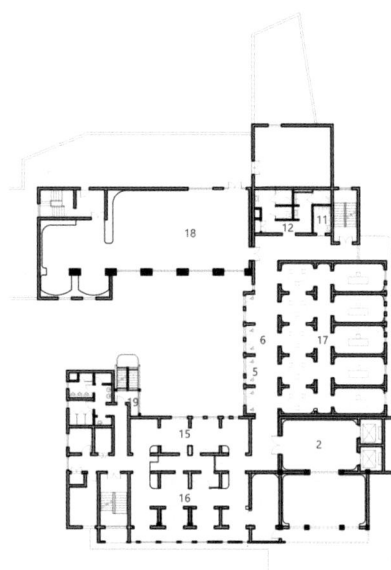

图 7-4-5　北楼一层平面
来源：作者绘制。

（1）看不见的无障碍。

设计之初立意要避免用各种无障碍设施来"彰显"项目特征，尽量将各种无障碍细节"融化"在日用环境里。

"融化"首选在源头消除障碍。原建筑多次加建、改建，内外高差复杂，同一楼层也均有 180mm—450mm 不等的高差变化。作为慈爱康复医院使用时，楼内外设置了多处突兀的无障碍坡道。改造时将部分楼板和地坪降低，无法降低处采用坡度小于 1:20 的坡化处理，室内外全平，全楼没坡道，却处处无障碍（图7-4-6）。

"融化"的另一种路径是用同一套设计语言"统合"各种无障碍设施与其他日常设施和空间。室外铺地设计时，将铺地分割线、盲道、排水沟、无障碍机动车停车位标识线统合考虑，以 2.5m×6.0m 为基本单元，灰色透水沥青打底，间以 300mm 宽棕黄色彩色沥青分割条纹，并在需要处铺设不锈钢盲道钉。两种颜色对比明显，满足规范对颜色和材质差异的要求，盲道、无障碍

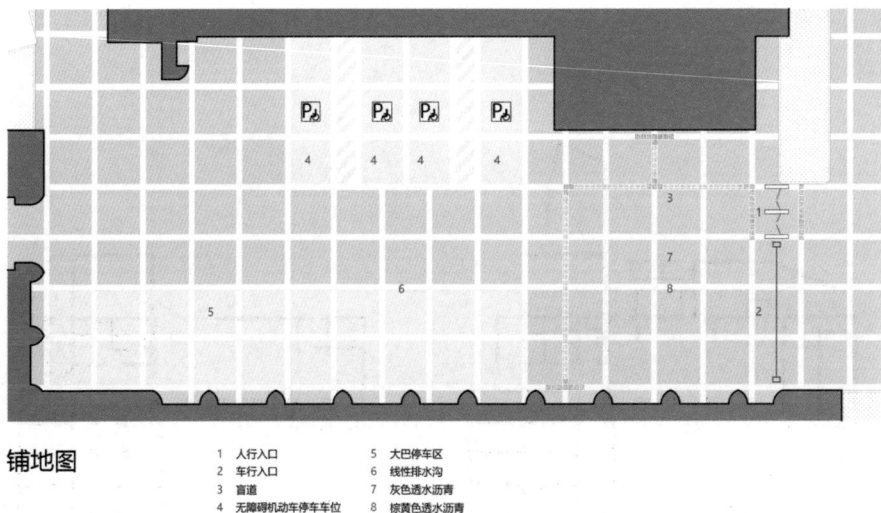

铺地图

1	人行入口	5	大巴停车区
2	车行入口	6	线性排水沟
3	盲道	7	灰色透水沥青
4	无障碍机动车停车车位	8	棕黄色透水沥青

图 7-4-6 "融化"无障碍设施的铺地系统设计
来源：作者绘制。

机动车停车位等醒目但不突兀（图 7-4-7）。

最有效的"融化"方法是融化于美。残疾人之家门厅的服务台，背靠银白色背景墙，呈 Z 字流线造型，右侧上翘构成立式服务台，左侧下伸作为结构支撑，中间为低位服务台。白色和木色两种材料相互咬合，粗细、起伏、分合自然，高低位过渡无碍，容膝容脚空间被顺势留出（图 7-4-8）。

显然，看不见的无障碍才是最好的无障碍。

（2）简洁就是明亮。

简洁、开敞、明亮，对健全者而言是空间品质，但对残障者来说则是保障安全的必选项。原走廊轴线宽仅 2.00m，受结构安全所限，无法加宽。设计以"置换"代替"加宽"，将一侧房间打通做成新走廊，既放大了通道，也减少了转弯，为所有人特别是认知障碍者，简化了方向辨别难度；3.05m 的宽度，方便听障者在通行时进行手语交流；全宽式采光，为视觉障碍者提供了更舒适的自然照明；因结构安全而必须保留的墙垛之间，形成了轮椅休息区；原走廊被整合到展示空间内，更符合新功能的需求（图 7-4-9）。一处空间简化，带来了诸多关联收益。

简化隐含着对多样性的包容；复杂本身具有多样性的特征，却往往不能包容多样性。

图 7-4-7　北楼入口全平化设计
来源：作者拍摄。

图 7-4-8　门厅与服务台
来源：作者拍摄。

图 7-4-9　走廊包容视障、听障、肢障需求的设计
来源：作者拍摄。

（3）一样就是不一样。

强调融合，但要承认差异，不能"普同"。

首先是需求差异。火灾时不能由电梯疏散，轮椅者也无法从楼梯逃生，故需要独立的路线规划。由于空间狭小和规范限制，无法加设1—6楼的坡道，故设计在西南侧钢梯平台处增设了一个不影响正常疏散的停留区，供轮椅者驻留待援。该处栏杆可从外面打开，方便救援时转移。

其次是行为能力差异。脚踏按钮，方便手部障碍者和搬运东西者用脚呼叫电梯或选层；电梯呼叫按钮前的盲道、按钮上的盲文、电梯的语音提示等，为视觉障碍者而设；低位按钮、位置下移的运行显示装置和标识，方便乘轮椅者。电梯门洞向外八字形放大，减少障碍者碰撞危险；电梯门和轿厢对应处设半透明玻璃洞口，平时保证轿厢和梯井内部视线的私密性；紧急情况下，救助人员贴近电梯，可以看清轿厢内的情况，便于施救（图7-4-10）。

图7-4-10　电梯轿厢无障碍设计
来源：作者拍摄。

还有对应感知能力差异的多感官设计。门厅／电梯厅墙面采用白色素混凝土，故意留出的细小内凹和颗粒形成粗糙感；走道墙面采用铝蜂窝护墙板，光洁但不冰冷（图7-4-11）；功能空间如展厅、培训教室等，以硅藻泥、油画布、宣绒布等作为墙面材料。每层从电梯厅—走道—功能空间，形成粗糙—光滑—粗糙的触觉过渡，为视障者提示空间变化。各层赋以不同提示色：

槐叶苹、柠檬黄、琉璃蓝、丁香紫、中国红和中性灰，是装饰，也是标识，渲染楼层的主题气氛，又以直观的色彩变化为认知障碍者提示所在楼层。

图 7-4-11 门厅以有粗糙感的白色素混凝土为主要墙面材料
来源：作者拍摄。

（4）保持变通。

每层设置一个无障碍卫生间，这已远超规范要求。但考虑到残障者集中使用的可能，设计以"轮椅友好型卫生间"进行补充。1.20m 的回转直径，可满足轻度肢体障碍者和多数乘轮椅者的使用要求；画框型隔断，对残障者来说是安全抓杆，对健全者而言是视线挡板；迷路式入口设计，带来无接触进入体验，省去了门这类容易引发障碍的设施，对所有人都更加便利、卫生，是具有"通适性"的做法（图 7-4-12）。

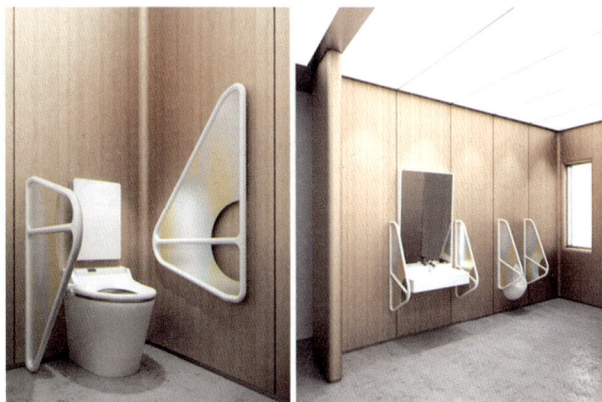

图 7-4-12 卫生间无障碍设计
来源：作者绘制。

（5）适当复合集成。

复合有时会增加复杂性，但在很多场景下也是简化的手段。

无障碍楼宇导航系统近年来多有探索，但成功的实践不多。残疾人之家将其置入楼宇智能化系统，并集成四种功能：①定位与提示，在非导航状态下，告知周围的公共设施；②点对点导航，为目的地规划最近路线，并以语音和震动方式提示方向和障碍物；③推荐路线导航，为用户规划参观路线，并与展陈结合，在展品前，路线提示切换为展品信息介绍；④应急疏散导航，在紧急情况下，根据使用者类型规划不同疏散路线。

这是首次尝试功能复合、楼层复合、使用者复合的高精度无障碍导航，通过不断改进，在非实验室环境下，实现了蓝牙定位技术 0.5m 精度的突破。

5. 小结：融合设计思想

（1）融合设计五原则。

结合工程实践，归纳总结融合设计的五项原则：

隐藏性，尽可能把无障碍设施融入整体环境；整体性（或称简洁性），自我整合完形，同时实现减少信息处理难度的目标；差异性，承认残障者与健全人之间、不同类型残障者之间存在的固有差异，并进行相对应的设计处理；灵活性，特殊中有通适，通适中有特殊；复合性，尝试把多种需求融为一体，走出专门性便利的思路（图 7-4-13 至图 7-4-15）。

图 7-4-13　南楼平坡化入口
来源：作者拍摄。

图 7-4-14　室内外无高差衔接
来源：作者拍摄。

图 7-4-15　便于单手开启的窗户设计
来源：作者拍摄。

（2）展望。

浙江省残疾人之家改造的设计实践，从中华文明的大同理念出发，以共同富裕为目标，探索无障碍领域的"中国式现代化"道路，尝试构建中国式无障碍设计的理念、思想和方法论。

这是一个项目改造，一次设计探索，一次无障碍实验，一次人群融合的尝试，用融合设计的力量，包容更多的你、我、他。

（二）坊间营造——弯湾·爱生活残疾人社会融合共享体

1.缘起

弯湾托管中心是浙江省内第一家为成年智力和精神障碍人群[①]创办的民办非营利托管机构，提供日间照料、日常活动、职业培训和支持性就业服务等。在建党 100 周年、迎接杭州亚残运会之际，在弯湾自身发展的重要节点时期，展开了本次改扩建工程（图 7-4-16）。

本项目使用面积 1090.65m^2，两层，预计容纳成年智精障碍者计 50 人。不同于特教学校（未成年人）和残疾人托管中心（多为老年人），这是少有的专门服务于青年、中年智精障碍者的场所，要在有限空间中同时满足他们的生活、交往、教育、康复、就业等多重需求，是本次设计的挑战，也是机遇。

图 7-4-16　一层主要活动区
来源：作者拍摄。

2.探索

研究表明，成年智精障碍者遇到的困难主要有两个[②]：如何在离开特殊学

[①] 业内常用"'智精'人群"作为"智力障碍者群体与精神障碍者群体"的简称，后文讲"'智精'人群"指代这两个群体。

[②] 刘艳霞，章琦，韩央迪.心智障碍人士"未来安置规划"的挑战与实践：来自日美两国的经验与启示[J].福建论坛·人文社会科学版，2019（2）：165-173.

校以后有所事事，从而减轻家庭照护负担；如何和社区获得长期互动，从而在父母离世后仍能持续以较好的状态生活下去。"爱"和"尊重"，既是解决这两个困难的途径，也是破解困难后希望达到的状态；而得到持续爱和广泛的尊重，只有在公共空间里才能实现。

如何从空间营造的角度，实现智精障碍者爱和尊重的需求，"空间需求金字塔"理论[①]（图7-4-17至图7-4-19）提供了有益的参考：以空间基本的结构和支持回应生理需求，进而以空间的可预测回应安全需求、以空间的可标记回应交往需求、以空间的可参与性回应尊重需求，最后，通过空间的意义和动力得到使用者的自我实现。这五个空间层级中，前两个层级通适于家庭和公共两种空间，后三个层级却是公共空间所专有。

图7-4-17 马斯洛需求金字塔

图7-4-18 M.A.P.S金字塔训练法

图7-4-19 空间需求金字塔

① 陆激，王珏，周欣.需求金字塔：成年智力和精神障碍者的公共空间设计探索——研究框架与实证分析［J］.建筑学报（学术论文专刊），2021，24（2）：97-102.

因此，本项目的目标不是打造一个"家"。在家中，智精障碍者可一直保有天然的安全感，也自然获得亲人的照护。此时，他们得到的"爱"源于血缘而不是自我，他们能获得的是"关怀"而不是"尊重"。相反，本项目试图为智精障碍者提供一个"坊 fáng"。《新华字典》中，当"坊"念"fáng"时，意为"小手工业者的工作场所"，如"作坊"。在"坊"中，以空间促进交往和协作，使智精障碍者嵌入工作情境、表达真实自我，从而消解个人的无力感和价值感的迷失。

3. 坊间营造

作坊。为丰富智精障碍者的工作形式，设计在有限的 1090.65m² 空间中融合了尽可能丰富的作业空间。一层沿街部分，为弯湾茶水铺，经营初期，为社区提供茶水，之后，将设立弯湾自主的茶饮产品。从门厅进入在茶水铺后方，嵌入一个小空间，为弯湾直播间，日常羞涩同学在这里自信地展示弯湾的文创和手作。经过直播间前一段小转弯，空间豁然开朗，设置三个可分可合的厨房操作区，用于制作各类中西甜点。上楼，出电梯，是文创产品制作区，弯湾的成年"儿童"，心智虽简单，却更能沉下心来精心雕琢一件件作品。电梯左边，是半开放式的多功能厅，舞台搬运、冰壶训练、基础舞蹈训练……这些活动提供了"蒙台梭利"式的工作情景。电梯后面，是连续的，可自由组合的培训区，分别有超市培训、洗车培训、专题技能培训等。这块区域，名为"培训区"，但以类似传统作坊中那种"师带徒"的方式，提高同学们的工作技能，从而更好地在一楼，以及附近的弯湾小超市和弯湾洗车店工作。因此，培训区也是作坊不可缺少的部分。

人群。作坊中容纳的作业种类有限，但通过精心选择，却能让弯湾同学们接触尽可能多样的人群。茶水铺在初期主要服务社区中的老年人，推出自主的茶饮产品后，将吸引大量本社区或过往的年轻群体，包括学生和工作者。超市，主要面向社区中的老年人，单纯但身强力壮的同学们经常为他们搬运粮油米面等重物。洗车，则主要面向附近的中青年工作人员。弯湾厨房，除了同学们日常制作点心外，还可承办亲子类、小型团建类活动，使用者囊括家庭和公司。直播，作为当下互联网时代最火的活动之一，可将弯湾的同学直接带向全国各地的老中青少客户。文创和直播相结合，也可辐射全国各地不同使用者，目前，弯湾和北京、天津、陕西、湖南、南宁、青海等几乎全国各地都有互动。

网络。同学们制作的各种产品，为他们赢得尊重；同学们全年龄、多人群交往，为他们带来爱。弯湾作为"作坊"，可建构一种超血缘的关系[①]：首先，在弯湾的同学们之间，同学们和老师之间形成一种协作的聚落；进一步，为弯湾和社区编织一个网络，弯湾扎根于社区，社区也获益于弯湾；此外，这种网络正通过新技术不断地向外拓展和延伸（图7-4-20）。

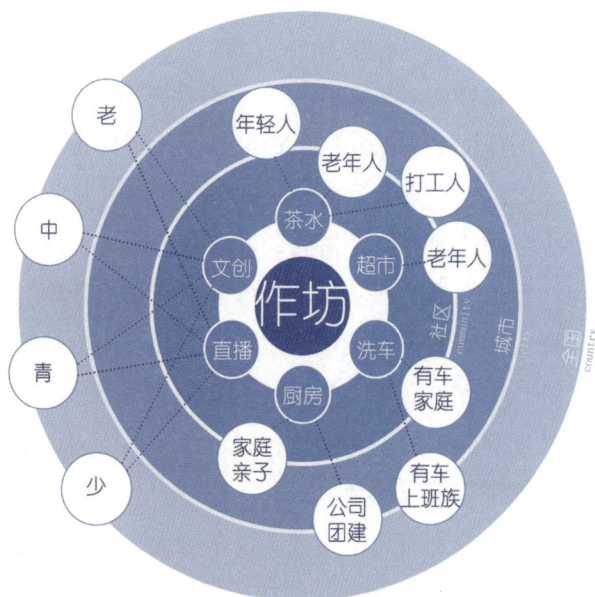

图 7-4-20 "坊间营造"在人群中构建的社会网络
来源：作者绘制。

4. 空间营造

坊间营造，离不开空间的营造。弯湾·爱生活残疾人社会融合共享体项目将空间需求金字塔理论中的空间营造策略一一实践（表7-4-3，图7-4-21至图7-4-25）。

---

① 严志斌. 关于殷墟的"族邑"问题与"工坊区模式"[J]. 中国国家博物馆馆刊，2022（10）：56—76.

表7-4-3　空间需求金字塔与弯湾的空间营造

空间需求金字塔层次	空间特征要素	弯湾的空间营造
空间的结构和支持	空间的功能性	①水、电、暖等设备系统的支持：管线或隐藏于表皮之内，或以相同的"融化"于裸露的结构中。 ②足够智精障碍者日常活动的空间尺度，合适的光线、照度、温度。因建筑进深大，使用者的认知能力差，所以本项目特别注重光线的引入：将原西侧的实墙面全部打开，置换为玻璃界面；同时，以导光板将光线引入空间深处。 ③基本的无障碍设计，如坡化设计、无障碍厕所、墙体逢棱必圆等。
空间的可预测性	空间的易读性和秩序性	空间划分明确，以木色为主基调，以木纹铝板为装饰的基底，去除多余的装饰，井然有序
	空间的透明性	使用透明性弱隔断，如磨砂玻璃、玻璃砖、格栅、矮隔墙等，使空间隔而不断。不是标识，胜似标识，为智精障碍者提供随时随地的视线引导，使他们更加容易感知空间的布局与走向，从而增加他们的安全感
	空间的流动性和开放性	①内部空间流动与开放：底层大空间开敞通透，与周边的厨房、会客厅、钢琴角等空间相互渗透；不同空间内的活动可以被相互看见。 ②室内外空间流动与开放：底层面向后花园，以大面积的玻璃，形成框镜效果，将室外景观引入室内
	空间的引导性	①方向和路线引导：天花板上的导光板、地面上的五彩跑道和被设计成光带的楼梯扶手都具有引导作用。 ②行为引导：弯湾厨房中，厨台有三个不同高度，自然引导学员从俯身操作的状态中直起腰来
空间的可标记性	空间的可识别性	①以颜色标识空间：如各个空间以放大的标识牌，既作为空间的名称（如"直播地带"），也是装饰，更是引导；地面的五环跑道，成了引导路线的地标。 ②以声音标识空间：一层，利用楼梯下部空间，形成钢琴角，琴声传播至弯湾每个角落，虽然处于"角落"，却标识了弯湾空间中的精神中心。 ③以气味标识空间：厨房释放的香气，引导所有人不自觉地向这里聚集
	空间的趣味性	①空间符号化：书架上，选择特定位置，错落布置同学们自己绘画的自画像，书架外粘贴的曲形图案隐喻弯湾的两个 w。画像和"ww"图案形成空间的符号。 ②空间风格化：弯湾会客厅有重要的接待功能，在空间的视觉中心，以月门为灵感，形成圆形"画框"，并由弯湾的同学绘制三潭印月景观，使会客厅形成和其他区域不同的空间风格。 ③空间情节化：一层主要活动空间，以知识树、绿色的三角形平板灯和下挂的小鸟灯，营造森林般的情节化空间

空间需求金字塔层次	空间特征要素	弯湾的空间营造
空间的可操控性	空间的留白	未完成空间：知识树、展示墙、书架适当保留"未完成"的状态，留出空白的格子和面，激发同学们自主创作，使其在使用中逐渐丰富
	空间的可变性	①边界可调节：培训区之间的隔断可活动，通过双层导轨，可以改变各区域的大小；隔断也可以变为储藏柜的柜门。 ②内容可调节：设置可变化的家具，以舞台为例，设置为5色的俄罗斯方块，拆装、搬运的过程中，同时获得色彩、形状方面的训练
空间的意义和动力	空间的整体性	①一以贯之的设计逻辑。 ②首尾呼应的空间句法。 ③简洁明了的形式和材料

来源：作者结合参考文献整理。

图 7-4-21　一层展示墙和"知识树"
来源：作者拍摄。

图 7-4-22　二层多功能厅
来源：作者拍摄。

图 7-4-23　二层可分可合的培训区
来源：作者拍摄。

图 7-4-24　"钢琴角"以声音对
空间进行引导
来源：作者拍摄。

图 7-4-25　三种高度的厨台兼顾不同人群的需求
来源：作者拍摄。

5. 展望

残障者，包括智精障碍者，在社会中往往处于弱势地位，是接受社会帮助的一方，这在无形当中削弱了他们的自信心，也增加了他们与社会的疏离感，他们中的很多人长期只能躲藏在家长、亲人的羽翼下。在弯湾这个项目中，设计师希望他们能够从"家"这个舒适圈中走出来，以"坊"为圆点，通过协作、工作和创作，向外辐射，也从外界获取爱与尊重，从而和社会重新建立牢固的网络。

关心、关注残疾人，任重而道远。以设计的力量，以"坊间营造"为切点，让弯湾同学们对亲朋好友、左邻右舍自豪地喊出"我上班了"。

（三）重要概念

（1）习近平总书记提出"两个格外"，即"残疾人是一个特殊困难的群体，需要格外关心、格外关注"。

（2）业内常用"'智精'人群"作为"智力障碍者群体与精神障碍者群体"的简称，后文讲"'智精'人群"指代这两个群体。

（3）日常在弯湾里，皆以"同学"互相称呼，因此本文沿用这一说法。

（4）意大利幼儿教育家蒙台梭利把孩子做的活动都称为"工作"。弯湾的同学们心智发育程度和儿童相近，从蒙氏理念出发，引导同学们将舞台搬运、冰壶训练、基础舞蹈训练当作工作，自然而然付出更多的专注力，也能获得更多内心的满足的平衡。

（5）在使用过程中，可根据弯湾的主题活动需求，进行不同的培训，包括手语、简单科学、小物品制作、乐器、美术等。

（6）弯湾自主经营的两个项目，位于弯湾·爱生活残疾人社会融合共享体的附近，与茶水铺、直播间和厨房操作区一样，是同学们"正式"工作的地方。

（四）无障碍楼梯间要求

（1）依据平面图说明判定是否增设无障碍设施。

（2）无障碍楼梯两侧均为实墙均需设置扶手，改为 ϕ40mm 抗菌尼龙，设两层扶手时，上层扶手 0.9m 高，下层扶手高应为 0.7m。每段踏步起步处扶手设置盲文铭牌。

（3）扶手末端应向内拐到墙面，或向下延伸 0.10m。

（4）扶手内侧与墙面的距离应为 40mm。

（5）靠墙楼梯梯段扶手起点应在踏步前 1 个踏步宽处，再加上不小于 300mm 的水平段。

（6）楼梯间地面设置提示盲道，提示盲道在休息平台距踏步边缘300mm处。

第八章

经验与传承：亚运遗产保护和赛后利用

一次成功的赛会，不应当仅仅成功于赛时，更应当成功于赛后。对无障碍环境建设而言，亚运遗产的继承和场馆的赛后利用，具有一定的独特性。

第一节　杭州亚运会遗产的继承与再开发策略

一、"奥运遗产"的来源与发展

1. 起源

19世纪50年代以前，"奥运遗产"（Olympic Legacy）一词极少被提及。对古代奥运遗址的挖掘和古奥运优良传统的考据发现，并未上升到目前所谓的"遗产"的高度来认识，只单纯地被认为是先人遗留下来和奥运相关的东西，多以实物的形式出现，是遗产最基本的含义，用"Heritage"一词来表达可能更为确切，并以专有财产的形式被国际奥委会独家继承和保护。国际奥委会通过创建奥林匹克博物馆和研究中心等措施来推动和发挥奥林匹克财产遗产的作用[①]。

2. 从有形到无形

随着奥林匹克运动的发展，人们渐渐认识到奥运遗产不应该只是实物的财产遗产和以此延伸的可以由国际奥委会世袭的权力遗产，它还应该是一种"影响"，能更好地传递奥林匹克精神，更好地推动获得举办权的城市和其所在国家以及世界和谐的发展。"Legacy"一词第一次正式出现在奥林匹克官方文件中是墨尔本在申办1956年的奥运会申办报告上[②]。时任墨尔本市市长的James Disney在陈述时强调"澳大利亚将建设运动员中心，并以此作为第16

---

① 陈浩，任玉勇，王丽. 后申遗京杭运河生态体育旅游可持续发展研究［J］. 北京体育大学学报，2015，38（4）：26-32.

② 鲁青，颜秉锋. 山东休闲体育旅游公共服务体系构建研究［J］. 山东体育学院学报，2014，30（5）：28-33.

届奥运会的遗产来发扬和延续奥林匹克在推动业余体育运动发展方面的崇高理想"。然而，在接下来的十几年里，从目前能找到的资料显示，仅墨西哥在1968年的奥运会总结报告中使用了"Legacy"一词，内容主要是和本国的玛雅文化与传统舞蹈传承相关的。

1984年洛杉矶奥运会的成功举办，使奥林匹克运动在全世界的影响急剧扩大，人们逐渐意识到运作成功的奥运会是可以使经济和社会在多方面受益的。加拿大卡尔加里在申办15届冬奥会的报告中就明确表示了他们申办的出发点在于举办奥运会可以为加拿大国民留下永久的场馆设施并获得用来发展体育的捐赠基金。后来在总结报告中也提到了奥运会除了遗留有形遗产以外，还产生了对人、旅游产业和体育发展等方面无形的影响。在以上这两届奥运会的影响下，随后奥运会的申办和举办城市都开始在报告中或多或少的以不同形式加入了奥运遗产方面的陈述。至此，"Legacy"一词也逐渐正式成为衡量一个城市是否具备举办奥运会资格的重要条件之一。在随后的1996年亚特兰大奥运会筹备过程中，为了纪念现代奥林匹克诞生100周年，组委会更是强调了奥运遗产的重要性。

进入21世纪后，奥运遗产顺理成章地成为了各个申请国在申请阶段会反复提及的竞争优势，是申办报告中不可或缺的一部分。尤其是2004年的雅典奥运会组委会更是史无前例地强调了奥运遗产在其奥运会目标中的重要地位，其中几乎所有的目标都和奥运遗产直接或间接的相关。2000年以前，在奥组委提供的竞选手册上要求参选城市填写主要竞选动机和举办奥运会要达成的基本目标。到了2003年，情况有所变化，手册上新增了一些问题，除了举办动机外，还要调查民众的举办意愿，并要求竞选城市回答其对奥运遗产概念的理解。

3. 奥运会遗产分类

奥运遗产尤其是"无形遗产"（或影响遗产）在奥林匹克运动中的重要性愈发的凸显。2001年，国家奥委会实施了"奥运总体影响项目"（Olympic Games Impact），即从挑选主办城市的前2年到奥运会举办结束后的2年，总共时间跨度11年，对涉及社会、环境和经济等方面的共150个影响因子来评估和量化奥运会的持续影响。接着国际奥委会在2002年瑞士洛桑召开的遗产大会上，把奥运遗产归纳为14类①（表8-1-1）。在国际奥委会和国家奥委会的鼓励下，城市在奥运会的申办、筹办和举办后期，越来越重视和强调遗产的重要性。

表 8-1-1　奥运遗产的分类及内容

序号	遗产分类	举例（包括有形和无形的）	序号	遗产分类	举例（包括有形和无形的）
1	文化	文化项目和发展本地文化的机会等	8	政策	政策工具的开发与改进等
2	经济	工作机会、旅游、财政支持、市场营销等	9	心理	提升个体与社区的国家荣誉感、自豪感和归属感等
3	环境	环保建筑和工程、相关环保政策和教育措施等	10	社会	社会进步、大众身体健康、对普通和特殊人群生活的影响、公民参与等
4	形象	强化国际意识、提升举办地及所在国家的形象等	11	运动	体育发展、体育设施、体育参与、健康促进等
5	信息与教育	经验与知识获得、个人发展、相关研究、管理能力等	12	可持续发展	长远规划、环境保护、节俭
6	纪念	与赛事有关的个人体验和记忆等	13	市政	交通改善、体育设施修复与维护、娱乐空间、市政服务等
7	奥林匹克运动	对促进世界和谐发展的意义、对青年的影响等奥林匹克宗旨的宣扬	14	其他	土著文化传承、人权平等、弱势群体保护等

表格来源：作者根据参考文献22整理。

4. 残奥会遗产分类

残奥会在愿景和影响力上与奥运会的愿景和影响力存在一定差异。学术界对"奥运会遗产"的研究较多，少有"残奥会遗产"研究②。《东京2020年残奥会遗产规划》将东京残奥会的遗产分为有形遗产、体育遗产、精神遗产、文化遗产、社会遗产、环保遗产、经济遗产和区域遗产8个方面（表8-1-2）。

---

① 闫静，BECCA L. 奥运遗产溯源、兴起与演进研究［J］. 北京体育大学学报，2016，39（12）：14.

② 缪律，史国生.《东京2020年残奥会遗产规划》的分析与启示［J］. 首都体育学院学报，2020，32（4）：310-315.

表8-1-2 东京2020年残奥会移产规划

类型	内涵
有形遗产	为后代留下一批顶级体育场馆及设施,建设奥运村宜居环境,实现奥运场馆间交通无障碍,推动东京体育名城建设
体育遗产	建设城市体育设施,残疾人养成体育运动习惯,推动东京成为健康之都
精神遗产	通过系列活动烘托东京东道国气氛,组织更多日本居民参与残奥会志愿服务培训工作,弘扬志愿服务精神
文化遗产	增强日本国家文化软实力,提高大众参与残奥会文化推广活动的积极性,开展残奥会文化艺术国际交流活动
社会遗产	培养具有志愿服务精神、尊重残疾人、具有民族自豪感和国际视野的民众,建设残健共融的包容性社会,为国际友人提供包容的多元文化社会氛围
环保遗产	以残奥会为契机打造智慧城市,将节能环保设施、可再生资源融入残疾人生活,树立可再生资源的"回收再利用"理念
经济遗产	打造国际商务城市,推动东京旅游业发展,培育日本企业,为残疾人研制相关服务产品提供技术支持
区域遗产	通过奥林匹克教育等文化活动,使更多日本2011年大地震受灾地区民众参与和体验残奥会,树立灾后重建信心

表格来源：作者根据参考文献23整理。

二、杭州亚运会遗产

1. 有形遗产

以场馆配套、交通、通信、无障碍设施、各类公共空间等为重点，完善各类城市软硬件和配套设施建设，为亚运会、亚残运会成功举办奠定坚实基础。

（1）加快场馆设施及配套建设。

做好场馆、设施及周边市政、节能、园林绿化、交通服务等配套设施的规划建设工作，优化场馆及亚运村周边环境。在亚运各类场馆、亚运村、媒体酒店以及往返的交通枢纽之间，划出一定的宜步行路段作为"亚运小径"。探索亚运主题公园的运营管理机制创新，吸纳社会各界人士的公益捐赠，开展文化体育展示活动。推广使用清洁能源技术，做好场馆运行中固体废物减量化工作，加强能耗管理。提高应对极端天气和极端事件能力。依托市档案馆建设亚运博物馆或展示区，留下亚运记忆，展示亚运成就。

（2）推进交通设施建设和管理优化。

实施现代综合交通大会战，重点抓好"5433"工程，统筹推进全市快速路和高速公路、轨道交通、铁路西站枢纽等重点项目建设。着力提升萧山国际机场国际化水平，打造萧山机场区域航空枢纽，建设主协办城市一体化轨道交通服务体系。推动上海机场与杭州实现全天候公交通勤，设立杭州浦东机场候机厅。实施亚运公交优先计划，推进公共交通工具"零距离换乘"，城区机动化出行公交分担率达60%以上。完善慢行系统，科学建设人行立体过街设施。加快智慧交通建设，完善交通综合信息平台，优化街坊路和住宅区内道路系统。建设紧密连接交通枢纽、亚运场馆和亚运村的亚运交通走廊，打造生态良好、安全有趣、富有人文气息的"最后一公里"体验区。加快推进场馆周边及公共空间停车设施建设。

（3）开展重点公共区域无障碍设施建设。

实施"迎亚运"无障碍环境提升行动。在城市重点公共区域、重要交通枢纽、重要景区景点等建设无障碍设施，建设残疾人无障碍通道、卫生间和相关设施，设立母婴哺乳专区。设置无障碍国际标准通用标识系统。鼓励各地因地制宜建立各类无障碍设施，全面提升城市无障碍水平。

（4）拓展亚运观赛空间。

利用城市现有或新建公共空间，授权建设一批用于露天观赛、举办文化活动的"亚运公共空间"。鼓励发展多元化、差异化观赛模式，推进在宾馆、学校、餐厅、酒吧等地设立"亚运观赛空间"。通过与媒体、大学、体育俱乐部、戏剧和表演艺术团体等组织合作，招募主持人，在城市公共空间主持和引导观众观看比赛。

2. 体育遗产

以亚运会、亚残运会为契机，进一步推进全民健身，加大健康社区建设、设施供给等力度，提升杭州健康指数和人均期望寿命，切实增强市民获得感和幸福感。

（1）开展"与亚运同行"系列健身活动。

开展各类亚运主题全民健身活动。每年组织健身活动1500场次以上，开展全民健身培训服务1000场次以上。为市民提供多元化科学健身指导载体。

（2）加大城市健身设施供给。

构建10分钟健身圈全民健身设施网络。新改建并投入使用30个左右群众性大型综合健身场馆。新改建一批亚运主题公园、运动雕塑作品、健康游步道（慢行道），打通市区主要慢行道，改善慢行道直穿机动车道现象。新改建健身绿道 1000km 以上，配建绿道、公园体育场地设施。每个区、县（市）建成 1 个以上亚运主题公园，每个乡镇（街道）建成 1km 以上亚运慢行道。鼓励利用城市空置场所、地下空间、公园绿地、附属空间、桥下空间，整合边角地、低效地等闲置资源配置亚运主题场地设施。

（3）推动奥林匹克社区建设。

鼓励社区建设奥林匹克运动小型化空间，实施"一个社区一个体育项目"计划。新改建一批社区慢行道。所有居民区内部道路交叉口和单元门口道路以及进出小区主路安装减速带。加快群众身边体育设施建设，建成省级小康体育村升级工程 200 个、城乡公共体育设施提升工程 50 处、乡镇（街道）级文体中心 8 个，共计 1000 处以上群众身边体育健身设施。

（4）高质量推进智慧体育与智能场馆建设。

加快打造智慧体育公共信息服务平台，及时发布赛事、活动、场馆等信息。鼓励企业开发应用智慧体育产品。加快"城市大脑"全民健身和场馆监测应用场景建设，共享全市体育场地设施，推动场馆公益开放落地。鼓励体育场馆提高标准化、智能化、信息化开发应用水平，逐步提高校园体育场地设施向社会开放比例，推动全市大型公共体育场馆定期免费开放或低收费开放，部分场馆全年免费开放。推进企业场馆重大节日免费开放或低收费开放。

3. 精神遗产

进一步提升城市文明水平和市民文明素养，营造全民参与、支持亚运的浓厚氛围，呈现杭州和谐、温情、友善的独特韵味。

（1）提升城市文明水平。

持续深化文明城市建设，深化"我们的价值观""最美杭州人""生活品质总点评"等主题活动，巩固拓展"礼让斑马线"、垃圾分类等文明实践成果，推动"最美现象"成为社会风尚，着力提升市民文明素质。以亚运为契机推动全民志愿，广泛培育和招募各类城市志愿者，做好服务赛会期间城市运行保障、社会氛围营造、赛场文明宣传及和谐环境创建等工作。

（2）开展"亚运四进"活动。

全面开展亚运进学校、进社区（村）、进社团、进机关（企业）行动。实施"一所学校、一个运动项目"计划，鼓励每所学校开展一项与亚运会有关的体育活动，建设市级体育特色学校100所。依托社区（村）体育俱乐部和健身队，引导市民群众开展体育健身。鼓励各类社团搭建参与平台，组织市民群众参与各项亚运庆祝活动。结合机关和企业的工会组织，开展形式多样的体育健身活动。

4.文化遗产

彰显杭州历史文化名城魅力，扩大"中华文明圣地"影响力，丰富传播内涵、创新传播方式，充分展示杭州文化自信和软实力。

（1）挖掘文化遗产新魅力。

加强西湖文化景观保护和管理，建好大运河文化国家公园等重大项目，有序推进南宋临安城遗址综合保护和申遗，打造高辨识度东方文化标志。高标准建设良渚国家公园，探索良渚古城遗产"活态"利用的有效途径。利用亚运契机，把良渚打造成中华文明"朝圣地"。在"迎亚运"系列活动、城市公共空间改造、户外公益广告制作中，充分植入良渚、西湖、运河等文化遗产元素，展示历史文化名城内涵。

（2）传播"人文杭州"城市品牌。

注重保护和传承杭州文脉，加强杭州文化与亚运会文化交流活动融合。注重挖掘杭州各类历史文化遗存、工业遗产、商业遗产、校园遗产和有价值的历史建筑内涵价值。加大传播吴越文化、南宋文化、钱塘江文化以及当代创新创业文化等杭州特色文化。挖掘和传播杭州历史上的人文诗意人物和篇章，推广诗意杭州城市形象。展示杭州"美丽乡村"、古村古镇的文化与乡愁。

（3）组织城市文化交流。

精心策划和打造富有杭州特色的亚运会开（闭）幕式。鼓励各地策划组织特色文化演出，打造各类演艺文化综合体和演艺园区、街区、空间。设立"城市客厅"，展示杭州文化物产。将各类城市体验点串珠成链，打造东方文化体验线路。继续做好市民体验日、国际体验日、生活与发展国际论坛等城市交流活动，组织"亚洲文明之光"系列文化体育交流，展示亚洲各国民族风情和文化艺术，增强亚洲命运共同体意识。

（4）开展"杭州欢迎你"系列活动。

制作"亚运地图"、编制亚运观赛指南，在国外重要媒体和社交网站加强城市旅游推介，提升口岸服务、酒店服务、商务服务、文化服务、交通服务等水平，营造友好、热情的城市氛围。加大城市品牌传播力度，组织各类媒体深度体验杭州城市发展与亚运轨迹，传播城市和亚运品牌。做好赛事转播和媒体服务保障各项工作。

5. 社会遗产

稳步提升城市国际化水平，为建设世界一流现代化国际大都市奠定扎实基础。

（1）加快城市对外开放步伐。

打造亚太地区重要门户枢纽，积极推进与"一带一路"沿线国家城市的合作交流，建设"海外杭州展示平台"，加强亚运会国际志愿服务合作。落实长三角区域一体化国家战略，以亚运为契机加快长三角城市旅游产品和线路互推，推动公交、地铁、公园、医保等公共服务"一卡通"，探索国际赛事、国际会议联合申办和落地机制。依托钱江新城—钱江世纪城，谋划国际机构、体育组织和总部经济集聚区。加强与宁波、温州、金华、绍兴、湖州等协办城市的协作共享，联手打造国际展示交流的文化品牌和海外推广平台，共同展现东方文化魅力和新时代新亚运风采。

（2）提升公共服务国际化水平。

加快提升杭州教育国际化水平，推进建设教育国际化示范校，引进国内外优质高等教育资源建设中外合作教育机构（项目）。推进外籍人员子女学校建设，大力发展外国留学生教育。推进医疗卫生领域国际化合作，积极引进国际性医疗机构。争取联合国相关机构和有关国际组织入驻杭州或设立办事处等机构。推进市级特色街区升级为国际化街区，开展若干个国际化社区建设试点。建立完善多语种服务平台，在各类单位、社区、社团中组织广大市民学习外语，重点对窗口行业从业人员进行针对性的外语培训。加大媒体外语普及力度。鼓励有条件的部门单位和企业设立英文版官网、公众号、抖音号等传播窗口。

（3）加强国际人才引育。

深入实施海外引才计划。积极争取实施外国人长期居留、外国人来华工作许可、出入境便利服务、留学生就业等长三角区域最新优惠政策，更好地集聚全球优质人才资源。组织本地人才赴海外培训、参与国际交流活动、双向兼职，加大本地国际化人才培育力度。

（4）推进国际化标识系统建设。

以规范、易读、简约为原则，实施国际化标识改造，在交通枢纽、道路系统、主要景区、核心城市生活社区、公共设施及重点机构设立多语种图文标识及语音服务系统，实现重要场所国际化标识全覆盖。倡导在宾馆、饭店等服务行业配备中英文双语服务清单。

6. 环保遗产

进一步提升"生态文明之都"建设水平，以一届"最绿色"的亚运会，向世界展示杭州城市魅力和中国生态文明建设成果。

（1）推进城市生态环境保护。

持续实施大气污染防治行动，加快大气污染源治理，控制二次颗粒物的产生和臭氧污染，推进燃煤烟气、工业废气、车船尾气、扬尘灰气、餐饮排气治理，着力提升城市空气质量。持续抓好"五水共治"，打造"河畅、水清、岸绿、景美"的亲水型城市，在亚运场地建立废水或雨水收集、利用和循环系统，提高用水效率。大力推广新能源、清洁能源汽车，加快推进出租车清洁能源改造，健全充气、充换电配套设施及安全服务体系。亚运村、大型比赛场馆区域通勤采用新能源车辆。深入开展节能行动。加强西湖、西溪湿地等的保护，修复杭州湾沿海生态系统，增强生物多样性。

（2）改善市容环境风貌。

提升滨水空间、临山空间景观、亚运场馆周边和主干道建筑立面整治。实施钱塘江两岸景观建设，打造钱塘江"沿江体育长廊"。强化城市公共环境治理，消除短板死角。加强"洁化、序化、绿化、亮化、美化"管理，鼓励市民自愿开展城市清理，清除无序涂鸦，清理小广告等城市污垢。提升垃圾分类管理水平，积极推进源头减量，年内实现城镇生活垃圾零增长。

（3）倡导绿色生活方式。

开展建设节约型机关、绿色家庭、绿色学校、绿色社区、绿色企业和绿色出行等行动。鼓励各地各部门和民营企业种植"亚运公益林"，鼓励市民参与"亚运森林"网络种树。推进行政事业单位无纸化办公。倡导市民将节水、节能、节约资源等环保措施落实到日常生活。加强对亚运会赞助商等合作伙伴的环境管理，提出环境保护负面清单。推行公共场所全面禁烟。倡导亚运会期间机关企事业单位和各类民营机构实行远程办公，减少汽车尾气污染和交通拥堵。

7.经济遗产

充分发挥杭州创新活力之城和数字经济独特优势，全力打造智能亚运会、亚残运会，带动相关产业加快发展。

（1）加快智能相关产业发展。

充分发挥智能亚运和市场开发政策带动效应，运用 5G、人工智能、大数据、云计算、物联网、区块链等技术，促进亚运相关智能产业发展和传统产业转型升级。推进"亚运创客计划"，开展集学习、融资、推广、社交、竞技等为一体的"创客运动会"，营造浓厚的创新创业氛围。加快推动互联网、大数据、人工智能与体育实体经济深度融合，支持可穿戴运动设备和智能运动装备的研发与制造，促进本地体育制造业转型升级。

（2）加快赛事经济集聚发展。

培育和引进品牌体育赛事，参与组建长三角体育产业联盟。办好杭州马拉松、钱塘江国际冲浪对抗赛、西湖国际名校赛艇挑战赛等本土品牌赛事，力争世界顶级赛事品牌落户杭州。举办亚运测试赛、国际重大单项体育赛事等国际 A 类体育赛事 10 场次以上。深入打造"一区县（市）一品"赛事品牌体系，各区、县（市）立足本地特色，打造 100 场次品牌赛事活动，每年举办品牌赛事活动 30 场次以上。培育一批专业化体育场馆运营管理主体和场馆服务品牌，促进大众体育消费。引进和创办一批品牌效应突出、市场竞争力强的体育中介服务机构，打造赛会业资源交易平台，加快体育传统媒体和新兴媒体融合发展。

（3）推动"赛会＋文旅"产业融合发展。

加强与国际知名会展城市、会展机构和会展企业合作，全方位对接上海等长三角城市赛会资源，提升西博会、休博会、动漫节、文博会等会展国际化水平，积极培育具有国际影响力的本土会展品牌。推动"体育＋旅游"融合发展，利用亚运会场馆资源，开发"亚运旅游"专线和相关文化旅游产品，完善和丰富杭州旅游产品结构。培育 8 个省级以上运动休闲特色小镇，重点发展水上、山地、空中等特色休闲运动。

8.区域遗产

立足杭州数字产业优势，推进新一代信息技术与亚运会深度融合，实现数字治理与城市能级的互相赋能。

（1）探索智能亚运新模式。

拓展"城市大脑"应用场景，设立亚运会数字驾驶舱，构建亚运会数据资源池，实现全过程全方位的大数据采集、应用、分析和预判。实施一批智能场馆、智能指挥、智能安防、智能安检、智能交通、无人驾驶、运动科技等重大标志性项目，打造智能亚运的"应用闭环"。面向全球征集"黑科技"，加强在开（闭）幕式、火炬传递、观赛体验等方面的应用，创造智能亚运亮点。支持体育科技先进技术研发，持续提升体育科技创新能力。

（2）加快数字"新基建"步伐。

建设国际领先的宽带网络基础设施，实现基于5G、IPv6等技术的下一代互联网部署处于全国领先水平。全面建设国家级新型互联网交换中心，积极推动新能源汽车充电桩、人工智能、物联网等新型基础设施建设。到2022年，全市建成5G基站不少于3万个，在亚运场馆和亚运村、城市重要功能区、交通枢纽等重要区域实现5G信号连片优良全覆盖。整合已有市政塔杆资源，推进一杆多用，鼓励塔杆资源共享，扩大集成型智慧塔杆应用。开拓"5G+4K/8K"高清直播领域应用，助推数字化媒体产业发展。以人工智能为核心，打造智慧城市和未来社区建设新样本。

（3）构建数字化社会治理新体系。

进一步完善"城市大脑"社会治理应用场景建设。加强"城市大脑"末端在基层社区园区的数据收集、应用和分析功能。规范和推广基于"健康码"及其衍生应用的基层数字化治理新载体。拓展"健康码"应用服务场景，构建立足健康和医保服务的个体数字化公共服务体系。建立城市公共安全数字监测平台，健全城市数字化应急管理体系，制定突发公共事件应急预案。引导发展线上医疗、线上教育、线上消费、无人场景、远程办公等生活工作新方式，探索与之相适应的数字化社会治理新模式。

（4）打造"最安全城市"。

完善立体化、信息化社会治安防控体系，强化群防群治工作机制，组织广大干部群众参与城市安全与治安建设。以社区、楼宇为主要载体，招募社会安全员参与安全保障工作。严格落实安全生产责任制，杜绝各类安全事故，确保人民群众生命财产安全。探索数字化安防工作机制，在公交车、地铁等公共交通主要线路试行安全检测和警示系统。强化大型活动安保统筹协调，确保亚运会各项活动平安有序进行。

第二节　大型赛事场馆赛后利用经验及教训

一、大型赛事场馆赛后利用的劣势

大型赛事，尤其是奥运会、亚运会，其场馆都规模空前、耗资巨大，在会后的利用问题一直为举办国所关注。纵观奥运历史，每个奥运会的举办城市都致力于高度现代化体育场馆的建设，为之进行了大量的人力及物力的投入。但很长一段时间，举办城市大都重视奥运赛时的要求，对奥运会后的场馆经营与利用则缺乏远虑[①]。由此，历史曾给过我们深刻的教训，如蒙特利尔奥运会之后，该城市经济一蹶不振，城市发展长期停滞不前，雅典奥运会也为百亿欧元的花费背负了十几年债务的负担……为避免这样的情况发生，应充分了解大型赛事场馆赛后利用可能存在的劣势，进而针对性地采取应对措施。

首先，大型持续性赛事短缺。大型体育场馆与赛事活动联系的紧密性。大型体育场馆必须服务于大型赛事，没有大型赛事就不能建设大型体育场馆。大型体育场馆本身不能创造城市社会经济价值和社会价值，大型体育场馆的经济价值和社会价值是通过相应的大型赛事活动和其他文化活动实现的。因此城市的大型体育场馆建设，首先必须明确城市的大型体育赛事战略。周期性的大型体育赛事在现代城市建设转型过程中担当着建筑设计转型的传送带，在全球范围内对人们的社会活动起到了"再同步"的作用[②]。

---

① 王晓微，于静，邱招义．奥运场馆赛后利用对北京建设世界体育中心城市影响的研究［J］．北京体育大学学报，2014，37（11）：43-48.

② 国务院研究室科教文卫司国家体委政策法规司编．体育经济政策研究［M］.北京：人民体育出版社，1997：17-24.

北京奥运场馆在赛后也经历过因缺乏大型持续性赛事而运营艰难的阶段[①]。国际体育中心城市一般都有具有国内外声望的职业体育俱乐部。北京市现有两支职业俱乐部，国安足球俱乐部和首钢篮球俱乐部，但这两个俱乐部无论在国际足坛还是在国际篮坛都缺乏影响力和知名度。当前国内足球、篮球等大型体育竞赛项目商业价值较低，中国的优势项目又都不适合在大型场馆内进行比赛，这就使得奥运场馆开发收入来源受到诸多因素制约。解决办法就是要坚持把举办职业体育赛事融入整体奥运场馆经营战略中，结合本地体育市场举办尽可能多的体育比赛和活动。

其次，文化教育功能不突出。很多国家都会把奥林匹克公园作为文化教育基地。以北京2008年奥运会为例。北京具有区位优势和教育科技文化优势，但与奥运场馆运营结合不够紧密，还有待进一步开发。2010年北京奥运城市发展促进会制定的规划包括中国美术馆、奥林匹克博物馆、国学馆和科技馆将会入驻奥林匹克公园区。而一些国家体育组织中大量的体育名人堂项目和体育教育部门在奥林匹克公园区都有预留地，这样不仅可以传播体育文化还可以开发丰富多彩的教育项目。2009年11月，国家体育总局领导在全国体育发展战略研讨会上强调"体育文化建设"是建设体育强国的重要内容之一。研究"文化兴体"是时代发展的需要[②]。体育产品越来越多被烙上文化之印，这也是不争的事实[③]。

再次，养护费用昂贵。大型赛事体育场馆主要用于承接重大体育赛事的举办任务，功能相对单一，可供承接的各类大型活动和体育赛事有限，馆赛后运营维护成本高，从而导致场馆赛后经营状况不好，大量场馆闲置乃至废弃。1998年日本长野冬奥会后，因场馆设施的高额维护费用导致长野经济的衰退；雅典仅在体育场馆维修费用上，就需要每年投入1亿欧元的财政费用。悉尼奥林匹克公园管理及组织体育活动方面经验算是相当成功的，但是在财务方面亏损情况也十分严重。从世界范围来看，许多奥运场馆赛后利用情况不容乐观，大部分场馆入不敷出，成为奥运举办城市甚至举办国的负担和包

---

① 王晓微，于静，邱招义. 奥运场馆赛后利用对北京建设世界体育中心城市影响的研究 [J]. 北京体育大学学报，2014，37（11）：43-48.

② 宋继新. 文化兴体：建设体育强国的抉择 [J]. 北京体育大学学报，2010，33（2）：1-5.

③ 陈红玉. 体育产业与文化产业的比较研究 [J]. 北京体育大学学报，2012，35（4）：12.

祓。"蒙特利尔陷阱"成为大型体育赛事组织和大型体育场馆赛后运营的噩梦。大型赛事体育场馆规模大、标准高、附属建筑面积大、对外开放的经营成本高，如果低价位向群众开放，往往入不敷出[①]。中国是发展中国家，要本着建设资源节约型和环境友好型的原则办事，提高场馆环保水平和赛后利用率[②]。

二、国外城市公共体育场馆服务大众体育发展经验

城市公共体育场馆既是居民参与体育健身赖以生存的土壤，又是市民参与体育健身的物质保障[③]。将为重大赛事建设的大型体育场馆用于大众体育，是延续场馆生命的重要手段。而国内外大量的研究证明，城市公共体育场馆服务于大众体育发展情况的优劣，不仅是衡量城市是否宜居的重要标准之一，也是衡量城市经济、社会、文化和体育发展水平的重要标志之一[④]。

国外城市公共体育场馆的管理运营以提高体育赛事和服务大众体育开展的利用率为首要任务。如法国的巴黎、英国的伦敦、日本的东京、新加坡和美国纽约城市公共体育场馆是服务大众体育发展较为成功的典型案例。这5个城市很早就开始重视城市公共体育场馆的规划、布局与建设，并在规划布局、配套制度和法律法规文件等方面形成比较完善的城市公共体育场馆建设服务大众体育发展的保障体系。

首先，注重奥运体育场馆赛后服务大众体育的发展。

奥运体育场馆不仅是保证奥运会成功举办的重要条件，也是赛后服务大众体育发展的重要物质基础[⑤]。国外奥运会举办城市在奥运体育场馆服务大

---

① 陈元欣，王健.我国公共体育场（馆）发展中存在的问题、未来趋势、域外经验与发展对策研究［J］.体育科学，2013（10）：3-13.

② 王跃，陈林华.国际体育城市发展的动力机制研究——兼论上海策略[J].体育科研,2013(3):71-75.

③ 杨风华，刘洁.我国公共体育场馆政策演变研究：基于有效供给理论视角［J］.成都体育学院学报，2014，39（2）：37-42.

④ 刘冬梅.美国大型体育场馆经营管理成功经验的案例分析及其对我国的启示［D］.武汉：华中师范大学，2009.

⑤ 武国栋.奥运体育场馆赛后运营模式分析与启示［J］.西安体育学院学报，2011，28（4）：458-462.

众体育发展方面，均具有比较成熟的经验。许多城市从奥运会申办到场馆设计，都会对包括城市布局、场馆建设在内的诸多要素进行现实考量，并且进行有效评价。其中，法国的巴黎、英国的伦敦、日本的东京、新加坡和巴西的里约热内卢这 5 个城市都通过成功申办举办夏季奥运会，提高了场馆建设速度，提升了场馆建设质量。

20 世纪 80 年代以来，随着国际奥委会评估团对奥运会申办城市评估的加强，奥运城市在申办、筹办和成功举办后，更加明确了奥运体育场馆赛后服务大众体育发展功能的战略定位。2012 年英国伦敦奥运体育场馆的建设同样注重了集赛事、健身、社交、产业等于一体的理念，拓宽了奥运体育场馆赛后服务大众体育发展的多功能利用。新建的 14 个和改造修建的 20 个奥运体育场馆都均匀分布在伦敦奥林匹克公园、伦敦市区以及英国其他地区。奥运会结束后，奥林匹克公园内的奥林匹克体育场、水上运动中心、篮球馆、小轮车赛道、曲棍球中心、自行车馆、水球馆和手球馆，以及分布于伦敦市区的伯爵宫、Excel 体育馆、格林威治公园、汉普顿宫、皇家骑兵卫队阅兵场、海德公园、罗德板球场、北格林威治体育馆、林荫路、皇家炮团军营、温布利体育馆、温布利体育场以及温布尔登球场等设施全部向市民开放。最典型的案例是自行车比赛场馆的赛后利用。这是由伦敦奥运会的小轮车赛场、山地自行车赛场以及场地自行车赛场共同组建而成，形成了一个综合性的面向社会开放的自行车运动园，对推动伦敦城市大众自行车运动的广泛开展，促进大众体育消费产生了重要影响。伦敦通过 1908 年、1948 年和 2012 年 3 次奥运会的举办，不仅使伦敦的奥运场馆成为城市的象征和地标，也成为促进大众体育发展的宝贵遗产①。法国的巴黎在 1900 年同一年举办了第 2 届奥运会和第 9 届世界博览会，是唯一一个同年举办两个大型世界级活动的城市，也是 2008 年第 29 届奥运会候选城市。其在奥运体育场馆赛后服务大众体育发展方面有许多经验可供各国借鉴。如在奥运会后，主要通过政府、市场和社会的作用，将原本独立的场馆发展为体育场馆网，并与其他公共体育设施共同建设成具有购物、旅游、健身、休闲和娱乐等功能的网络状空间结构。

---

① 毕红星. 国外发达国家公共体育设施建设布局的先进经验研究 [J]. 内蒙古体育科技，2012，25（1）：1-3.

日本东京获得 1964 年奥运会举办权后，把举办东京奥运会纳入了《国民收入倍增计划》，并动用近 30 亿美元巨款建设了奥运会使用的体育场馆和其他设施。东京奥运会后，场馆在服务体育赛事的同时，也作为健身场所向市民开放，充分发挥了奥运体育场馆赛后服务大众体育开展的功能[①]。2020 年第 32 届奥运会的成功申办，又为奥运会场馆赛后服务大众体育提供了机遇。这届奥运会在体育场馆的规划、设计和建设的过程中，结合赛后服务大众体育的需求，充分融入了各种创新理念，以更好奥运体育场馆赛后服务大众体育发展[②]。2016 年巴西里约奥组委为了能更好地发挥奥运体育场馆服务大众体育发展所带来的积极效应，决定把奥运体育场馆的选址分散化。既有城市中心区，也有郊区，还包括了有名的海滨区，充分利用当地的沙滩和山峦资源，同时也推动了里约市相对不发达地区的道路和基础设施建设，为赛后服务大众体育提供重要的物质基础。

其次，注重城市公共体育场馆基础设施的生态化建设。

城市公共体育场馆基础设施生态环境作为促进大众体育开展的重要健身游憩空间，对改善城市居民健身的生态环境，增强城市体育公共服务能力具有重要作用，对城市公共体育场馆基础设施生态环境的建设日益受到市民的欢迎[③]。目前，国外比较注重城市公共体育场馆基础设施的生态环境建设问题，在美国纽约、法国巴黎、英国伦敦、日本东京和新加坡均强调通过城市公共体育场馆基础设施的生态化建设，促进大众体育活动的开展。如美国的纽约市为了成功申办 2012 年奥运会，在纽约市曼哈顿区花费 20 亿美元修建了一座大型奥运体育场馆，尽管纽约申办 2012 年奥运会没有成功，但这座新建的奥运体育场馆和周边体育设施因为极大服务了大众体育活动，从而得到市民的高度称赞。申办 2012 年奥运会提高了纽约建设城市体育场馆的速度，目前纽约市的人均体育场馆使用面积达到了近 $3m^2$。特别是纽约城市公共体育

① 王军. 1964 年东京奥运会视觉形象产生的原因和意义 [J]. 体育文化导刊，2003（11）：54-56.

② 刘戈. 日本东京墨田区综合体育馆的社会服务及其启示 [J]. 体育文化导刊，2015（6）：27-30.

③ 黄义军，任保国. 我国城市体育场馆服务全民健身存在问题及发展策略研究 [J]. 西安体育学院学报，2015，32（5）：539-590.

场馆基础设施良好的生态环境建设，为纽约市大众体育的发展提升了更加广阔的空间。如占地340公顷的曼哈顿中央公园不仅是世界一流的国家公园，也是具有丰富体育设施的综合性国家体育公园。中央公园的发展适应了当代各项文化娱乐及体育运动的需求，是纽约市民进行大众体育开展的最佳场所，经常有市民自发组织的练习和比赛[①]。

法国巴黎为承办1998年世界杯足球赛而修建的巴黎王子公园体育场，经过近20年的发展，除了继续举办国内外足球体育赛事外，还能举行大型音乐会、橄榄球赛和马术表演等各项文体活动，是公共体育场馆多元化综合利用的优秀案例，这在相当程度上可归功于王子公园体育基础设施的生态化建设：（1）兼顾居民使用、经济效益和生态保护三种诉求，打造综合型的户外休闲游憩健身空间。（2）注重户外休闲游憩空间的园林化建设，保护园内的物种的多样性、生态安全和环境质量提升。（3）将城市传统体育文化的标志、体育文化底蕴和市民风范与王子公园体育场生态环境等要素融合提炼，打造出生态环境治理与资源循环利用的国际一流体育中心城市形象。

英国伦敦在城市公共体育场馆的规划设计和建设中，主要从实用性、经济性、生态性等方面，加强对城市公共体育场馆基础设施建设的生态环境的提升。以生态环境的提升，促进奥运设施在赛后向休闲设施和居住设施转化[②]，并带动工业废地的环境提升。从而在城市尺度上，为市民参与体育健身休闲提供了良好的内外环境。

日本的东京在建设国际体育中心大都市的过程中，逐步形成了一套发展战略规划。城市公共体育场馆基础设施的生态化建设不仅注重空间的整合和功能的重塑，还兼顾生态化建设的多样性和独特性，使城市公共体育场馆基础设施的开放空间成为居民体育健身休闲和体育文化交流的聚集地。

再次，注重城市公共体育场馆建设向社区方向发展。

在国外，城市公共体育场馆服务大众体育的作用越来越得到各国政府决策部门的重视。如法国巴黎以社区为依托的公共体育场馆，1977—2014年增

---

① 黄义军，任保国. 我国城市体育场馆服务全民健身存在问题及发展策略研究［J］. 西安体育学院学报，2015，32（5）：539-590.

② 易鑫. 伦敦奥运会举办做为城市发展战略的启示［J］. 国际城市规划，2013（2）：101-106.

长近 50 倍。法国巴黎为了推动城市社区大众体育的发展，给广大的社区居民参与大众体育提供更多的机会，对城市社区公共体育场馆配套设施建设都非常重视，并通过相关的法律制度对城市社区公共体育场馆配套设施的标准、建设与管理工作进行规范，并制定出台了专项政策予以支持①。

日本作为亚洲最发达的国家之一，在城市公共体育场馆的建设方面也走在了亚洲其他国家的前面。早在 1933 年，日本有关各类城市社区规划和公共体育场馆规划设计的技术标准就已颁布，为社区体育场馆设施的合理布局和高水平建设提供了基础。借助筹办 2020 年东京奥运会的战略机遇，在加快建设奥运体育场馆的同时，关注城市社区体育场馆建设的速度与质量。具体措施是按照城市社区居民的人口规模，配置社区体育中心和社区体育公园，并要求公共体育场馆的结构与功能尽量完善，能够充分满足大众体育发展的需求②。

作为旅游之都的新加坡，同样非常重视城市社区公共体育场馆的建设问题。早在 1975 年，新加坡就提出制定城市社区体育场馆设施建设的蓝图计划，截至 2015 年 12 月 31 日，新加坡市城市公共体育场馆设施已覆盖全市的各个角落③。政府通过抽样调查，了解社区居民的大众体育需求，调查体育场地建设的实施方案，以使城市公共体育场地得到充分利用。如新加坡市为了引导市民积极参与大众体育活动，不断地增加城市公共体育场馆建设的数量，并逐年提高建设质量，优化空间结构，促进大众体育活动的可持续开展。迄今，在新加坡市的城市社区普遍配有满足大众体育活动需求的小公园、露天篮球场和网球场等设施，服务半径不超过 5000m，并且基本是免费的，市民只需提前电话预约就可以参与使用④。

美国不仅是当之无愧的世界体育强国，也是具有广泛国民参与城市社区公共体育场馆建设积极性高的国家。如美国纽约市近几年来主要依靠政府的

---

① 林显鹏，刘云发 . 国外社区体育中心的建设与经营管理研究：兼论我国体育场馆建设与发展思路 [J]. 体育科学，2005，29（12）：32-36.

② 曹璐 . 国外城市公共体育场馆服务大众体育发展经验及对我国的启示 [J]. 北京体育大学学报，2016，39（10）：38-45.

③ 曹璐 . 国外城市公共体育场馆服务大众体育发展经验及对我国的启示 [J]. 北京体育大学学报，2016，39（10）：38-45.

④ 李琳琳 . 新加坡大众体育参与研究 [J]. 山东体育学院学报，2013，29（5）：17-21.

支持，逐步新建符合大众体育发展需求的体育场馆，并在既有体育场馆改造中增添了新的大众体育基础设施。以城市社区体育场馆功能提升促进大众体育的发展。如，在新建和改造的公共体育场馆中，凡是由政府负责管理的社区公共体育场馆，7：00—17：00 对学生免费开放，17：00—22：00 对大众体育活动开展项目提供免费的指导服务。

三、对我国的启示

国外对大型赛事体育场馆，尤其是奥运场馆的赛后运营，可以为我国提供诸多参考。

第一，事先规划场馆赛后运营，充分挖掘场馆的多元功能。

国外奥运场馆赛后经验表明，奥运场馆建设要充分考虑赛时和赛后功能，深度挖掘场馆运动、休闲、娱乐、商务、会展、餐饮等多元功能，这是奥运场馆赛后可持续利用的关键。雅典奥运场馆赛后闲置的主要原因是只注重奥运比赛的赛时需求，没有科学谋划场馆的赛后利用。南京奥体中心从设计开始，就立足走出"一次性利用怪圈"[①]，具体做法是在设计之初就综合考虑到赛后开发利用的方案，在建造时就为展览、娱乐、餐饮、品牌专卖等活动预留改造空间，游泳馆和网球场预留空间给各种体育俱乐部，奥体中心周围预留的空间可用于建设超市、购物中心或健身中心，打造奥体中心商圈。正是由于提前规划好场馆赛后利用方案，注重场馆多功能开发，使南京奥体中心赛后可持续利用真正落到实处。

第二，发展多业态综合运营，延伸体育场馆产业链。

从奥运场馆赛后运营趋势上看，奥运场馆不仅是一个简单的承办体育赛事的场所，还是一个集海量观众、媒体聚焦、城市地标、商业空间、市民文化中心等多重特质于一体的特殊资源，在健身培训、商务会展、旅游观光、文艺演出、时尚消费、综合办公等方面具有广阔的开发空间，可以据此建立运营价值链。悉尼奥林匹克公园在较长时间曾面临财务亏损的压力，为解决这一难题，悉尼在发展体育的同时，还同时发展文化、商贸、教育、金融、

---

① 叶小瑜，鲍明晓，刘兵．国外奥运会场馆赛后的运营及其启示［J］．体育文化导刊，2013，11：97-100.

旅游等多种业态，形成多种业态交互支撑的运营模式，使悉尼奥林匹克公园获得了稳定的资金流，从而全面盘活奥林匹克公园场馆资源。北京工人体育场不仅是北京国安足球俱乐部的主场，也是国内外大型文艺活动的首选地，常年开办韩国跆拳道、日本剑道、拉丁舞培训等各种培训活动，利用外场举办轮滑等极限体育赛事，还吸引了酒吧、时装、酒店、特色餐饮等多项服务业入驻，多元化的经营为"北京工体"带来超亿元的年收入，是我国目前大型体育场馆发展多业态综合运营的成功典范。

第三，夯实职业体育基础，承办职业体育赛事，提高场馆利用率。

与职业体育发展相结合，开发场馆冠名权，承办职业体育赛事是美国洛杉矶和亚特兰大奥运会解决奥运场馆赛后运营难题的重要经验。这启示我国要真正解决大型体育场馆赛后闲置问题，还需要有支柱性的职业体育项目来支撑。我国大型综合性体育场馆建设往往采取"场馆先行"策略[①]，在缺乏成熟职业体育赛事支撑的背景下，赛后场馆资源利用不足现象十分普遍。因此，首先要夯实我国职业体育基础，大力发展职业体育联赛，将体育场馆建设与职业体育发展有机结合，为承办职业体育赛事提供平台。北京首钢体育馆是首钢篮球俱乐部的主场，从 2010 年初开始，首钢男篮和女篮共 6 支队伍进驻首钢篮球馆，首钢篮球馆每年承接首钢男女篮球俱乐部联赛达多场次，大大提高了场馆利用率，还开展了与俱乐部相关的各种创收活动，取得了良好的社会经济效益。近年，电子竞技类比赛越发流行，逐渐成为年轻人热衷的运动。2022 年 1 月 15 日，2021 王者荣耀挑战者杯总决赛和第二天的王者荣耀年度盛典在杭州奥体中心体育馆举行，原本空旷的场馆顿时人声鼎沸。在不断变革的当代，体育场馆也应紧跟趋势，抓住年轻人这一群体，多多举办他们喜爱的活动。

第四，发挥专业机构作用，提高场馆专业化运营水平。

国外奥运场馆成功运作背后往往离不开专业团队的支持，例如著名的场馆运营集团通过科学规划和资源整合使伦敦千禧体育场成功扭亏为盈。以 AEG、GSE、SMG、Octagon 为代表的国际著名的体育场馆运营集团和专

---

① 叶小瑜，鲍明晓，刘兵 . 国外奥运会场馆赛后的运营及其启示 [J]. 体育文化导刊，2013，11：97-100.

业娱乐公司往往具有丰富的场馆运营管理经验，对场馆资源进行有效甄别与分析，科学开发满足社会需求的市场项目，提高场馆经济效益。这启示我国大型体育场馆赛后发展要坚持走国际化、专业化、精品化发展道路，充分调动国内外著名的咨询策划公司、资产管理公司、品牌管理公司、体育推广公司、媒介运营公司等专业机构参与体育场馆赛后产业开发工作，通过专业购买，获得高水平技术支持，进而有效提高场馆市场运营水平。

第三节　无障碍环境建设对赛后利用的推进

一、吸引大型赛事落户杭州

　　杭州奥体中心体育场、网球馆、体育馆、游泳馆、综合训练馆等亚运核心场馆群拥有一流的硬件设施，具备了举办国内国际大型赛事的标准，加上亚运会举办的洗礼，赛后会有更多的顶级赛事落地杭州，这将为杭州市打造国际赛事之城提供坚实的硬件基础条件。以亚残运会为契机，杭州市挖掘场馆"职业业余"的体育功能，提升体育产业效益：通过对杭州奥体博览城场馆群、黄龙体育中心场馆群的改造提升和无障碍环境的优化，吸引国际大型赛事的举办；通过自行车、帆船、公开水域等项目场馆建设，组织单项赛事，开辟特色优势项目，也拓展了残障人士的运动项目范围；以亚帆中心、富阳水上运动中心等场馆为各级运动队训练提供优质的无障碍场地；充分挖掘、扩展运动功能，例如亚运会曲棍球比赛场地可改为足球场地，手球比赛场馆可改为篮球或羽毛球场，以便赛后借用、转化，充分发挥场馆的社会效益和经济效益。

二、丰富城市功能的多样性

　　"还场于民"将是今后亚运场馆赛后利用的大方向。场馆"建在城市之中，建在产业之上，建在群众脚下"。"建在城市之中"：把场馆放到城市中考虑，亚运场馆不是独立的建筑，而是城市建设的一部分，从它的规划、建设到运行，都从城市角度去看待。"建在产业之上"：体育场馆不仅具有举办体育赛事的功能，在场地上它与商业结合，在运营上与文化会展结合，通过丰富的产业聚拢人气，形成运营的良性循环。"建在市民脚下"：亚运场馆将为群众体育提供更优质的服务，为城市和市民群众留下亚运遗产。未来，这些场馆将会作为城市地标、国际赛事和大型、残健融合的群众性活动的主要承接地，展现杭州开放包容的现代化城市形象。

三、积累人才和办赛经验

杭州没有举办过国际性大型综合赛事的经验，通过举办亚（残）运会，杭州市积累宝贵的体育赛事举办经验和专业的体育人才。建设高质量、高标准、高科技的无障碍亚（残）运会场馆不仅为赛事举办提供优质的硬件设施，同时也将带动行业人才的引进和本土人才的培养。杭州奥体博览城体育游泳馆、综合训练馆在建设之初就确定了专业运营单位，亚（残）运会前已经完成了运营团队的组建。此举一方面给场馆建设过程注入了运营思维，为减少后期改造提供经验支撑。另一方面，专业运营团队的提前介入大大节约了人与场馆磨合的时间成本，提高了赛后运营效率，为后期其他赛事的举办创造有利条件。

第九章

公平与超越：亚运助力推动残疾人健身事业发展

以亚（残）运会推动残疾人健身事业发展，既是本次赛会非常重要的"遗产"（详见第七章），也是共同富裕目标的一个重要组成部分。

第一节 亚残运会与公众参与

一、推动全民健身

以亚运会、亚残运会为契机，杭州市进一步推进全民健身，如"与亚运同行"系列健身活动。开展各类亚运主题全民健身活动，每年组织健身活动1500场次以上，开展全民健身培训服务1000场次以上。为市民提供多元化科学健身指导载体，对经常参加体育锻炼、市内出行乘坐公共交通工具的人群通过积分制等多种形式予以激励。

二、改善公共体育设施

公共体育设施的充足完备是大众参与运动休闲健身的基础保证。然而，杭州市的体育设施在亚运会举办前还存在以下问题：一是举办大赛事的大型体育场馆设施陈旧、档次规模偏低，建成年代较早。二是群众体育设施配置单一，基本以老人健身活动为主，缺乏足球、篮球、网球等适合年轻人的运动场地。三是街道和社区的同质化高，人均用地不足国家标准。2016年发布的《杭州市体育发展"十三五"规划》中指出杭州的基本公共体育服务体系不够完善，基本公共体育服务供给与群众需求还存在不小差距，特别是健身场地少、分布不均衡，品牌活动少、社会组织不健全，健身缺辅导的问题没得到根本解决，经常参加体育健身锻炼的人数整体比例仍然偏低，有待进一步营造社会共同关心支持体育发展的氛围[①]。

---

① 杭州市发展和改革委员会.杭州市体育发展"十三五"规划［EB/OL］. http://drc.hangzhou.gov.cn/art/2016/7/6/art_1229542766_1949145.html，2016-07-06/2022-8-19.

依据亚运会场馆需要和《杭州市"十三五"体育产业发展规划》的精神，杭州已新建（建成）一批大型赛事场馆，如杭州奥体中心、拱墅运河体育公园、余杭区体育中心、杭州钱塘新区轮滑馆等以进一步优化杭州市的体育设施的区域布局。并且结合"节俭办赛"的要求，充分利用现有和改建的场馆资源作为亚运会的各赛事举办场地，经济地、可持续地满足重大赛事的举办及日后场馆的运营。如一些高校的场馆：杭州师范大学仓前校区（7 人制橄榄球、排球场馆等），浙江大学紫金港校体育馆（篮球场馆），杭州电子科技大学体育馆（击剑场馆），浙江工业大学板球场（板球场馆）等。另外，根据 2018 年公示的《杭州市体育设施专项规划》显示，杭州将在亚运会之前构建"二心七副、一环八片、均衡网络化"的格局，形成以主城的黄龙体育中心及滨江区的奥体中心为双核的公共体育设施，其他几个区组成的体育副中心，加之绕城绿带和远郊公园组成的休闲体育园环，逐步形成市民"15 分钟运动圈"和"5 分钟健身圈"，进一步推动解决全民健身场地少、分布不均等问题，缩小公共体育服务供给与群众健身需求之间的差距。

三、建设适宜步行和骑车的城市

杭州是一座历史文化名城，是风景秀丽的旅游之都，城市中适合步行和骑车的场地是人们休闲健康出行的保障，也是展现杭州山水灵动和江南特色的极佳平台。杭州提出实施"迎亚运·全民健身"设施建设专项行动，其中，将新建和提升改造健身绿道 400km，新建公共健身中心、健身广场、健身公园 15 处。目前，在杭州绕城以内的主城区，以西湖风景名胜区为"绿芯"、钱塘江与运河绿地为"绿带"、河道沿线绿地为"绿脉"、各类公园绿地和广场为"绿点"的城区绿道系统已经成网贯通，全域绿道总密度达到 $1km/km^2$，杭州市民出家门步行 5 分钟，就可融入绿道网。此外，在新建的钱塘江大桥上，还将增加慢行骑车和人行道，以解决市民骑车出行难问题，鼓励市民绿色休闲出行。

第二节　残疾人公共健身与公共体育设施无障碍建设

一、亚运会前杭州市残疾人公共健身事业发展情况

2011年10月，全国第八届残疾人运动会在浙江省杭州市举行，"八残会"的顺利举办不仅向全国人民展示了杭州"精致、和谐、大气、开放"的城市精神，也使社会各界更关心残疾人，对残疾人的体育运动需要尤其是群众性体育运动的重要性有了更加深入且直观的认识。根据第二次全国残疾人抽样调查结果显示，浙江现有残疾人311.8万，杭州47.8万，占全市总人口的6.36%。"八残会"召开时，省市政府投入了大量资金，使杭州在无障碍设施的建设和残疾人体育场馆的改建上有了较大改善，但全市残疾人体育运动需求的日益增长与公共体育设施建设不到位之间的矛盾仍然存在。

第一，公共体育设施建设取得长足发展，但为残疾人专供的设施却非常少。

杭州市十分重视全民健身运动，2001年颁布《杭州市全民健身条例》，提出"市民依法参加全民健身活动的权利受法律保护，全社会应当关心和支持老年人、残疾人参加全民健身活动"。2012年，在《条例》颁布的基础上，又详细制定了《杭州市全民健身实施计划（2011—2015）》，明确全市要在五年中"建设体育健身中心、体育健身广场、体育健身主题公园100个以上，人均公共体育场地面积达到1.8m² 以上"。由此，杭州市公共体育设施的建设取得了长足发展，全民健身的氛围正在形成。然而有调研发现，到2014年，即杭州取得亚运会举办权的前一年，大部分体育场馆仍然没有完善的无障碍设施[1]。

---

[1] 李涛．杭州市残疾人公共体育设施建设的社会支持研究［J］.浙江体育科学，2014，36（56）：66-83.

仅有的几个残疾人专用体育场馆多建于城市郊区。"八残会"后政府对部分旧场馆的场地、观众看台及卫生间等设施进行了无障碍改造，但涉及范围较小，且指示不明维护不勤，体育器材的设计并没有充分考虑到残疾人的特殊需求。另一方面，残疾人多因身体和心理等原因较为排斥人群密集的公共场所，而且由于行动不便，多愿意选择居住地所在的社区进行体育锻炼。由于残疾人健身的体育场地设施与健全人有较大的区别，绝大多数残疾人不适合健全人的体育设施，并且存在数量少、质量差、布局不合理等多方面问题，已经成为阻碍残疾人参加体育锻炼的重要因素。

第二，政府为残疾人体育事业投入增加，但残疾人公共体育发展重视不足。

《杭州市残疾人事业发展"十二五"规划》中，明确指出要"将残疾人体育工作纳入当地政府体育工作计划，促进残疾人群众体育与竞技体育均衡发展"。根据统计报表显示，浙江省用于残疾人体育支出的省级财政拨款每年约300万元，杭州市级财政拨款每年约100万元，与省内其他地市相比，在经费投入上占有优势[①]。但仅有的这些经费几乎用于残疾人运动员的训练、参赛及奖励支出，真正服务于普通残疾人公共体育事业发展的却非常少，普通残疾人的体育活动需求无法得到普遍满足。从调查来看，1/3以上的社区仅有的残疾人体育健身设施是一套残疾人康复器材，有偏瘫康复器、双轮助行器、按摩椅、划船机等，一次性投入约2万元左右，大多放在活动室或康复室内，无人管理，许多零件都已老化、损坏，少有残疾人使用，没有起到为残疾人康复锻炼的作用[②]。大部分的残疾人认为没有健身器材或者现有的健身器材不适合锻炼是阻碍其参加体育活动的最主要因素，可见残疾人对现有的公共体育设施并不满意，大大降低了其参与体育锻炼的积极性。

第三，残疾人参加体育锻炼的意识提高，但活动参与的广度和深度仍不高。

从"八残会"举办到2015年之前，随着政府对残疾人事业的扶持和保

---

① 李佳．中国高校高尔夫专业教育现状及对策研究［J］.经济研究导刊，2013（03）：312-314.

② 李涛．杭州市残疾人公共体育设施建设的社会支持研究［J］.浙江体育科学，2014，36（56）：66-83.

障力度增大，全民健身的氛围逐渐形成，残疾人也开始对自身的体育锻炼活动引起重视。但是调查发现，残疾人参加体育锻炼的广度和深度不够，呈现"自发性、少器材、无组织、缺指导"的特点[①]，使残疾人参与体育锻炼的质量受到严重影响。在各个社区，没有形成残疾人日常体育锻炼的氛围，只有在参加上级组织的体育比赛时，才会临时组织残疾人体育赛事，且项目多为残疾人趣味运动会、乒乓球、武术表演等，内容单一，组织性不强。一部分残疾人会选择在家中参加一些基本的体育锻炼，以康复训练为主，例如举哑铃、按摩椅、徒步走等，不具科学性和系统性。社区体育器材和体育指导员缺失是阻碍残疾人参加体育锻炼的两大重要因素。社区现有的体育器材，尤其是居民使用率较高的健身路径均是按照正常人的身体结构和动作习惯设计制造，无法适应残疾人的运动习惯，且有可能导致二次伤害的发生。社区基本没有残疾人体育指导员，即使有也是兼职，如残疾人专干或爱心志愿者等，指导员队伍并不稳定，无法满足残疾人体育锻炼的专业需要，残疾人体育指导员十分匮乏。

二、后亚运时代残障体育运动及嵌入式体育场地建设

通过杭州亚（残）运会的推动，城市无障碍环境能得到显著改善，残障者的生活、出行更加便利。新建场馆的无障碍融入和既有场馆的无障碍改造，使公共体育设施具有了全人群友好性。特别是19个亚残运会场馆的建设，其无障碍不仅涉及观众区，也包括运动员区，大大便利了残障运动员的参赛。

亚运带动的不仅仅是残障者的竞技体育，也激发了广大残障朋友参与大众体育的热情。但正如前文所说，残障者多因行动不便，更愿意选择居住地所在的社区进行体育锻炼而不是去专门的体育场馆，因此，散落于城市不同角落中的开放性、社区化的公共体育设施便显得更加重要了。

借助杭州亚（残）运会举办契机，杭州市委社会建设委员会颁布了《杭州市嵌入式体育场地设施建设三年行动计划（2022—2024年）》，从而加强多

---

① 李涛 . 杭州市残疾人公共体育设施建设的社会支持研究［J］.浙江体育科学，2014，36（56）：66-83.

中心、多层级、多节点的全民健身资源布局，盘活城市空闲土地，补齐健身设施短板，不断满足人民群众日益增长的体育健身需求，使健全人，也使残障者能够更加方便地参与到体育运动中，构建更高水平的全民健身公共服务体系。

1. 行动目标

全市嵌入式体育场地设施规划设计、管理使用、监督维护机制更加完善，群众身边的体育设施有效供给不断扩大，"三大球""三小球"和门球等群众参与度较高的体育设施普惠可及。到 2024 年，全市人均体育场地面积达到 2.7m² 以上，形成供给丰富、布局合理、功能完善的"10 分钟健身圈"，有效满足群众多层次多样化的健身需求。

2. 行动内容

（1）健身设施结构优化提升行动。全市通过三年行动，在新增体育场地面积中安排 16% 以上用于建设嵌入式体育场地设施，到 2024 年底杭州市嵌入式体育场地设施数量和面积达到全省领先水平。各区县（市）按《2022—2024 年杭州市嵌入式体育场地设施建设任务》和《杭州市嵌入式体育场地设施建设导则（试行）》要求，制定本地区嵌入式体育场地设施建设三年行动实施方案，及时做好任务分解，明确项目选址、规划、设计和建设，确保方案落地落实落细。

（2）居住区嵌入体育设施配建行动。新建居住区按室内人均建筑面积不低于 0.1m² 或室外人均用地不低于 0.3m² 的标准配建公共健身设施（室外场地优先用于建设嵌入式体育场地设施），纳入施工图纸审查，验收未达标不得交付使用。新建、改建、扩建居民住宅区的配套公共体育设施由属地街道（乡镇）统筹使用和管理；结合老旧小区改造，支持利用建筑物屋顶、地下空间、城市空置场所、废弃厂房、临时用地、社区（村）存量建设用地，配建嵌入式体育场地设施。

（3）公园绿地嵌入体育设施建设行动。加快体育公园建设，严格保护好遗产地和重要区域的景观风貌，按照《关于推进体育公园建设的指导意见》要求，实施公园建设三年行动计划，建设体育公园，足球场等利用天然草皮建设的嵌入式体育场地设施计入绿化用地，健身设施用地占比不低于 20%，公园绿地率不低于 65%。

（4）桥下空间嵌入体育设施建设行动。借助桥下空间整治和城市风貌提升契机，在确保安全的条件下，依据所在的地形、环境以及坡路本身构造情况，推动"桥下空间＋体育健身"改造更新，建设更多群众身边嵌入式体育场地设施。

（5）滨水绿道嵌入体育设施建设行动。在符合相关法律法规、不破坏生态、不妨碍行洪和供水安全的前提下，利用钱塘江、京杭大运河河道两岸、宽度30米以上的滨水绿道建设嵌入式体育场地设施。

（6）学校体育场地开放提质行动。作为嵌入式体育场地建设任务之外的补充，要结合学校实际和周边群众需求，一校一方案，实现学校体育场地应开尽开。符合空间布局条件的新建学校应按照中办、国办印发的《关于构建更高水平的全民健身公共服务体系的意见》文件中"一场两门、早晚两开"的要求规划建设，同时，鼓励有条件的现有学校改建进出通递。稳妥推进学校室内体育场馆开放工作，支持第三方对区域内学校体育设施开放进行统一运营，完善校园健身数字服务应用场景。

3. 建设标准

为规范嵌入式体育场地的建设，杭州市委社会建设委员会还颁布了《杭州市嵌入式体育场地设施建设标准》。《标准》先从总体上，对场地缓冲区、场地布置方向、场地坡度、场地标高、场地面层、场地围挡设施、场地给排水设施、场地对周边环境的影响和场地多功能设计提出要求；接着，分别针对标准的嵌入式体育场地和非标准的嵌入式体育场地提出了具体的尺寸和设计要求。

《标准》内容中，缓冲区、场地坡度、场地标高、场地面层等内容和无障碍使用息息相关，比如：缓冲区内不应有任何突出地面的固定障碍物；室外球场坡度一般不大于0.5%；场地入口处宜设置成坡道；场地面层应保持平整无破损、摩擦程度适当、防止眩光，具有一定弹性等。其他内容从广义上来说也是保障无障碍使用的必要条件，比如良好的朝向是防止眩光手段之一，这对于视觉障碍者尤其重要。

4. 嵌入式体育场地建设成果

在筹备亚（残）运会的带动下，杭州市嵌入式体育场地建设取得了较为显著的成果。2022年建设了268处嵌入式体育场，面积从70m²（拱墅区霞湾桥下东岸乒乓球场）到253900m²（滨江区沿江景观公园），因地制宜，使运动健身场地以丰富的形式，深入到了百姓生活的周边。在亚运之后，这项工作将进一步推进，为广大的残障群体提供近在咫尺、设施便利的运动健身场所。

第三节　空间正义与社会正义

一、空间正义理论

"空间正义"这一概念是由西方国家传入中国的，即是指在社会发展过程中，决策者探索社会资源分配效率提升路径中兼顾不同社会群体利益，保障社会民众的平等权益，以求创造人人共享、人人可享的公共服务体系。早期的"空间正义"概念注重居民现实活动空间的分配，强调的是社会公平与正义在纯粹物理空间的体现[①]。西方资本主义国家在早期城市化进程中不断暴露出城市空间阶级化、城市空间隔离、城市空间掠夺等一系列城市空间不义问题，因此导致过数次游行示威活动。解决城市空间不义问题、包容各类差异文化、降低空间阶级化现象便成为早期资本主义解决社会矛盾的重点。戴维·哈维（David Harvey）在其著作中指出，社会中各类服务性资源应通过公平正义的方式进行地理空间分配，在这一过程中不仅要关注分配结果，更应强调分配过程的公正[②]；索亚（Edward W. Soja）认为空间正义本质上是一个涵盖了空间可达性、社会包容性、服务公平性、资源平等性的社会"正义"的体现，也是尊重和保障社会基本人权的体现[③]。需要指出的是，"空间正义"理

[①] 曹现强，顾伟先. 公共服务空间研究的维度审视：反思、框架及策略 [J]. 理论探讨，2017（5）：5-12.

[②] 戴维·哈维. 正义、自然和差异地理学 [M]. 胡大平，译. 上海：上海人民出版社，2010：13.

[③] Edward W. Soja. Seeking Spatial Justice [M]. Minn: Univ of Minnesota Press, 2010: 491-492.

论经过数十年的发展，已不再局限于纯粹物理"空间"，其内涵也更全面、更科学[1]。新时代"空间正义"理论的核心是追求社会发展的效率与公平正义兼顾、政府与资本市场共荣、短时利益与长久利益最大[2]。我国对于空间正义的研究起步较晚，但得益于社会主义制度的优越性，得益于党和政府对包括残障者在内的"弱势群体"的高度关注，空间正义实践已经在旅游休憩空间、社区生活空间、公共交通空间等领域取得了丰硕成果，这一方面是先进城市文化理论的引入，另一方面也是在我国城市化进程快速发展进程中，纠正残障者公共体育需求"不正义"问题的必然要求[3]。

二、空间正义与残障者公共体育

残障者公共体育是由公共体育设施（场地）、服务、管理三要素构成，其内涵分别如下：

第一，残障者公共体育设施（场地）。公共体育设施（场地）一直是建设体育强国的物质基础之一，其规划与建设更是提升国民体质、实现健康中国战略、推行全民健身计划的必要条件，残障者由于受自身限制较大，参与体育活动难度较大，因此在参与公共体育活动时需要使用有针对性的无障碍体育设施和无障碍体育场地，包括配套的无障碍道路、残障者使用的隐私平台或公共房间、无障碍卫生间、无障碍信息交流等其他相关生活的设施。

第二，残障者公共体育服务[4]。残障者公共体育服务是由残障者公共服务与社会公共体育服务二者融合所衍生出的，然而这并不是简单相加，它诞生出一些二者都不具备的特点。残障者公共服务是由政府提供、能够满足残障者自身需求的社会公益服务，其目的是为残障者公平正义的参与社会活动创造便利条件，营造和谐友好的社会氛围。社会公共体育服务是以政府为顶层设计，在法律的监督与约束下，维护社会共同的公共体育利益，保障社会共

① 陈忠. 空间辩证法、空间正义与集体行动的逻辑［J］. 哲学动态，2010（6）：40-46.

② 谢欣然. 从"资本逻辑"走向"人本逻辑"——当代城市空间生产的伦理演变及其中国实践［J］. 人文杂志，2021（1）：70-78.

③ 任平. 走向空间正义：中国城市哲学原创出场十年史的理论旨趣［J］. 探索与争鸣，2020（12）：137-144.

④ 张韬磊，吴燕丹. 政府购买残疾人公共体育服务的实现路径研究［J］. 西安体育学院学报，2018，35（1）：48-55.

同体育权益，以公共体育场所、设施、器材等为载体实施的各类社会服务行为。基于此，我们可以对"残障者公共体育服务"这一概念做出如下解读：将政府作为顶层设计行为主体，旨在保障和满足全体残障者实际体育需求、促进其身心健康发展的体育服务行为的总称，具有服务精准性、内容多样性、供给兼容性和资源配置准确性等特点。

第三，残障者公共体育管理。指在残障者参与公共体育的行为中实现各类管理职能，包括对参与公共体育活动的残障者运用时间规划、组织领导、监督保障等方式，协调残障者的群体体育活动、体育教学、康复锻炼、业余训练、场地器材等内容，其主体为政府购买公共体育服务的服务提供方，一般为商业性社会体育组织、机构等[①]。

三、空间正义的缺席：残障者公共体育"贫困"现状分析

"贫困"一词源于对经济的考量，用以形容人或群体由于经济原因陷入窘迫状态，由于弱势群体在社会生产等各类活动中较普通人更易处于资源缺乏状态，更易陷入"贫困"。随着我国贫困治理理论的不断发展，"贫困"已不再局限于物资的匮乏，更应该被理解为一个多层次的概念，思想层面"精神贫困"与物质层面"经济贫困"已逐渐成为公共体育"贫困"的两种存在形式。

第一，因为运动空间划拨缺失正义，残疾人公共体育面临物理空间"贫困"。

由于身体能力受限，社区成为残疾人参与公共体育活动的"主战场"，残疾人社区体育运动开展情况也是衡量我国体育事业发展的重要指标，因此残疾人体育空间划拨重点也应围绕社区展开，但社区周边缺乏为残疾人运动而存在的专业运动场地，残疾人进行体育活动空间以各类社区康复设施为主（表9-3-1），但体育运动康复设施总数（1006个）也较之与健全人体育场馆的数量（354.44万个）存在极大差距。中国残联数据显示[②]，2015年1月至

---

① 曹烃，张帆，肖思佳，等. 体育强国战略下残疾人体育面临的机遇与挑战［J］.武汉体育学院学报，2015，49（9）：20-25.

② 中国残疾人联合会.2019年残疾人事业发展统计公报［EB/OL］. https://www.cdpf.org.cn/zwgk/zccx/tjgb/0aeb930262974effaddfc41a45ceef58.htm，2020-04-02/2022-08-19.

2019 年 12 月，经常参加体育锻炼的残疾人数上升 2.1 倍，达到 14.6%，残疾人体育运动的覆盖面和参与率均有较快提升，但相较健全人仍有巨大差距，运动空间划拨不正义是重要因素之一。据《人民日报》报道[①]，在无障碍体育场馆当中，残疾人无障碍设施依旧在卫生间、楼梯、盲道等方面"障碍重重"，残疾人仍然缺乏体育运动空间，并且商业性或专业性较强体育场馆几乎全部是为健全人设计的，无障碍程度较低。

表 9-3-1　我国残疾人康复设施数量

年份	已竣工残疾人康复设施（个）	总建设规模（万平方米）	总投资额度（亿元）
2013	542	100.7	32.7
2014	613	130.1	40.38
2015	682	165.65	51.27
2016	762	213.4	65.7
2017	833	261.4	80.8
2018	914	344.9	111.2
2019	1006	414.2	132.2

表格来源：作者根据中国残疾人联合会数据编制。

　　第二，因为体育指导人员比例缺失正义，导致残障者公共体育权益空间"贫困"。

　　体育权益平等是我国公民实现人权平等的重要体现之一，也是从国家、政府、法律等各个层面来看都应予以保障的重要的公民权益之一[②]。"社会体育指导员"这一职业设立初衷便是从人民角度出发，推动我国体育事业发展、促进民众健康长寿、保障民众体育权益，各地体育管理机构也应通过合理调整各地、各社区体育指导员比率来保障人人都能平等享受到"社会体育指导员"的服务，但是从国家统计局与中国国家通讯社联合发布的《残疾人发展

---

① 人民日报. 中国残疾人超 8500 万无障碍设施"障碍"重重[EB/OL]. https://www.chinanews.com.cn/sh/2017/02-17/8152225.shtml，2017-02-17/2022-08-19.

② 中华人民共和国国务院新闻办公室. 国家人权行动计划（2016—2020 年）[EB/OL]. http://www.scio.gov.cn/ztk/dtzt/34102/35574/35582/Document/1534192/1534192_7.htm，2016-09-29/2022-08-19.

白皮书（2019）》来看（表 9-3-2），当前我国总人口为 14.173 亿，其中健全人约 13.1673 亿，享受着 2112.2 万名普通社会体育指导员提供的公共体育服务，比例为每千人 1.6 名指导员，而我国约有 8500 万残疾人，享受着 10.4 万名专业残疾人社会体育指导员提供的公共体育服务，比例仅为每千人 1.2 名指导员，数量也较 2022 年"每千人 1.9 名社会体育指导员"的"健康中国 2030 规划纲要"国家战略目标存在差距[①]。普通指导员欠缺对残疾人提供公共体育服务的理论与实践知识，在社会体育指导员培养大纲当中也欠缺这方面内容，因此无法有效地指导与保障残疾人进行体育活动，难以保障残疾人与健全人一样享受平等的体育权益，缺乏体育权益保障者会直接导致公共体育权益空间"贫困"现象发生。

表 9-3-2　我国残、健体育指导员人口比例

	健全人	残障者
社会总人口	约 13.1673 亿人	约 8500 万人
体育指导员人口	约 211.2 万人	约 10.4 万人
人口比例	每千人 1.6 名指导员	每千人 1.2 名指导员
2030 年预期比例	每千人 2.3 名指导员	每千人 2.3 名指导员

表格来源：作者根据《残疾人发展白皮书（2019）》数据编制。

第三，因为政府公共服务配置缺失正义，导致残障者公共体育服务空间"贫困"。

政府为民众所提供的公共服务配置主要表现形式为政府购买公共服务，当前公共服务配置不正义问题主要集中在以下三个方面：购买主体顶层设计不完善、承接主体供给能力有待加强、使用主体需求反馈机制不畅[②]。

购买主体：顶层设计与基层实践严重脱节。

让被决策者参与决策过程是联合国人权公约的价值核心，在公约当中也对尊重残障者群体的人权做出了单独说明："如果决策过程没有残疾人参与，

---

① 中华人民共和国中央人民政府．健康中国行动（2019—2030 年）［EB/OL］．http://www.gov.cn/xinwen/2019-07/15/content_5409694.htm，2019-07-15/2022-08-19.

② 张韬磊，吴燕丹．政府购买残疾人公共体育服务的实现路径研究［J］．西安体育学院学报，2018，35（1）：48-55.

不要做有关他们的任何决策。"但从目前政府购买公共体育服务的机制及其运行情况来看，对残障者需求调研环节缺位比较严重，导致决策定位不可避免出现与需求不匹配，随意性较大，资源配置不足与浪费并存的问题。在实际调查过程中，某省残联在践行"重度残疾人服务进家庭"项目中，存在为重度残疾人发放跳绳的情况，根本没有从实际健身需求出发[①]。作为微观购买主体的地方权力部门，同样存在购买机制不够健全，服务范围划定模糊、购买方式欠妥、服务质量衡量都比较模糊，这种购买主体失灵行为降低了公共体育服务效率，有损管理部门形象。

承接主体：利益驱使的商业化现象严重。

商业化现象严重导致服务承接主体会优先从资本角度出发，考虑自身利益的最大化，从而导致其提供的服务质量受影响。残障者公共体育服务具有专业化、多样化、复杂化、个性化的需求特点，对于承接主体来说需要较强的专业能力。目前残障者公共体育服务购买严格意义上只能算是典型的非竞争性委托购买，还不能算是成熟的公共服务购买模式，由政府制定行业标准进行公开招标的市场模式使得资本效益最大化的企业能够在公共体育市场竞争中处于垄断地位，这一现象正是由于当前残障者体育服务市场尚不成熟，竞争机制尚未完善，行业准入门槛模糊不清造成的。

使用主体：残障者需求表达机制缺失。

需求表达和反馈机制不畅，使服务难以精准供给作为公共体育服务的使用主体，残障者不应该仅仅是被动接受服务的对象，而是要成为公共体育服务的参与者和建设者，其基本职责贯穿于购买公共体育服务的全过程，有责任真实表达诉求以确保供求匹配，积极配合公共体育满意度调查以保证服务能够精准惠及每一位群众。而现实状况是残障者对服务需求的表达渠道和传递路径，对于服务能否精确满足利益诉求的反馈机制严重滞后。

第四，因为社会包容空间正义缺失，导致残障者公共体育意识空间"贫困"。

2019年，我国健全人运动员共在33场全球体育大赛中取得了128个世界

---

① 张侃波，季城. 空间正义导向下残疾人公共体育"贫困"治理研究［J］. 武汉体育学院学报，2021，55（11）：34-40.

冠军，而残障运动员在 53 场国际特殊体育大赛中取得 350 个世界冠军，残、健运动员同样取得了颇丰的竞赛成果，但实际上媒体对于残障运动员的报道数量并不多。百度媒体指数能够反映出社会人群与各类互联网媒体对于某一类社会事件的关注程度，2012 年 1 月 1 日至 2019 年 12 月 31 日共计 2922 天的百度媒体指数数据显示，健全人赛事的互联网媒体指数最高为 1400377，而残障者赛事的互联网媒体指数最高仅有 1560，数据相差近 1000 倍，甚至难以放到同一张统计图中来分析媒体指数变化趋势，反映出民众对于残障者体育关注程度较低，社会包容空间缺失[①]。与此同时，残障者自身通过公共体育为自身构筑的社会属性也是值得关注的重点。人作为一种社会性生物，社会活动为人类群体或个人构筑的社会属性必不可少，社会属性不仅取决于个体的自我认知和自我意识，在更大程度上也取决于外界对于个人或其所在集体的反应[②]，即："行为者不断通过外界反馈了解自我，并根据外界对自己行为的反应塑造自我形象。"然而在现有的社会氛围中，由于人文关怀精神及社会包容空间的构建还未臻于完善，身体的缺陷和障碍往往会成为污名化他人或群体的行为逻辑。由于先天或后天丧失部分身体机能，残障群体处于一种公共意识"缺席"状态，被无法反抗地剥夺了与健全人平等的社会身份，这使他们失掉了尊严、话语权、社会信任和生活温馨感，部分残障者丧失自信变得自怜自哀，这些与亲情的淡漠叠加在一起，甚至让一些人失去了勇敢面对生活的底气，在颓废中虚耗生命。体育是在人类发展社会和构建社会过程中诞生的，是人类以物质生产活动所构造的特殊社会活动，体育活动的社会性不言而喻。重构和巩固病残弱势群体的社会身份也就成为其参与公共体育活动的行动重要意义，因而需要通过体育活动推动社会包容空间的构建，重塑残障者社会属性及自我认知，重振残障者生活的勇气与信心，以此来解决残障者公共体育意识空间"贫困"问题。

---

① 张佃波，季城. 空间正义导向下残疾人公共体育"贫困"治理研究 [J]. 武汉体育学院学报，2021，55（11）：34-40.

② 颜玉凡，叶南客. 病残弱势群体社会身份重构的文化路径——以城市公共文化生活为例 [J]. 东岳论丛，2020，41（3）：66-72.

四、从空间正义到社会正义：残疾人公共体育"贫困"消解路径

第一，合理规划现有社会空间，保障残障者公共体育物理空间。

（1）开发残障者日常生活相关设施的体育活动功能。

我国为残障者提供公共体育服务场所几乎全部集中于社区以康复中心为主的一系列残疾人社区综合服务设施，少有单独的残障者公共体育设施[①]。随着社会的不断发展，我国残疾人社区综合服务设施已由1996年的280所增长至2019年的2341所，在这之中仅有1006座康复中心。虽然设施数在逐年递增，但均分到我国8500万左右的残障者总数仍然捉襟见肘，残疾人社区综合服务设施数仍远低于实际需求，而加强残障者体育服务、场馆开放程度及场馆适配程度也位列《全民健身计划（2021—2025年）》（2021年8月）的第一主要任务，因此应在保持现有综合服务设施建设进度的同时不单纯局限于综合服务设施的体育服务功能，应拓展现有残障者日常生活相关基础设施的体育服务功能，如：在精神障碍治疗中心、社区残疾人之家、护理院、康复院、疗养院、社区卫生服务中心、日间照料中心等场所开辟体育运动空间，将一些低场地需求、低强度、高安全性的残疾人体育运动引入其中，让残障者将体育逐渐融入其自身日常生活，不但能够营造出良好社区体育活动环境，更能够从物理层面扩充残障者公共体育空间。

（2）提高现有残障者体育设施周转率。

残障者公共体育物理空间周转率低也是造成残障者公共体育"贫困"的因素之一，其具体表现在以下两个方面。其一是交通因素造成的物理空间周转率低，《全民健身活动状况调查公报》数据显示[②]：绝大多数残障者希望运动场地能够设立在自己所居住的生活区附近（87.5%），选择在自己居住半径1000m内进行体育运动的残障者占到了总人数60%以上，但在实际生活中，并非所有社区都配备有适宜残障者进行体育锻炼的设施、器材与场地，全国范围内共计2341（截至2020年底）所残疾人社区综合服务设施所能够保障

---

① 徐盛城，蔡赓，吴清.日本残疾人公共体育设施现状解析及启示[J].体育文化导刊,2017(11)：73-78.

② 国家体育总局.2014年全民健身活动状况调查公报[EB/OL].https://www.sport.gov.cn/n315/n9041/n9042/n9068/n9078/c572099/content.html,2015-11-16/2022-08-22.

的范围也是左支右绌。其二便是时间因素造成的物理空间周转率低，残障者社区公共体育设施、器材、场地的利用时间往往集中于清晨与晚间，其余时间段参与锻炼人数较少，这一时间段不仅是残障者运动的高峰时间，也是健全人体育运动的高峰，让本就不富裕的公共体育空间拥挤不堪，从而导致周转率低。因此在设置残障者公共体育设施、器材、场地时，应权衡残障者生活社区覆盖范围及体育服务团体的地理位置，计算残障者空间分布特征及其参与各类体育活动的交通因素，妥善设置残障者公共体育设施、器材、场地等地理位置，在管理层面，也应派遣专业残障者体育指导员，履行管理、组织、协调职能，引导民众错峰参与锻炼，从而提升残障者公共体育物理空间周转率。

第二，加强残障者体育指导员培养，补足残障者公共体育权益空间。

残障者日常所需康养服务机构普遍集中于社区周边，因此社区便成为残障者享受公共体育服务的主要空间，也成为政府提供服务的基础单位。社区残障者社会体育指导员承担着保障残障者体育权益"执行者"与"守门员"的重要职责，应从人才培养课程内外入手，提升指导员人才数量，以此补足残障者公共体育权益空间，做到充分的保障残障者体育权益[1]。

在培养人才目标层面，决策者与管理者应理清顶层设计与基层实践的关联，以残障者群体的实际需求、当地残疾人事业发展的实际情况作为出发点，细化课程内容，拓宽残障者社会体育指导员的服务面，以培养"一专多能"的综合性人才来填补当前的人才缺口。具体课程内容应按照我国残障者分类标准进行妥善安排，让学习者能够层层递进地全面学习如何为3级7类共计21种类型残障朋友进行服务。

在指导员资格认证层面，不应笼统地将所有仅参加过初级培训班的学员全部认定为合格的残障者社会体育指导员，应设置切合实际的考核项目，从指导员的身体能力、精神面貌、思想状况、专业技术等层面进行全面考核，确保其能够为残障群体提供科学有效的服务。

在指导员"提质增能"层面，可以参照日本等人口密集的国家，将体育

---

① 于文谦，季城，呼晓青. 残疾人社会体育指导员人才培养问题剖析与路径优化［J］.体育学刊，2020，27（4）：61-66.

指导员资格证的有效期限设置为2—4年，到达期限后需要进行定期复核，复核通过后按照复核成绩酌情延长资格证有效年限，年限内也需要针对新政策与新法规的出台、新场馆新设施的建设、新治疗手段新康复方法的出现进行"再培训"，以此保证人才质量。让残障朋友能够与健全人一样享受高质量的公共体育服务，以此补足公共体育权益空间[1]。

第三，建立"共建—共治—共享"服务机制，扩充残障者体育服务空间。

"共建—共治—共享"服务机制是以政府作为顶层设计的主体，协同社会体育服务组织，在被服务对象（即残障群体）共同参与合作下实现公共体育服务系统的专业化、直观化、细致化运作，以达至共享发展的目标。"残疾人体育服务"的"共建—共治—共享"机制最早由南京大学残疾人事业发展中心提出（2019），它要求以"一核多元""共同参与""公平享有"三个层次作为中心，构成相互关联、紧密结合、层次递进的高效服务系统[2]，以此来解决公共体育服务配置不正义的问题，扩充残障者体育服务空间。

"共建"是指以政府社会体育服务供给为核心，以社会各级各类体育服务机构、组织、团体协同服务于残疾人公共体育，以残障者自身公共体育需求作为服务对象，以解决其面临的实际问题为服务目标，从而达到"一核多元"的服务体系架构[3]。残疾人公共体育服务工作自诞生之初便一直都是政府福利政策重点对象，但一直以来"政府"这一唯一服务供给主体将引导、决策、协调、管理、监督、控制、服务等职能包揽于一身，忽视了社会力量的重要性，不仅服务效率低下，也忽视了残障者亟须的"个性化"服务。"唯政府"的传统制度已经不能满足新时代残疾人公共体育需求，"单一化""碎片化"服务框架弊端逐渐显露。对此，政府相关部门首先应简政放权，从实际出发，将监督、决策、反馈等部分职能下放于社会体育服务机构、组织、团体，并对他们的发展提供充分的尊重与必要的帮助；其次，应让残障朋友

---

① 黄大林，黄晓灵．体育赛事志愿者激励机制研究——以2016年重庆国际马拉松赛为例［J］．西南师范大学学报（自然科学版），2019，43（2）：96-102．

② 周沛．基于"共建共治共享"的残疾人基本公共服务探析［J］．江淮论坛，2019（2）：129-136．

③ 张平，隋永强．一核多元：元治理视域下的中国城市社区治理主体结构［J］．江苏行政学院学报，2015（5）：49-55．

参与到社会公共体育建设当中，如由经过培训的残障朋友对其余残障群体进行体育运动指导、技术动作示范、场地器材验证等工作，以此建立残疾人公共体育服务"共建"模式，破除"唯政府"传统服务制度壁垒，避免"碎片化""单一化"的传统公共体育服务机制窠臼。

"共治"是指在残疾人公共体育建设进程中，重视残障者这一被服务对象本身需求，允许残障者与政府主管部门、社会服务团体三者在导向、决策层面相互协商，共同参与。这需要政府主管部门灵活运用协商机制，关注残障者自身以及服务提供者的基本诉求，突显政府"以人为本""为人民服务"的坚决态度，避免"耍官威"现象的发生；社会各类残疾人公共体育服务提供者应尊重残障者平等参与权和表达权，在提供各类体育服务过程中突显残障者主体地位，尊重其主体意识，一切从切实需求出发，不能本末倒置，并尽力消除残障者参与体育活动享受公共体育服务的障碍，做到"供给侧""需求侧"二者协调统一，在"共治"模式下保障残疾人公共体育服务质量。具体来说，首先应建立健全残障者沟通反馈机制，可以效仿部分地区的"市民问政"模式，通过在微信、抖音等人民常用的互联网平台开设民众向管理部门直接咨询、沟通与对话的渠道；其次应公开部分政府高层决策会议，允许残障者代表参与到当地基础设施建设、社会服务扩充等层面的决策当中。

"共享"是指在"一核多元"的公共体育"共建"模式以及"共同参与"的公共体育"共治"模式下，通过"残健融合"方式检验社会公共服务效果和残疾人公共体育建设成果。"共享"意味着社会发展成果的"共同发展"及"公平享有"，代表着社会伦理空间发展的公平与正义，让残障者与健全人共享平等社会生活权益以及平等社会发展成果的同时，做到残健融合发展。为实现残疾人公共体育成果的"共享"，首先应通过社区运动会、社区友谊赛等形式积极开展残障者与健全人能够共同参与的体育活动，逐步消除残障者与健全人之间的心理隔阂；其次应建立公共服务评价机制，通过社区登记、指导员回访、网络反馈等方式让残障者和健全人群体能够随时将社区服务效果、意见等内容反馈给管理者。

第四节　空间生产与群众体育

一、空间生产理论

空间生产理论的首创者列斐伏尔认为，空间具有物质特征、精神意义和社会效用的特征，它包含了位置、地位、立场、地域、领域、边界、门槛、边缘、核心等隐喻，也包含着社会界线与抗衡界限，以及主体建构自我与异己的边界等含义[1]。福柯（2001）[2]认为，空间既是任何公共生活形式的基础，同时也是任何权力运作的基础。苏贾[3]的空间辩证法指出，社会关系中的事件须通过空间形成，同时社会关系中的事件受空间的限制，且受空间调解。所以，空间不仅包括具象的物质性空间（第一空间），也包括人类认知形式中的空间（第二空间）和既真实又想象化的空间（第三空间）[4]。

列斐伏尔认为空间生产有两方面含义："空间中事物的生产"和"空间本身的生产"。在列斐伏尔构建的空间生产"三位一体"理论中，任何社会空间的产生都存在着这三个相互影响的过程，即"空间表征""空间实践"与"表征空间"。"空间表征"是构想的空间，指实践者通过使用符号、代码、知识等方式对空间实践进行诠释，并不是随意对空间秩序进行构想；"空间实践"是社会实践的"空间化"过程，实践者（包括权力和资本）通过施展智慧和行动策略进行空间生产与再生产，形成生活惯例、行为共识与社会结构；"表

① 吴宁. 列斐伏尔的城市空间社会学理论及其中国意义［J］. 社会，2008（02）：112-127，222.

② 包亚明. 后现代性与地理学的政治［M］. 上海：上海教育出版社，2001：13-29.

③ 爱德华·W·苏贾. 后现代地理学：重申批判社会理论中的空间［M］. 北京：商务印书馆，2004：1-10.

④ 包亚明. 后大都市与文化研究［M］. 上海：上海教育出版社，2005：2-20.

征空间"是指使用者为了达到某种象征性目的而通过符号、意向来使用的空间。"空间表征"作为构想空间，既规定着"空间实践"，又决定与修正着"表征空间"。

群众体育运动也体现着这个相互影响的过程。群众想要运动，就会设想一些比较合适的空间，除了专门的体育场馆，他们会考虑广场、公园、小区或道路中一些放大的空间。在这里，他们开展一系列体育运动，而运动这一实践活动，形成一定的生活习惯，也无形中标记了这些空间。久而久之，形成惯例的活动给这块空间赋予了特殊的符号，即这块区域是用于群众的体育运动的，不宜被停车、绿化、施工等占用。

二、当前群众体育发展模式的困境和挑战

"政府主导、部门协同、全社会共同参与"的群众体育发展模式体现出国家从整体到局部、从普遍到多样推进群众体育发展的整体思路，延续了新中国成立以来的传统[①]。在观念上，强调政府的地位和作用，突出政府主导性；在操作中，明确以政府为主要力量，建构体育公共服务体系，承担基本体育公共服务；在行动上，要求各级政府以多种方式、形式、内容投入群众体育发展。

"政府主导、部门协同、全社会共同参与"的群众体育发展模式在过去的一段时间里起到了决定性作用，取得巨大的成就。据国家体育总局统计，截至 2014 年底，全国经常参加体育锻炼的人数达到近 4 亿人；城乡居民达到《国民体质测定标准》合格以上达 89.6%；人均体育场地面积已达到 1.57m^2；全民健身指导和志愿服务队伍不断壮大，获社会体育指导员技术等级证书的超过 170 万人，获得社会体育指导员和救助人员国家职业资格证书的达到 12 万人；各省（区、市）每年接受体质测试人数平均在 8 万人以上[②]。2017 年第十三届全运会全面改革共设置了 19 个群众比赛项目（含 126 个小项），直接

---

① 李相如．论全民健身战略的国家发展地位［J］.南京体育学院学报（社会科学版），2015，30（5）：7-13.

② 国家体育总局．体育发展"十三五"规划［EB/OL］. https://www.sport.gov.cn/n315/n330/c723032/content.html, 2016-05-15/2022-08-24.sport. gov. cn /n10503 /c722960 /content.html.

参加海选和各种选拔的运动员已经超过千万人，进入全运会决赛的7712人；"六个身边"工程逐步实施；全国各地示范性的健身活动，推广性的体育活动逐年增加，民间性业余联赛、自发性群众健身活动也在蓬勃发展①。这些成就是市场和社会组织都不可能做到的。

随着新时代我国社会主要矛盾的转变，社会经济发展方式和国家治理方式也发生了转变②。大量研究证明，体育是人民美好生活的重要组成部分，群众体育发展同样如此。群众体育发展过程中城乡之间、区域之间、人群之间都存在着不均衡状态，整体发展也不充分，无法满足人民群众的体育需求，有着较多困境和挑战，与社会发展不适应、不匹配，具体表现在以下几方面。

第一，缺少对公民主体地位的关照和重视。坚持以人民为中心的价值取向，是习近平新时代中国特色社会主义思想的重要内容。原有模式公民主体地位体现不充分。政府实现体育公共服务的方式仍然追求同质化，更多是从政府的角度、从方便工作而不是方便公民的出发点考虑问题，无法满足人民群众体育需求的差异性、复杂性、多变性、区域性特点。"为了谁""依靠谁"问题并没有得到根本解决。实际工作中没有完全从公民实际需求去考虑问题，忽视深入细致的调研，公众需求信息掌握滞后，存在着追求形象工程的倾向。在基层，没有形成与人民群众协商的治理体系，服务内容单一，甚至影响已经形成的市场化服务效率。部门之间缺乏有效合作，认为群众体育就是体育部门的事情。很多地方政府主导建设的体育场馆、健身广场、运动公园，因为缺少针对性而不适合实际需要，形象突出、实用不足③。

第二，政府直接提供服务的能力下降与投入不均衡。党的十八届二中全会提出政府职能转变的思路后，我国开始了新一轮政府机构及编制调整工作④。政府工作人员数量进一步压缩，投入群众体育的政府人力资源随之减

---

① 十八大以来我国经济社会发展取得新的辉煌成就［N］. 经济日报，2017-06-17-12355（1）.

② 人力资源和社会保障部. 人社部党组召开学习贯彻党的十九大精神扩大会议［EB/OL］. http://www.mohrss.gov.cn/SYrlzyhshbzb/dongtaixinwen/SYtupianxinwen/201710/t20171026_280104.html，2017-10-26/2022-08-24.

③ 王松，张凤彪. "健康中国"引领下全民健身国家战略实现路径研究［J］. 体育文化导刊，2017（8），38-41，66.

④ 习近平. 切实把思想统一到党的十八届三中全会精神上来［J］. 求是，2014（1）：3-6.

少①。随着城镇化不断发展，城乡人口结构巨变。这就形成了地方政府专业公职人员数量压缩与需要提供体育公共服务人员数量增加的矛盾。公民个体体育需要的质和量也在不断提高，也就造成政府提供体育公共服务能力的下降。

《全民健身计划纲要》要求，县级以上地方人民政府应当将群众体育工作相关经费纳入财政预算，并随着国民经济的发展逐步增加对群众体育事业的投入。各级政府要安排一定比例的彩票公益金等财政资金，通过设立体育场地设施建设专项投资基金和政府购买服务等方式，鼓励社会力量投资建设体育场地设施，支持群众健身消费②。依据政府购买服务总体要求和有关规定，制定政府购买群众体育公共服务的目录、办法及实施细则，加大对基层健身组织和健身赛事活动等的购买比重。完善中央转移支付方式，鼓励和引导地方政府加大对群众体育的财政投入③。研究显示，从中央和地方投入群众体育的财政经费结构比例看，中央投入稳定在5%—9%，地方投入90%以上，中央财政投入比重偏低。地方经济水平及财政收入成为影响体育公共服务供给的最直接因素。因此，我国区域经济发展的不平衡直接折射在群众体育事业发展的投入上④，成为群众体育投入不均衡的最直接原因。

第三，社会组织发展的渠道不畅通。民政部统计显示，截至2018年底，我国体育类社团3.4万个、体育类民办非企业单位2.0万个，平均每2.6万人才拥有1个体育组织⑤。由此不难发现我国体育社会组织发育不健全，直接面向人民群众的数量偏少。

大部分正式登记的体育协会章程中治理体系不尽合理，排斥竞争，改革外部压力不够、内生动力不足。例如，在会员方面，部分协会只有单位会员

---

① 史兵，丁建岚，钱钧，杨小帆，万丙智 . 健康中国视域下群众体育发展模式的结构创新［J］.
　　北京体育大学学报，2019，42（2）：36-45.

② 新华社 . 把人民健康放在优先发展战略地位　努力全方位全周期保障人民健康［N］.人民日报，
　　2016-08-21-24879（1）.

③ 新华社 . 开创我国体育事业发展新局面　加快把我国建设成为体育强国［N］. 人民日报，
　　2017-08-28-25251（1）.

④ 杨桦，王凯珍，熊晓正，等 . 改革开放以来我国群众体育的发展演进与思考［J］. 北京体育
　　大学学报，2005，28（6）：721-726.

⑤ 民政部 . 2018 年民政事业发展统计公报［EB/OL］. https://images3.mca.gov.cn/www2017/
　　file/201908/1565920301578.pdf，2019-08-15/2022-08-24.

而无个人会员，即使有个人会员也是选拔性的，只有极少数人有加入协会的机会。协会未能发挥群众性社会团体的作用，成为群众体育发展的主力军。在德国，体育类协会想尽一切办法吸纳会员，德国足球协会章程规定，从出生就可以加入协会，德国680余万足球会员囊括了刚出生的婴儿至耄耋老人。

我国非正式体育社会组织已经在群众体育发展中发挥了重要作用，并逐渐成为一股巨大的新兴力量。这些团体的组成，既有基于运动兴趣、爱好，自发组成的以项目活动为内容的健身锻炼团体；又有基于地缘、业缘、人员，逐渐形成的以体育为媒介的熟人交往团体；还有自由职业者成立的带有一定经营性目的的群众体育团队。特别是互联网交互平台的迅猛发展为此类社会组织提供了更为便捷的路径。但群众体育社会组织（团体），除少数以社区为区域的体育健身团队获得备案许可外，绝大多数还没有明确的法律身份，更得不到政府的扶持和指导。由于其组织性质、发展方向、服务对象、活动区域还比较模糊，法律身份尚难界定，所能获取的社会资源、发展空间和社会影响受到了限制，也限制了其为社会提供公益性体育技术服务的可能。

第四，市场发展不充分。中国的体育产业化起步较晚，1985年国务院颁布的《国民生产总值计算方案》，首次将体育正式列入第三产业，随之才引起关注。时至今日，中国体育市场逐步成熟，但与欧美发达国家还存在一定差距。近年来，中国政府对体育产业发展极为关注，先后出台了多项政策支持体育产业发展[1]。根据相关数据统计，2016年中国体育产业生产总值约为1.9万亿元，体育产业增加值占国内生产总值比例的0.87%。相比国外，美国2016年体育产业增加值占国内生产总值比重高达3%，日本这一比值为2.15%，显然处于较低平均水平[2]。

我国体育服务业占体育产业总值比重为55.10%，英美两国这一比重均超过80%，各国平均值也达到了75.73%[3]。究其原因，除了我国国民经济消费水

---

[1] 任波，戴俊，夏成前，等．中国体育产业结构的内涵解析与供给侧优化［J］．北京体育大学学报，2018，41（4）：16-23.

[2] 智研咨询．中国体育产业总规模预测：体育产业总规模将超过5万亿元［EB/OL］．https://www.chyxx.com/industry/202002/833520.html，2020-02-13/2022-08-24.

[3] 智研咨询．中国体育产业总规模预测：体育产业总规模将超过5万亿元［EB/OL］．https://www.chyxx.com/industry/202002/833520.html，2020-02-13/2022-08-24.

平相对较低，居民体育消费意识不足之外，我国体育产业市场发展不充分，供给与需求不匹配，服务群众体育需求的能力较差也是主要原因。

三、为残障者的体育参与赋权增能

第三节分析了残障者公共体育的"贫困"现状，这一部分，将从为残障者的体育参与赋权增能的角度，探索如何提高残障者在群众体育中的参与度。赋权增能理论被广泛应用于社会弱势群体的权利保障方面的研究中[①]。"赋权增能"是一个动态的、多层次的概念体系，其内涵主要体现为三个方面：一是宏观上完善政策、法规、制度，保障弱势群体的基本权益；二是中观上提高社会组织和管理机构的服务效率，以及提高弱势群体的参与度和满意度；三是微观上增强弱势群体的权利感和自我效能感。

赋权增能理论视角下的残障者体育参与主要包括两个方面："赋权"和"增能"。"赋权"指为残障者赋予体育参与的权利，消除他们在体育参与、体育活动选择与决策方面的无力感，应以政策、法规、制度赋权为前提，管理机制赋权为保障，社会环境赋权为基础。完善残障者体育参与的政策、法规，加强顶层设计和基层落实，建立与残疾人体育相适应的权利保障机制；推动残疾人体育管理体制与机制创新，赋予残障者社会组织相应的体育自治权和管理权，完善残障者体育参与机制；为残障者体育参与提供人力、物力、财力等多方面的社会支持。"增能"包括两个层面：外力推动增能（也称"外在增能"）和个人主动增能（也称"内在增能"）。外在增能是通过开发适宜残障者参与的体育项目，提高残障者的运动技能；通过改造体育器材或设施，提高残障者对体育器材或设施的操作能力；通过社会体育指导员的辅导，使残障者在体育参与过程中增强其对自身体育参与的管理能力。内在增能是残障者通过对体育参与权利的认知，提高自身的体育参与度（图9-4-1）。

---

① MUIJS D, HARRIS A. Teacher leadership: improvement through empowerment? [J]. Educational Management and Administration, 2003, 31（4）: 437.

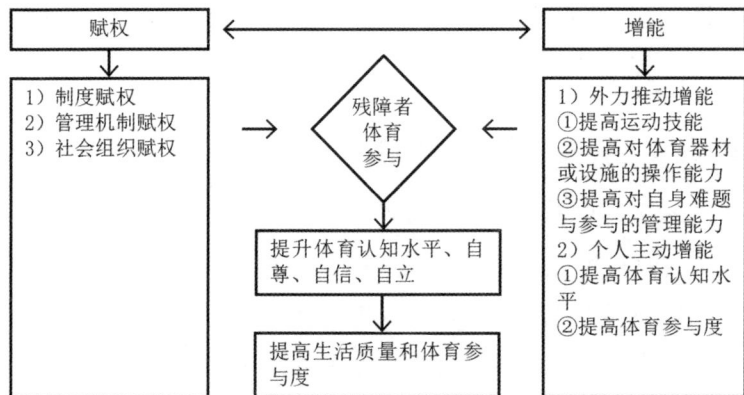

图 9-4-1　赋权增能理论视角下的残障者体育参与路径
来源：作者绘制

赋权增能理论视角下残障者体育参与困境的破解策略如下：

第一，应进一步完善残疾人体育的相关政策、法规，以细化促强化。建立健全残障者体育参与制度是保障残疾人体育权益的根本途径[①]。体育政策、法规是残障者体育参与的根本依据。应逐步完善残障者体育参与的政策与法规。要立足于《中华人民共和国体育法》和《中华人民共和国残疾人保障法》，结合当地经济发展水平，进一步完善残障者体育参与的相关政策与法规，逐步出台一些针对性强的政策，进一步细化法规条款[②]。应进一步完善促进残障者体育参与的规章。进一步完善公共体育场地无障碍设施建设标准，细化残疾人体育器材与设备的使用说明，加强残障者社会体育健身指导员的培训，修订"暂行性"的规章，增强残障者参与体育活动的便捷性。应因地制宜地制定操作性强的残疾人体育实施细则，并要根据各地实际适时修订实施细则，促进残障者体育参与的各项政策落地。

第二，完善残疾人体育组织管理机制，在残疾人公共体育服务方面形成政府主导、部门联动、社会参与的体制机制。加强残疾人公共体育服务供给。从残障者体育参与实际出发，统筹残障者群众性体育活动资源要素，加强基层公共体育场地及设施建设，健全基层残障者体育组织体系，为残障者

[①] 厉才茂．中国特色残疾人事业的历史方位（下）：从发展的阶段特征和未来趋势来看中国特色残疾人事业的历史方位［J］．残疾人研究，2018（3）：8．

[②] 王方玉．法律赋能视角下残疾人非竞技体育权利保障研究［J］．体育文化导刊，2018（8）：38．

提供基本的公共体育服务。建立残疾人体育相关部门的联动协同机制。根据残疾人体育工作的目标与任务，建立不同部门间的协同机制，形成残疾人联合会开展残疾人体育活动的多部门联动协同机制。鼓励社会组织参与残疾人体育事业。如通过政府购买等方式，引导残疾人体育协会等参与残疾人公共体育服务供给，激发其主观能动性，发挥其桥梁和纽带的作用，促进残疾人体育发展。

第三，优化残疾人体育资源配置，加大社会支持力度。在人力方面，省级残疾人联合会应适当调整专职和兼职的工作人员比例、分解任务，为基层减负；完善残疾人社会体育指导员和志愿者的培训方案，加大培训力度，打造残疾人体育健身指导服务和志愿服务平台，提升残疾人公共体育服务效率[1]。在物力方面，基于"残健融合"改造或维修现有的公共体育场地，提高残障者对其的使用率。根据残疾人体育需求，多样性地、便捷性地、针对性地设计残疾人体育器材或设施。加强公共体育场地的无障碍设施建设，例如：连贯完整的无障碍通行流线串联各个体育活动区，完善无障碍机动车停车位、无障碍通道和无障碍卫生间等设施，在健身器材与设施配备盲文使用说明等。在财力方面，将残疾人体育经费列入地方财政经费预算，加大对残疾人体育的财政经费支持力度，保障残疾人体育活动的可持续开展。创新残疾人体育活动经费筹集方式，通过社会捐赠、企业赞助、政府购买等方式，拓宽残疾人体育活动经费的筹集渠道。在新闻宣传方面，通过互联网开发适于传播残障者康复与运动健身信息的手机应用软件、开设用于传播残障者康复与运动健身信息的微信公众平台等；新闻报道应力求全面、立体地宣传残障者体育参与的榜样，树立残疾人自强、乐观、拼搏、奋斗的媒介形象，为残障者体育参与营造积极的、良好的社会舆论氛围。

第四，以人为本，为残疾人体育参与加强外在增能。残障者是特殊困难群体，在残障者体育参与增能方面，政府和社会各界应给予格外关心与关怀。推进残疾人体育治理体系和治理能力现代化。政府行政部门可依托专项资金开设调研立项，通过实地调查、访谈等，掌握基层残疾人体育发展现

---

[1] 吴燕丹，王聪颖．资源配置视角下残疾人群众体育的现状、问题与对策［J］．体育科学，2015，35（3）：3．

状，进一步推进残疾人体育治理体系和治理能力现代化。加强残疾人公共体育服务。可通过课题立项、政府购买公共体育服务等方式，引导和鼓励高校、医院、企业参与残疾人公共体育服务，协同提供精准的、具有融合性与趣味性的、常态化公共体育服务。同时，建立"互联网＋残疾人体育服务"平台，加强残疾人体育服务的信息化建设。创新残疾人体育活动内容和形式。因地制宜地组织开展运动健身知识讲座、培训、康复体育进家庭活动、残疾人体育赛事、残疾人文体活动，加强残障者的体育技能培训，促进残障者的体育参与。

第五，提高残障者对体育健身的认识，加强残疾人体育参与的内在增能主动性。残疾人联合会、街道办事处、残疾人体育协会等，要组织开展运动健身知识讲座或培训，并结合体育活动促进残障者从思想上提高对运动健身的认知水平，树立其运动康复理念。组织开设有针对性地培养残疾人体育权利意识的培训课程，举办体育权利宣教活动，与普及宣传残疾人体育政策、法规和知识的活动相结合，提高残障者对体育权利的认知。完善残障者体育参与机制，增强残障者体育参与的主体意识。建立残障者体育参与需求调查路径，通过活动现场发放问卷、面对面访谈、互联网答卷等方式，征询残障者体育参与的意见与建议，以此进一步完善残疾人体育活动方案。建立健全残疾人公共体育服务的评估机制，发挥残障者体育参与的主观能动性，激发残障者体育参与的积极性。

四、亚（残）运会对浙江省残障群众体育的推动

筹备和举办亚运会和亚残运会，对浙江省的残障群众体育的发展产生了强力拉动。残障群众体育工作备受重视；残障群众体育软、硬件环境日渐改善；残疾人体育事业经费逐年增长，为残障群众体育事业提供了资金保障；残障者文化水平整体提升，体育健身与体育消费意识不断增强；通过亚残运会，打造了一个充分人文关怀的社会，降低了残障者参与体育活动的身心障碍。

借助杭州亚（残）运会契机，可从两个途径推动残障群众体育发展。

首先，残疾人竞技体育与群众体育的协调发展。残疾人竞技体育与群众体育是我国残疾人体育事业的"两翼"，二者之间的协调发展事关残疾人体育事业发展的全局。为促使二者协调发展，要以习近平新时代中国特色社会主

义为指导，加强对残疾人体育事业薄弱环节的领导和投入，特别是农村残疾人体育事业，促进残疾人群众体育在我国的开展和普及，并将残疾人群众体育事业的建设纳入到国家和地方的基本建设计划，与国家和地方的经济、区域发展水平相适应，相协调。残疾人竞技体育应以国家和社会共同办，以国家为主，社会为辅；而残疾人群众体育则应采取国家、社会、团体及个人共同办，以社会和个人办为主，同时国家应加强对社会及个人办残疾人群众体育的指导，并提供政策、资金、法规等全方面的支持。残疾人竞技体育要与残疾人群众体育结合起来走业余化、人性化和社会化之路，推动残疾人竞技体育与群众体育之间的相融互动、相得益彰，实现残疾人体育事业的"两翼"齐飞。

其次，借杭州亚残运会余热，大力发展残疾人群众体育。杭州亚残运会不仅彰显"绿色、智能、节俭、文明"，更应是一场"阳光、和谐、自强、共享"理念的体育赛事。为了让更多的残障者受益于本次亚残运会，应趁余热未息之机，大力发展残疾人群众体育，通过媒体宣传、学校教育等多种渠道，扩大杭州亚残运会对残疾人群众体育的辐射面和影响力，使杭州亚残运会成为推动浙江省，乃至全中国残疾人体育发展的持续动力。

第五节　融合：健康与文明

一、国际视野

第二次世界大战后逐渐兴起的残疾人权利运动，让世界关注到了这一特殊的群体。在这之后残障者的权利意识不断觉醒，通过奋发努力，取得了越来越瞩目的成就，也让他们的声音被更多的人听见。相应的，世界范围内，对残障者的了解、支持和尊重也越来越多。世界范围内，与保护残障者权利，实现残健融合的重要里程碑有4个。

1.《关于残疾人的世界行动纲领》

1982年12月3日，联合国大会第37届会议正式通过《关于残疾人的世界行动纲领》。《纲领》分三个部分。第一部分确定了促进推行有关伤残预防和伤残康复的有效措施，提出了残疾人在残疾预防、伤残康复和机会平等诸方面的任务；分析了完成《纲领》各项目标的先决条件。第二部分指出造成残疾的原因，列举了发展中国家残疾人的现状和阻碍残疾人参与社会的羁绊。最后一部分是全文的核心——执行《纲领》的建议，它明确说明世界行动纲领是为所有国家制订的。要求各国政府设立协调中心或全国委员会来调查、监督下属机构和非政府组织完成《纲领》所规定的任务。

联合国宣布1983年至1992年为联合国残疾人十年，为此专门设计了象征和平与残疾人、健全人携手互助的徽记。联大在十年中将每年开会审议残疾人问题，督促会员国建立协调中心或全国委员会调查、了解和评价实施《纲领》情况，联大还成立了咨询机构以沟通各国之间的技术交流与合作，提供各种服务。

2.《残疾人机会均等标准规则》

在总结联合国残疾人十年（1983—1992年）取得的经验后，联合国大会第48届会议1993年12月20日第48/96号决议通过了《残疾人机会均等标准规则》。《规则》的宗旨是确保残疾男女和儿童，作为所在社会的公民，可行使与其他人同样的权利与义务。在世界各地的社会中，仍然存在使残疾人无法行使其权利和自由的障碍，因而使他们难以充分参与所在社会的各种活动。各国有责任采取适当的行动消除这些障碍。残疾人及其组织应在这一进程中作为参与伙伴发挥积极的作用。残疾人机会均等是对世界各国致力于调动人力资源的一个重要贡献。在这方面，尤其特别注意诸如下述这样的人口群体：妇女、儿童、老人、贫穷者、移徙工人、患双重或多重残疾的人、土著人和少数民族。此外，还有为数众多的残疾难民，对他们的特殊需要更应加以注意。

《规则》中"残疾"与"障碍"两个词反复出现。"残疾"一词概括地泛指世界各国任何人口出现的许许多多的各种功能上的限制；人们出现的残疾既可以是生理、智力或感官上的缺陷，也可以是医学上的状况或精神疾病；此种缺陷、状况或疾病有可能是长期的，也可能是过渡性质的。"障碍"一词是指机会的丧失或受到限制，无法与其他人在同等基础上参与社会生活；它指的是患某种残疾的人与环境的冲突；使用此词的目的是着重强调环境中和社会上许多有组织活动诸如信息、交流和教育中的缺欠，使残疾人无法在平等基础上进行参与。由此可见，这一时期在比较广泛的世界范围内，人们已经认同一个新的观点：让残障者融入社会，要改变的不是残障者本身（通过各种医学康复手段），而是这个社会（建设无障碍环境）。

3.《残疾人权利公约》

被视为联合国在 21 世纪最大工程之一的《残疾人权利公约》草案于美国东部时间 2006 年 8 月 25 日获得通过。2006 年 12 月 13 日，第 61 届联大通过了《残疾人权利公约》(Convention of the Rights of Persons with Disabilities)。《残疾人权利公约》开放签署仪式于 2007 年 3 月 30 日在纽约联合国总部举行。中国常驻联合国代表王光亚代表中国政府在该公约上签字。8 个国家及区域一体化组织的代表当天出席了仪式并签署了该公约。《残疾人权利公约》于 2008 年 5 月 3 日正式生效。

《公约》核心是确保残疾人享有与健全人相同的权利，并以正式公民的身份生活，从而在获得同等机会的情况下，为社会作出宝贵贡献。公约涵括了残疾人应享的各项权利，如享有平等、不受歧视和在法律面前平等的权利；享有健康、就业、受教育和无障碍环境的权利；享有参与政治和文化生活的权利等。此外，公约就残疾人事业的国际合作提出相应措施。

《公约》不仅把无障碍作为八大原则之一，而且设立专章对无障碍进行详细阐述，并把无障碍相关要求融入其他条款。在《公约》中，"无障碍"不仅仅指向环境，更强调人本身，是"为了残疾人能够独立生活和充分参与生活的各个方面"，立足于促进人的权利实现、能力发展[1]。曾经一度，因为中国的法律和实践仍然在沿用传统的医学模式[2]，联合国残疾人权利委员会已经提出了批评[3]。

---

[1] 凌亢.中国无障碍环境发展报告（2021）[M].北京：社会科学文献出版社，2021：29-36.

[2] Mike O., Zarb G. The Politics of Disability: A New Approach [J]. Disability, Handicap and Society 1989, 4（3）: 221-239.

[3] 曲相霏.《残疾人权利公约》与中国的残疾模式转换 [J]. Disability, Handicap and Society 4（3）: 221-239.

4.《马拉喀什条约》

《马拉喀什条约》全称《关于为盲人、视力障碍者或其他印刷品阅读障碍者获得已出版作品提供便利的马拉喀什条约》，是国际著作权体系中的历史性条约，于 2013 年 6 月 27 日在马拉喀什签署，于 2016 年 9 月 30 日生效。2021 年 10 月 23 日，十三届全国人大常委会第三十一次会议表决通过了关于批准《中华人民共和国和智利共和国引渡条约》的决定、关于批准《关于为盲人、视力障碍者或其他印刷品阅读障碍者获得已出版作品提供便利的马拉喀什条约》的决定，条约于 2022 年 5 月 5 日对中国生效。

作为世界上第一部也是迄今为止唯一一部版权领域的人权条约，《马拉喀什条约》将进一步保障阅读障碍者平等获取文化和教育的权利。也从健康领域跳出，从精神文明的角度，促进了残障者与健全人的融合。

二、无障碍环境建设相关立法发展

残障者权利的保障离不开法律。自 20 世纪 80 年代起，我国无障碍环境建设立法开始起步。通过 30 余年的探索和积累，无障碍环境建设立法经历了从抽象化到逐步具体化的过程，基本形成了无障碍环境建设的法律体系，其立法沿革大致可以概括为起步创设期、立法发展期和质量提升期三个阶段，各阶段有关无障碍环境建设的立法文件统计数据如表 9-5-1 所示。

表 9-5-1　各阶段有关无障碍环境建设的立法文件统计

发展阶段	起步创设期 1986—2000	立法发展期 2001—2011	质量提升期 2012 年至今
法律	1	2	7
行政法规	0	2	5
部门规章	2	5	14
地方性法规	54	171	380
地方政府规章	18	115	165
中央规范性文件	18	135	153
地方规范性文件	19	1278	2238

表格来源：作者根据阿尔法数据库的数据整理。

1.起步创设阶段：在物质环境领域逐步探索无障碍设施（1986—2000年）

1986年，我国制定了第一部无障碍建设设计标准，即《方便残疾人使用的城市道路和建筑物设计规范（试行）》，标志着我国无障碍环境建设立法工作的起步。1990年颁布的《残疾人保障法》对交通道路、公共设施等环境建设提出了更为具体的无障碍设计要求。2000年修订的《方便残疾人使用的城市道路和建筑物设计规范》，扩大了建筑物设计应考虑残疾人的范围，如增加了残疾人停车车位等规范内容。可以发现，在起步创设阶段，无障碍环境建设立法的主要目的是保障残疾人基本生活，确保其能便利地融入社会生活，逐步探索无障碍设施的建设，着重强调物质环境的无障碍建设和改造。

2.立法发展阶段：无障碍建设范围扩大，受众群体增加（2001—2011年）

进入21世纪，随着我国人口老龄化进程的加快，无障碍环境建设的受众群体从单纯的残疾人开始延伸至社会全体成员。为此，国家不仅修订了涉及无障碍环境的《残疾人保障法》《防震减灾法》，出台了《公共文化体育设施条例》《道路交通安全法实施条例》等相关法规；同时，还积极探索制定无障碍环境建设的标准规范，与法律法规相配套。2001年，建设部、民政部、中国残联联合发布的《城市道路和建筑物无障碍设计规范》JGJ50-2001中将无障碍环境的部分建设标准列为国家强制性标准，要求各城市建设无障碍环境必须依照此标准执行；2009年，为适应经济社会发展及残疾人、老年人等弱势群体的社会生活需求，该规范进行了修订。2008年修订的《残疾人保障法》专章规定了无障碍环境；2009年修订的《城市道路和建筑物无障碍设计规范》扩大了无障碍环境建设的范围，增加了信息无障碍内容。之后，无障碍建设领域进一步扩大，强调学校的无障碍设计，如2011年颁布的《特殊教育学校建设标准》建标156-2011中规定要确保基础设施无障碍设计，促进特殊教育资源的平衡（见表9-5-2）。

表 9-5-2　立法发展期相关立法

效力级别	发布时间	名称
法律	2008 年 4 月 24 日	《残疾人保障法》（2008 年修订）
	2008 年 12 月 27 日	《防震减灾法》（2008 年修订）
行政法规	2003 年 6 月 26 日	《公共文化体育设施条例》
	2004 年 4 月 30 日	《道路交通安全法实施条例》
部门规章	2001 年 11 月 30 日	《船舶引航管理规定》
	2002 年 7 月 2 日	《运输类旋翼航空器适航规定》（2002 年修订）
	2009 年 4 月 20 日	《道路旅客运输及客运站管理规定》（2009 年修正）
	2010 年 12 月 25 日	《光荣院管理办法》
	2011 年 7 月 1 日	《民政信访工作办法》（2011）

表格来源：作者整理。

3. 质量提升阶段：信息无障碍深度拓宽，满足残疾群体多元需求（2012年至今）

《无障碍环境建设条例》（以下简称《条例》）的颁布不仅是无障碍环境建设领域的第一部行政法规，同时也拉开了我国无障碍环境建设的新帷幕。该《条例》对无障碍设施建设、无障碍信息交流以及无障碍社区服务等做出了具体规定，明晰各政府部门在无障碍环境建设的具体职责。2012 年 12 月通过的《老年人权益保障法》修订案，也细化完善了有关无障碍环境建设的内容，规定应当加强对老年人无障碍环境的建设，如第六十四条、六十五条及八十二条等。聚焦当下，2021 年颁布的《数据安全法》也规定提供智能化公共服务，为残疾人提供便利。这一阶段，我国在无障碍权益保障的立法内容上，也从服务残疾人、老年人等群体基本的生活需要转变为满足多元社会需求为主（表 9-5-3）。

表 9-5-3　质量提升期相关立法

效力级别	发布时间	名称
法律	2012 年 12 月 28 日	《老年人权益保障法》（2012 年修订）
	2015 年 4 月 24 日	《老年人权益保障法》（2015 年修正）
	2016 年 12 月 25 日	《公共文化服务保障法》
	2017 年 11 月 4 日	《公共图书馆法》
	2018 年 10 月 26 日	《公共图书馆法》（2018 年修正）
	2018 年 10 月 26 日	《残疾人保障法》（2018 年修正）
	2018 年 12 月 29 日	《老年人权益保障法》（2018 年修正）
	2021 年 4 月 29 日	《乡村振兴促进法》
	2021 年 6 月 10 日	《数据安全法》
	2021 年 8 月 20 日	《法律援助法》
行政法规	2012 年 6 月 28 日	《无障碍环境建设条例》
	2017 年 2 月 1 日	《残疾人教育条例》（2017 年修订）
	2017 年 2 月 7 日	《残疾预防和残疾人康复条例》
	2017 年 10 月 7 日	《中华人民共和国道路交通安全法实施条例》（2017 年修正）
	2018 年 9 月 18 日	《残疾预防和残疾人康复条例》（2018 年修正）
部门规章	2012 年 3 月 14 日	《道路旅客运输及客运站管理规定》（2012 年修正）
	2014 年 9 月 30 日	《出租汽车经营服务管理规定》
	2016 年 3 月 4 日	《大型飞机公共航空运输承运人运行合格审定规则》（2016 年修订）
	2016 年 3 月 17 日	《运输类飞机适航标准》（2016）
	2016 年 8 月 26 日	《巡游出租汽车经营服务管理规定》（2016 年修正）
	2017 年 1 月 23 日	《小型航空器商业运输运营人运行合格审定规则》（2017 年修正）
	2017 年 4 月 1 日	《运输类旋翼航空器适航规定》（2017 年修订）
	2017 年 9 月 4 日	《大型飞机公共航空运输承运人运行合格审定规则》（2017 年修订）
	2018 年 5 月 21 日	《城市轨道交通运营管理规定》
	2018 年 7 月 31 日	《港口经营管理规定》（2018 年修正）
	2018 年 7 月 31 日	《交通运输部关于修改〈港口经营管理规定〉的决定》（2018）
	2018 年 11 月 16 日	《运输机场运行安全管理规定》（2018 年修正）
	2019 年 4 月 9 日	《港口经营管理规定》（2019 年修正）

表格来源：作者整理。

三、"十四五"期间的重要文件

"十四五"期间，残疾人事业和无障碍环境建设越加得到重视，国家多项政策文件与之相关，党的二十大报告强调"完善残疾人社会保障制度和关爱服务体系，促进残疾人事业全面发展"。从表 9-5-4 中可以看出各种"融合"：残疾人的事不再仅仅属于残联，建设、教育、信息、文广等部门都参与其中；可以为残疾人做的，不仅仅是提供福利，还要包括无障碍的城乡环境、公平教育机会和公平的就业机会等；为残疾人而做的工作，不仅帮助了残疾人，也能帮助老年人、儿童和妇女等群体。

表 9-5-4 "十四五"期间与无障碍相关的重要文件

名称	发文单位	时间
《国务院关于实施健康中国行动的意见》	国务院	2019 年 7 月 15 日
《国务院办公厅关于促进养老托育服务健康发展的意见》	国务院办公厅	2020 年 12 月 31 日
《"十四五"残疾人保障和发展规划》	国务院	2021 年 7 月 08 日
《"十四五"残疾人事业信息化发展实施方案》	中国残疾人联合会	2021 年 8 月 20 日
《"十四五"提升残疾人文化服务能力实施方案》	中国残联、中央宣传部、中央网信办、中央文明办、文化和旅游部、国家广播电视总局	2021 年 9 月 01 日
《"十四五"残疾人体育发展实施方案》	中国残疾人联合会、国家体育总局	2021 年 9 月 13 日
《无障碍环境建设"十四五"实施方案》	中国残疾人联合会、住房和城乡建设部、中央网信办、教育部、工业和信息化部、公安部、民政部、交通运输部、文化和旅游部、国家卫生健康委、国家广播电视总局、中国民用航空局、中国国家铁路集团有限公司	2021 年 11 月 01 日
《"十四五"国家老龄事业发展和养老服务体系规划》	国务院	2021 年 12 月 30 日
《"十四五"特殊教育发展提升行动计划》	教育部、国家发展改革委、民政部、财政部、人力资源社会保障部、国家卫生健康委、中国残联	2021 年 12 月 31 日

续表

名称	发文单位	时间
《"十四五"健康老龄化规划》	国家卫生健康委、教育部、科技部、工业和信息化部、财政部、人力资源社会保障部、住房和城乡建设部、退役军人事务部、市场监管总局、广电总局、体育总局、国家医保局、银保监会、国家中医药局、中国残疾人联合会	2022 年 2 月 07 日
《"十四五"残疾人职业技能提升计划》	中国残疾人联合会、教育部、人力资源社会保障部、财政部、文化和旅游部	2022 年 2 月 15 日
《关于开展社区医养结合能力提升行动的通知》	国家卫生健康委、国家发展改革委、民政部、财政部、住房城乡建设部、应急部、国家医保局、国家中医药局、中国残联	2022 年 3 月 23 日

表格来源：作者整理。

四、小结

　　一名学生曾经问著名人类学家玛格丽特·米德一个问题：到底什么是人类文明的最初标志？很多学生猜想的答案是鱼钩、石器、火等等。然而米德的回答超出所有人的猜想，她说，人类文明最初的标志是我们发现了"一块折断之后又愈合的股骨"。愈合的股骨则表明有人花了很长时间来照顾受伤的人——处理伤口、提供食物、保护他不受攻击；从困难中帮助别人才是文明的起点（图 9-5-1）。

　　同样的理念，相似的照片，也出现在了电影《流浪地球 2》的场景中（图 9-5-2）。联合政府中方代表周喆直以"一块折断之后又愈合的股骨"来说明人类的伟大之处在于当处于危机时，我们不会抛弃自己的同伴，而是一起协作去应对困难。他简单有力的话语团结了全世界人民的心，赢得了延续人类文明的可能。

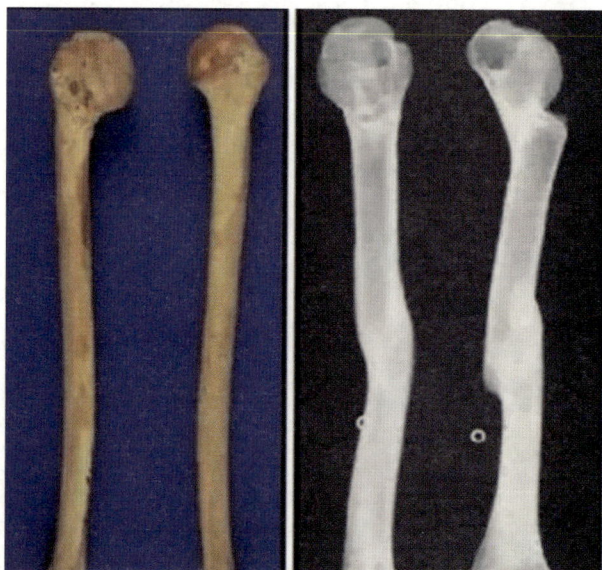

图 9-5-1 折断之后又愈合的股骨
来源：https://mp.weixin.qq.com/s/AonjfcU6xYre_CKHE_hXg。

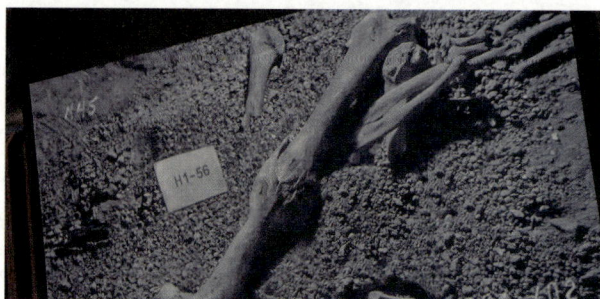

图 9-5-2 《流浪地球 2》剧照

　　人类社会走过了野蛮和物质，对残障者的态度从厌恶、鄙视，到同情、怜悯，再到理解、接纳和尊重。国内外残疾人和无障碍相关的各类行动、法案、公约、政策的发展，反映了这种变化，也正在推动残障者和健全人之间更加融合的相处模式。

附录

第 19 届亚运会 / 第 4 届亚残运会无障碍设施应用案例

名称	相关参数	使用范围 / 功能	参考图片	备注
可上翻安全抓杆 CM4	1.规格尺寸：700mm； 2.材质：铝合金内芯龙骨，中间软树脂，外面抗菌硬质树脂，管体呈椭圆外形，便于抓握，扶手表面防滑； 3.产品一体化成型，无独立接头； 4.产品表面外层抗菌，防霉，最大承重 4000N	无障碍坐便器侧边		用于奥体中心体育游泳馆等 13 个亚残运会场馆和绍兴奥体中心等 7 个亚运会场馆。产品由①提供
可上翻安全抓杆 YA-6602	1.规格尺寸：700mm； 2.材质：304 不锈钢精制而成，呈圆形，手握之处喷敷粗糙面白色环氧树脂，具有手握舒适，防滑功能； 3.整体制作； 4.最大承重 1500N	无障碍坐便器侧边		用于淳安界首体育中心自行车馆。产品由②提供
L 形安全抓杆 CL7070	1.规格尺寸：700mm × 700mm； 2.材质：铝合金内芯龙骨，中间软树脂，外面抗菌硬质树脂，管体呈椭圆外形，便于抓握，扶手表面防滑； 3.产品一体化成型，无独立接头； 4.产品表面外层抗菌，防霉，最大承重 3100N	无障碍坐便器侧边、无障碍淋浴间		用于奥体中心体育游泳馆等 14 个亚残运会场馆和绍兴奥体中心等 6 个亚运会场馆。产品由①提供
U 形安全抓杆 YA-6601-1	1.规格尺寸：700mm × 700mm； 2.材质：304 不锈钢精制而成，呈圆形，手握之处喷敷粗糙面白色环氧树脂，具有手握舒适，防滑功能； 3.整体制作； 4.最大承重 1500N	无障碍坐便器侧边		用于淳安界首体育中心自行车馆。产品由②提供

名称	相关参数	使用范围／功能	参考图片	备注
台盆安全抓杆 C-3（定制）	1. 规格尺寸：可根据台盆尺寸定制； 2. 材质：铝合金内芯龙骨，中间软树脂，外面抗菌硬质树脂，管体呈椭圆外形，便于抓握，扶手表面防滑； 3. 产品一体化成型，无独立接头； 4. 产品表面外层抗菌，防霉，最大承重2600N	无障碍洗手盆		用于奥体中心体育游泳馆等14个亚残运会场馆和绍兴奥体中心等6个亚运会场馆。产品由①提供
台盆安全抓杆 YA-6603	1. 规格尺寸：纵向尺寸680mm、横向尺寸700mm，横向抓杆距离墙面520mm； 2. 材质：304不锈钢精制而成，呈圆形，手握之处喷敷粗糙面白色环氧树脂，具有手握舒适，防滑功能； 3. 整体制作； 4. 最大承重1500N	无障碍洗手盆		用于淳安界首体育中心自行车馆。产品由②提供
小便器安全抓杆 CC-1	1. 规格尺寸：550mm×650mm，横杆高300mm； 2. 材质：铝合金内芯龙骨，中间软树脂，外面抗菌硬质树脂，管体呈椭圆外形，便于抓握，扶手表面防滑； 3. 产品一体化成型，无独立接头； 4. 产品表面外层抗菌，防霉，最大承重2000N	无障碍小便器		用于奥体中心体育游泳馆等14个亚残运会场馆和绍兴奥体中心等6个亚运会场馆。产品由①提供
小便器安全抓杆 YA-6605	1. 规格尺寸：纵向尺寸550mm、横向尺寸600mm，垂直抓杆距离墙面250mm； 2. 材质：304不锈钢精制而成，呈圆形，手握之处喷敷粗糙面白色环氧树脂，具有手握舒适，防滑功能； 3. 整体制作； 4. 最大承重1500N	无障碍小便器		用于淳安界首体育中心自行车馆。产品由②提供

名称	相关参数	使用范围/功能	参考图片	备注
卫生间安全抓杆套装	1.符合国家标准规范尺寸； 2.材质：铝合金内芯龙骨，中间软树脂，外面抗菌硬质树脂，管体呈椭圆外形，便于抓握，扶手表面防滑； 3.产品一体化成型，无独立接头 4.产品表面外层为抗菌、防霉，最大称重超过100kg	无障碍卫生间		用于奥体中心体育游泳馆等14个亚残运会场馆和绍兴奥体中心等6个亚运会场馆。产品由①提供
无障碍卫生间其他设施	1.多功能智能一体化水龙头（洗手液、水、烘干三合为一体）； 2.无线救助呼叫按钮； 3.多功能护理台； 4.上倾5°防雾梳妆镜	无障碍卫生间		用于淳安界首体育中心自行车馆。产品由②提供
无障碍专用斜镜	1.尺寸650mm×900mm； 2.材质：304不锈钢整面定制加工，防爆钢化玻璃； 3.产品尺寸可定制； 4.产品为一体化斜面镜，定制加工生产	卫生间洗手盆		用于亚运村。产品由①提供
马桶靠背扶手	1.尺寸定制； 2.超强的承重力； 3.不用时候可以折叠上翻； 4.表面为软材； 5.卫生间抗菌防霉	无障碍坐便器侧边		用于奥体中心体育游泳馆、萧山体育中心体育馆、滨江体育馆、拱墅运河体育公园体育馆。产品由①提供
淋浴座椅	1.铝合金支架； 2.表面EV材质； 3.淋浴室抗菌防霉； 4.最大承重力120kg； 5.四角防滑垫配置； 6.可折叠，座椅中间可拆卸，便于淋浴冲洗	淋浴室		

续表

名称	相关参数	使用范围／功能	参考图片	备注
马桶自动感应冲水器	1. 红外自动感应； 2. 无需手接触，卫生间防菌； 3. 安装简单； 4. 适应范围较广，配置多个高度连接头，适用于不同的高度的马桶按钮； 5. 配置充电线，充电简单	马桶高位按钮		用于奥体中心体育游泳馆、亚（残）村、上城体育馆。产品由①提供
橡胶门槛坡垫	1. 厚实的橡胶材质； 2. 表面防滑； 3. 标准高度有多重，可以根据门槛高度进行选择； 4. 安装简单便捷	门槛坡垫		用于奥体中心体育游泳馆、亚（残）运村。产品由①提供
卫生间报警器	1. 超强的音量； 2. 报警声音模式可选； 3. LED灯光闪烁； 4. 呼叫和关闭分开； 5. 电池安装，便于更换	卫生间使用		用于奥体中心体育游泳馆、富阳银湖体育中心。产品由①提供
移动晾衣架	1. 304不锈钢材质； 2. 可调节高度	更衣室使用		用于奥体中心体育游泳馆。产品由①提供
室内墙体热惰性扶手	1. 管径40mm； 2. 材质：铝合金内芯龙骨，中间软树脂，外面抗菌硬质树脂，表面做氧化处理，户外户内使用不褪色； 3. 产品表面外层为抗菌、抗病毒材料	室内走廊通道		用于奥体中心体育游泳馆、亚（残）运村。产品由①提供

名称	相关参数	使用范围／功能	参考图片	备注
室外坡道热惰型扶手	1. 管径 40mm； 2. 材质：铝合金内芯龙骨，中间软树脂，外面抗菌硬质树脂，表面做氧化处理，户外户内使用不褪色； 3. 产品表面外层为抗菌、抗病毒材料	室外坡道		用于奥体中心注体育场。产品由①提供
大巴落客平台	1.304 不锈钢支架； 2. 表面防滑防腐木板； 3. 栏杆 304 不锈钢，按照坡道比 1∶12 进行定制加工，中间加配轮椅坡道扶手； 4. 可拆卸式设计，便于拆除放置，不影响通行	大巴停车位辅助使用		用于奥体中心体育游泳馆。产品由①提供
雨水格栅	1.304 不锈钢定制加工中间间隙 10mm 小于标准的 13mm，便于轮椅通行； 2. 厚度根据现场定加工	应用于雨水沟盖		用于奥体中心体育游泳馆。产品由①提供
聚氨酯盲道贴	1. 规格 300mm×300mm； 2. 材质德国巴斯夫聚氨酯材质； 3. 户外防水； 4. 不卷边、不褪色	室内外使用		用于奥体中心、亚（残）运村、浙江塘栖盲人门球基地门球馆。产品由①提供
楼梯踏步防滑条	1. 铝合金底架； 2. 表面碳纤维材质、不会受温度影响膨胀或收缩； 3. 保持表面的平整； 4. 表面防滑； 5. 颜色可选	楼梯踏步		用于奥体中心游泳馆。产品由①提供

名称	相关参数	使用范围／功能	参考图片	备注
扶手盲文贴片	1.304 不锈钢方面冲压； 2.盲道半圆形定制、符合手感舒适	坡道扶手		用于奥体中心体育游泳馆、萧山瓜沥文化中心体育馆。产品由①提供
定制盲文贴片	1.304 不锈钢方面冲压； 2.盲道半圆形定制、符合手感舒适	淋浴龙头		用于奥体中心体育游泳馆。产品由①提供
定制盲文芯片	1.亚克力材料； 2.颜色可定制	门上盲文标牌		用于奥体中心主体育场、亚（残）运村。产品由①提供
定制杭州亚运主色调盲文贴片	1.亚克力材质； 2.颜色可定制	无障碍侧位		用于奥体中心主体育场、亚（残）运村。产品由①提供

续表

名称	相关参数	使用范围 / 功能	参考图片	备注
定制杭州亚运主色调盲文标牌	1. 亚克力材质； 2. 可定制（包括颜色）	卫生间门口		用于亚（残）运村、滨江体育馆、拱墅运河体育公园、萧山体育中心、萧山临浦体育馆和湖州三人篮球馆。产品由①提供
定制杭州亚运主色调盲文贴牌	1. 亚克力材质； 2. 可定制（包括颜色式）	一层楼层		用于亚（残）运村。产品由①提供
定制杭州亚运主色调盲文地图	1. 亚克力材质； 2. 可定制（包括颜色）	园区、小区		用于亚（残）运村。产品由①提供
定制杭州亚运主色调盲文标牌	1. 不锈钢材质； 2. 可定制（包括颜色）； 3. 中间为可抽拉式可更换	房间标牌		用于亚（残）运村。产品由①提供

续表

名称	相关参数	使用范围／功能	参考图片	备注
定制盲文标识牌	1. 亚克力材质； 2. 可定制（包括颜色）	楼层盲文布局图		用于亚（残）运村。产品由①提供
无障碍升降平台	1. 铝合金导轨； 2. 液压驱动； 3. 点动运行； 4. 自动翻板； 5. 高平台自动开门； 6. 盲文按钮； 7. 自带语音； 8. 门与设备联动； 9. 平台尺寸大于国家标准，便于轮椅进出； 10. 带遥控辅助装置、便于管理	高差0—2m，且不能做坡道的位置		用于萧山体育中心、杭州体育馆、拱墅运河体育公园体育场和浙江塘栖盲人门球基地门球馆。产品由①提供
井道无障碍升降平台	1. 铝合金井道； 2. 液压驱动； 3. 电动运行； 4. 自动开关门； 5. 盲文按键； 6. 自带语音功能； 7. 自动门与设备联动互锁； 8. 紧急下降功能； 9. 事故自动下降复位； 10. 遇有事故，外面开锁打开门的功能	高差2m—4m，且不能做坡道的位置		用于萧山体育中心体育场、温州奥体张红新。产品由①提供
无障碍综合服务亭	1. 尺寸：长850mm×宽250mm，高2050mm； 2. 质量：≤120kg； 3. 音量：0—90dB	主要安装于公共场所的入口处，为残障人士在进入所在服务区域提供无障碍路径规划与导航、资讯查看、资讯信息服务		用于浙江塘栖盲人门球基地门球馆。产品由③提供

续表

名称	相关参数	使用范围/功能	参考图片	备注
无障碍智能服务桩	1. 尺寸：长180mm×高1255mm； 2. 质量：≤25kg； 3. 音量：0—90dB	信息的文字语音转换，一键求助、一键叫车，无障碍设施搜寻与导航		用于浙江塘栖盲人门球基地门球馆。产品由③提供
无障碍明盲导览图	1. 面积900mm×1500mm； 2. 材质为304#不锈钢，厚度≥0.9mm，盲符采用模具冲压或镶嵌盲文珠工艺； 3. 所有标识均要求凸起，凸起高度≥0.8mm	帮助视障人士了解室外区域的整体地点分布、室内设施的位置及方向		用于浙江塘栖盲人门球基地门球馆。产品由③提供
室外语音提示器	1. 尺寸：长110mm×宽100mm，高600mm； 2. 质量：≤7.5kg； 3. 音量：0—90dB	为视障人士群体提供精准、可感知、无障碍的语音数字流线提示和避障提醒		用于浙江塘栖盲人门球基地门球馆。产品由③提供

注：

1. 本附录收集了亚（残）运会场馆所采用的部分典型无障碍设施。这些设施产品的质量和安装均历经建设准备期间各种无障碍专项检查，也通过了一个完整的亚（残）运周期使用的检验。

2. 采用可上翻安全抓杆（CM4）的7个亚运场馆分别为：萧山体育中心体育场、工商大学体育馆、绍兴奥体中心、绍兴羊山攀岩馆、温州体育中心、湖州三人篮球馆、杭州电竞馆；13个亚残运会场馆分别为：杭州奥体中心主体育场、杭州奥体中心体育馆、杭州奥体中心体育馆、萧山体育中心体育馆、滨江体育馆、拱墅运河体育公园体育场、拱墅运河体育公园体育馆、浙江塘栖盲人门球基地门球馆、富阳水上运动中心、杭州电子科大体育馆、富阳银湖体育中心、萧山临浦体育馆、萧山瓜沥文化中心体育馆。

3. 本附录所列产品资料均由相应供应商分别提供：①为上海博勤实业有限公司，②为友爱畅行（杭州）科技有限公司，③为杭州寿圣科技有限公司。

参考文献

［1］包亚明.后现代性与地理学的政治［M］.上海：上海教育出版社，2001：13-29.

［2］毕红星.国外发达国家公共体育设施建设布局的先进经验研究［J］.内蒙古体育科技，2012，25（1）：1-3.

［3］曹璐.国外城市公共体育场馆服务大众体育发展经验及对我国的启示［J］.北京体育大学学报，2016，39（10）：38-45.

［4］曹现强，顾伟先.公共服务空间研究的维度审视：反思、框架及策略［J］.理论探讨，2017（5）：5-12.

［5］陈浩，任玉勇，王丽.后申遗京杭运河生态体育旅游可持续发展研究［J］.北京体育大学学报，2015，38（4）：26-32.

［6］陈红玉.体育产业与文化产业的比较研究［J］.北京体育大学学报，2012，35（4）：12.

［7］陈元欣，王健.我国公共体育场（馆）发展中存在的问题、未来趋势、域外经验与发展对策研究［J］.体育科学，2013（10）：3-13.

［8］陈忠.空间辩证法、空间正义与集体行动的逻辑［J］.哲学动态，2010（6）：40-46.

［9］戴维·哈维.正义、自然和差异地理学［M］.胡大平，译.上海：上海人民出版社，2010：13.

［10］国务院研究室科教文卫司国家体委政策法规司编.体育经济政策研究［M］.北京：人民体育出版社，1997：17-24.

［11］黄大林，黄晓灵.体育赛事志愿者激励机制研究：以2016年重庆国际马拉松赛为例［J］.西南师范大学学报（自然科学版），2019，43（2）：96-102.

［12］黄义军，任保国.我国城市体育场馆服务全民健身存在问题及发展策略研究［J］.西安体育学院学报，2015，32（5）：539-590.

［13］李佳.中国高校高尔夫专业教育现状及对策研究［J］.经济研究导刊，2013（03）：312-314.

［14］李琳琳.新加坡大众体育参与研究［J］.山东体育学院学报，

2013，29（5）：17-21.

［15］厉才茂.中国特色残疾人事业的历史方位（下）：从发展的阶段特征和未来趋势来看中国特色残疾人事业的历史方位［J］.残疾人研究，2018（3）：8.

［16］李涛.杭州市残疾人公共体育设施建设的社会支持研究［J］.浙江体育科学，2014，36（56）：66-83.

［17］李相如.论全民健身战略的国家发展地位［J］.南京体育学院学报（社会科学版），2015，30（5）：7-13.

［18］林显鹏，刘云发.国外社区体育中心的建设与经营管理研究：兼论我国体育场馆建设与发展思路［J］.体育科学，2005，29（12）：32-36.

［19］刘冬梅.美国大型体育场馆经营管理成功经验的案例分析及其对我国的启示［D］.武汉：华中师范大学，2009.

［20］刘戈.日本东京墨田区综合体育馆的社会服务及其启示［J］.体育文化导刊，2015（6）：27-30.

［21］鲁青，颜秉锋.山东休闲体育旅游公共服务体系构建研究［J］.山东体育学院学报，2014，30（5）：28-33.

［22］闫静，BECCAL.奥运遗产溯源、兴起与演进研究［J］.北京体育大学学报，2016，39（12）：14.

［23］缪律，史国生.《东京2020年残奥会遗产规划》的分析与启示［J］.首都体育学院学报，2020，32（4）：310-315.

［24］曲相霏.《残疾人权利公约》与中国的残疾模式转换［J］.Disability，Handicap and Society 4（3）：221-239.

［25］任波，戴俊，夏成前，等.中国体育产业结构的内涵解析与供给侧优化［J］.北京体育大学学报，2018，41（4）：16-23.

［26］任平.走向空间正义：中国城市哲学原创出场十年史的理论旨趣［J］.探索与争鸣，2020（12）：137-144.

［27］史兵，丁建岚，钱钧，杨小帆，万丙智.健康中国视域下群众体育发展模式的结构创新［J］.北京体育大学学报，2019，42（2）：36-45.

［28］宋继新.文化兴体：建设体育强国的抉择［J］.北京体育大学学报，2010，33（2）：1-5.

［29］孙丕评."远南"运动会简介［J］.中国残疾人，1994（5）：22-23.

［30］王方玉.法律赋能视角下残疾人非竞技体育权利保障研究［J］.体育文化导刊，2018（8）：38.

［31］王国羽.障碍研究论述与社会参与：无障碍、通用设计、能力与差异［J］.社会，2015，35（6）：116-132.

［32］王军.1964年东京奥运会视觉形象产生的原因和意义［J］.体育文化导刊，2003（11）：54-56.

［33］王松，张凤彪."健康中国"引领下全民健身国家战略实现路径研究［J］.体育文化导刊，2017（8），38-41，66.

［34］王晓微，于静，邱招义.奥运场馆赛后利用对北京建设世界体育中心城市影响的研究［J］.北京体育大学学报，2014，37（11）：43-48.

［35］王跃，陈林华.国际体育城市发展的动力机制研究：兼论上海策略［J］.体育科研，2013（3）：71-75.

［36］武国栋.奥运体育场馆赛后运营模式分析与启示［J］.西安体育学院学报，2011，28（4）：458-462.

［37］吴宁.列斐伏尔的城市空间社会学理论及其中国意义［J］.社会，2008（02）：112-127，222.

［38］吴燕丹，王聪颖.资源配置视角下残疾人群众体育的现状、问题与对策［J］.体育科学，2015，35（3）：3.

［39］谢青，裴东光.残疾人体育起源、残奥会与奥运会的关系［J］.首都体育学院学报，2014，26（3）：206-208，222.

［40］谢欣然.从"资本逻辑"走向"人本逻辑"：当代城市空间生产的伦理演变及其中国实践［J］.人文杂志，2021（1）：70-78.

［41］徐盛城，蔡赟，吴清.日本残疾人公共体育设施现状解析及启示［J］.体育文化导刊，2017（11）：73-78.

［42］颜玉凡，叶南客.病残弱势群体社会身份重构的文化路径：以城市

公共文化生活为例［J］.东岳论丛，2020，41（3）：66-72.

［43］杨风华，刘洁.我国公共体育场馆政策演变研究：基于有效供给理论视角［J］.成都体育学院学报，2014，39（2）：37-42.

［44］杨桦，王凯珍，熊晓正，等.改革开放以来我国群众体育的发展演进与思考［J］.北京体育大学学报，2005，28（6）：721-726.

［45］杨锃.残障人士的制度与生活:从"个人模式"到"普同模式"［J］.社会，2016（6）：85-115.

［46］叶小瑜，鲍明晓，刘兵.国外奥运会场馆赛后的运营及其启示［J］.体育文化导刊，2013（11）：97-100.

［47］易鑫.伦敦奥运会举办作为城市发展战略的启示［J］.国际城市规划，2013（2）：101-106.

［48］于文谦，季城，呼晓青.残疾人社会体育指导员人才培养问题剖析与路径优化［J］.体育学刊，2020，27（4）：61-66.

［49］张韬磊，吴燕丹.政府购买残疾人公共体育服务的实现路径研究［J］.西安体育学院学报，2018，35（1）：48-55.

［50］张平，隋永强.一核多元：元治理视域下的中国城市社区治理主体结构［J］.江苏行政学院学报，2015（5）：49-55.

［51］张佃波，季城.空间正义导向下残疾人公共体育"贫困"治理研究［J］.武汉体育学院学报，2021，55（11）：34-40.

［52］周沛.基于"共建共治共享"的残疾人基本公共服务探析［J］.江淮论坛，2019（2）：129-136.

［53］Bontrup H J. Vilkswirtschaftslehre. Grundlagen der Mikroud Makrookonomie［M］. 2 aufl. Munchen：Wien，2004：373

［54］Christoph B. From the Screapheap of Hmannity to a life living［J］. Journal of Olympic history，2010：33.

［55］Degener T. A New Human Rights Model of Disability. In：Della Fina V.，Cera R.，Palmisano G.（eds）The linlted Nations Convention on rights of Persons with Disabilities.

Springer, Cham. https : //doi. org/10. 1007/978-3-319-43790-3_2.

[56] Edward W.Soja. Seeking Spatial Justice [M] . Minn : Univ of Minnesota Press, 2010 : 491-492.

[57] Goodman S. Spirit of Stoke Mandeville [M] . London : [s.n.], 1986.

[58] Guttman L. Sport fur korperbehinderte, Munchen [M]. [S.I.] : [s.n.], 1979 : 78.

[59] Lorenen H. Lehrbuch des Versehrternsports [M] . [S.I.] : Stuffgatart, 1961.

[60] Michael Oliver.1996.Understanding Disability : From Theorg to Practice [M] .Basingstoke : Macmillan, 1996 : 30-42.

[61] Michael 0liver, Bob Sapey, Pam Thomoas.Social Work with Disabled People [M] .London : Macmillan, 1983 : 18.

[62] Mike O., Zarb G. The Politics of Disability : A New Approach [J] . Disability, Handicap and Society 1989, 4 (3) : 221-239.

[63] Weiler I. Soziale Randgruppen und auberseiter im Altertum [M] . [S.I.]: Graze, 1987.